融合型·新形态教材

复旦社云平台　fudanyun.cn

U0731034

普通高等学校学前教育专业系列教材

幼儿园游戏设计与指导

（第二版）

主　编　杨　白　邓艳华　陈金平

编　者　程　健　倪晓连　万荃双　温　妍
　　　　谭满妹　肖银健　刘娟池

复旦大学出版社

内容提要

本书根据《幼儿园教育指导纲要(试行) 》《幼儿园教师专业标准》《3~6岁儿童学习与发展指南》的理念精神，结合学前教育专业学生专业知识与专业能力的实际需求而编写的。

全书共分六章，重点讲述了幼儿园游戏的基础知识，介绍了有关幼儿园游戏的设计、组织与指导的基本方法，注重游戏的观察与评价。教材配有配套视频学习资源，读者可扫码观看视频学习。视频学习资源包含各类型幼儿园游戏活动实录，实录的内容来自本教材中的幼儿园游戏活动案例，给读者提供直观、生动的学习资料，便于模仿学习和深刻领悟相关理论。为方便教师教学，本教材还提供教学课件、习题答题要点、习题库等多种教学资源，欢迎登录复旦社云平台（www.fudanyun.cn）免费获取。

复旦社云平台
数字化教学支持说明

为提高教学服务水平，促进课程立体化建设，复旦大学出版社建设了"复旦社云平台"，为师生提供丰富的课程配套资源，可通过"电脑端"和"手机端"查看、获取。

【电脑端】

电脑端资源包括 PPT 课件、电子教案、习题答案、课程大纲、音频、视频等内容。可登录"复旦社云平台"（www.fudanyun.cn）浏览、下载。

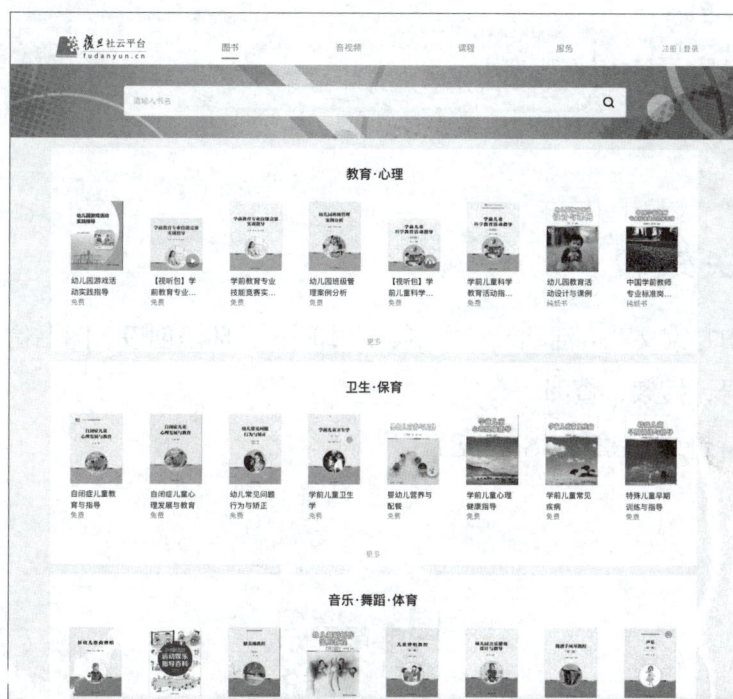

Step 1 登录网站"复旦社云平台"（www.fudanyun.cn），点击右上角"登录／注册"，使用手机号注册。

Step 2 在"搜索"栏输入相关书名，找到该书，点击进入。

Step 3 点击【配套资源】中的"下载"（首次使用需输入教师信息），即可下载。音频、视频内容可通过搜索该书【视听包】在线浏览。

【手机端】

PPT 课件、音视频、阅读材料：用微信扫描书中二维码即可浏览。

扫码浏览

【更多相关资源】

更多资源，如专家文章、活动设计案例、绘本阅读、环境创设、图书信息等，可关注"幼师宝"微信公众号，搜索、查阅。

平台技术支持热线：029-68518879。

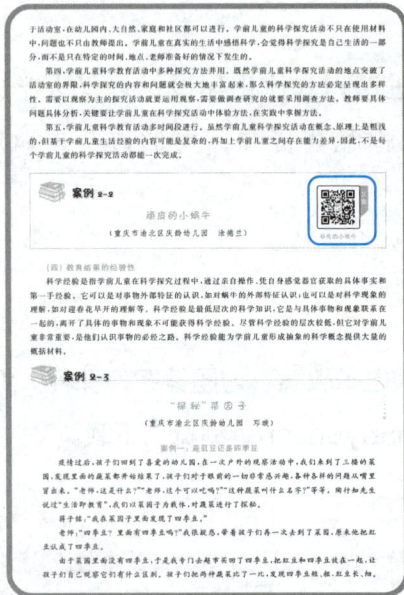

"幼师宝"微信公众号

第二版前言

本书根据《幼儿园教育指导纲要（试行）》（2001 年）《幼儿园教师专业标准》（2012 年）及《3～6 岁儿童学习与发展指南》（2012 年）的精神编写而成。实用性与操作性强，便于读者理解和操作。

本教材的编写力求体现时代性、实用性和操作性。

1. 适应当前幼儿园教育活动改革的需要，体现基础性与时代性的统一

作为教材，本书力求介绍幼儿园游戏的一般理论及各类型游戏的设计、教师的组织与指导等问题，力求渗透我国近年来游戏的理论和实践研究成果，期望对广大幼教工作者的教育实践活动有所启发。同时，在教材内容编排时，注重将课程内容与思想政治教育有机融合，挖掘课程中蕴含的具有说服力、感染力的思政元素和案例，传承我国优秀民间儿童游戏文化。每章后的实践性活动，侧重挖掘工匠精神和创新精神，自行设计和组织适合幼儿实际和需要的游戏活动，以润物细无声的方式树立学生正确的儿童游戏观，培养学生的政治素养、职业素养和文化素养。

2. 以学生为本，实用性、操作性强

在本教材的编写过程中，我们努力在内容结构、体例设计及行文上突出方便学生、便于操作的特点。在每章前的目标导航都说明了本章的基本知识，需掌握理解的要点及操作运用的技能，以达到提纲挈领、突出重点的目的。然后，抓住游戏设计与组织的知识脉络，进行方法指导，尽可能提供更多素材以满足技能训练的需要。此外，结合各章的内容，在每章节的末尾提供有关游戏的历年考试真题，提升备考的时效性；提供了各类型典型的游戏活动案例并匹配了教学视频，便于学生模仿学习和深刻领悟相关理论。同时，也安排了操作练习，通过形式多样的训练方式，引领学生先进行单项技能的训练，再逐渐发展职业综合技能。

本书是集体合作的成果，由具有丰富教学经验的一线教师共同编写。主要是由湖南省衡阳幼儿师范高等专科学校课改实验小组的教师编写，主编为衡阳幼儿师范高等专科学校杨白、邓艳华、陈金平老师，参编人员有长沙幼儿师范高等专科学校万荃双等。具体分工如下：

第一章、第二章：杨白；第三章：陈金平；第四章：陈金平、杨白、邓艳华；第五章：杨白、邓艳华；第六章：邓艳华。全书整体框架设计由编写小组成员共同讨论确定，全书统稿工作由主编负责。全体编写人员为了写好本书做了最大的努力，但仍有疏漏与不当之处，敬请广大读者不吝批评指正，以便不断修订完善。

本书在编写过程中参考、引用、借鉴了许多国内外学者的研究成果和一些幼儿园教师的优秀游戏设计方案，在参考书目中均一一做了注明，在此一并表示衷心的感谢。

目　录

第一章 幼儿游戏的概述

📖 目标导航

1. 掌握幼儿游戏的基本特征及结构,能用所学的知识分析、解决有关幼儿游戏的基本问题。
2. 了解常见的幼儿游戏的分类,能观察并用所学的知识分析幼儿游戏的主要类型。
3. 理解游戏对幼儿发展的积极意义。

第一节 什么是游戏

📖 案例导入

中一班的张老师组织幼儿开展科学活动"动物的尾巴"。上课开始,张老师说:"小朋友们,今天我们来玩一个游戏,好不好呀?"孩子们高兴地回答:"好呀! 好呀!"于是,张老师分别演示孔雀、牛、松鼠、猴子、兔子的尾巴课件,引导幼儿认识这些动物尾巴的特征,然后和幼儿一起讨论尾巴的作用。小朋友们的情绪越来越低落,有小朋友问:"老师,我们什么时候玩游戏呀?"这时,张老师说:"好,现在我们来玩找尾巴的游戏。"于是,张老师给每个幼儿一套缺尾巴的动物和相对应的尾巴卡片,要求幼儿给每只小动物找出尾巴并粘贴上……有小朋友嘟囔:"一点都不好玩。"

点评:案例中的张老师显然是把传统的教学活动说成了游戏活动,上课开始就说玩游戏,孩子们的积极性很高,可随着教学进程的不断推进,孩子们的情绪越来越低落,期待的游戏并没有出现。最后虽然组织幼儿玩"找尾巴"的游戏,可幼儿并没有感受到游戏的有趣。张老师虽然意识到要重视游戏,但她所重视的仅仅是教学游戏,实际上游戏成了包裹知识的"糖衣",引诱幼儿的"幌子",这样的游戏并不是真正的游戏。

那么,什么是幼儿游戏? 幼儿游戏有何特征? 带着这些问题,我们开始本课程的学习。

当我们走进幼儿的游戏世界,迎面而来的总是孩子快乐如阳光的笑脸,还有止不住从心底溢出的笑容,让你不由自主地跟着欢乐、轻松起来。游戏带给孩子的是一种自由与和谐、幸福与愉悦的生命状态。"游戏是幼儿的天性""游戏是幼儿的正当权利",游戏是幼儿生活的内容。2001 年《幼儿园教育指导纲要(试行)》(以下简称《纲要》)在第一部分"总则"中指出,幼儿园教育要"以游戏为基本活动"。2012 年颁布的《3～6 岁儿童学习与发展指南》(以下简称《指南》)的也提出"幼儿的学习是以直接经验为基础,在游戏和日常生活中进行的"。2016 年 3 月 1 日起施行的修订版《幼儿园工作规程》(以下简称《规程》)第二十五条明确指出,幼儿园教育应"以游戏为基本活动,寓教育于各项活动之中"。目前,幼儿园以游戏为基本活动的理念日益为教师所接受,但实践中的矛盾、认识上的疑问也困惑着教师。例如,"究竟什么是游戏?""如何判断幼儿是在游戏?"要回答这些问题,我们首先要弄清楚游戏的基本概念,探讨幼儿游戏的本质特征。

一、游戏的含义

对于"什么是游戏",迄今为止还没有一个为大家所认可的定义,游戏定义的困难在于游戏本身的多样性。

在我国,"游戏"一词与"嬉戏""玩耍"极为相似,最早出现在战国时期的历史文献中。在英语中,游戏有"play"和"game"两词,主要切近"play",侧重于玩。

德国教育家福禄贝尔是教育史上系统研究游戏并尝试创建游戏实践体系的第一个教育家。他认为,游戏是幼儿内部存在的自我活动的表现,是一种本能性的活动。

苏联心理学家维果茨基认为游戏是社会性活动,是在真实的实践情况之外,在行动上再造某种生活现象。游戏的本质是以物代物进行活动。在这种活动中,凭借语言的功能,以角色为中介,了解、学习和掌握基本的人与人的社会关系。

瑞士著名心理学家皮亚杰认为"游戏是指不断重复一些行为,而主要是指希望从中得到快乐"。他认为游戏是思维的一种表现形式,实际是同化超过了顺应。皮亚杰提出了三种类型的游戏,即练习性游戏、象征性游戏和有规则的游戏,它们分别与认知发展的感知运动阶段、前运算阶段和具体运算阶段相对应。

美国教育家杜威认为游戏是幼儿生活的一部分,他提出在幼儿阶段"生活即游戏,游戏即生活"。

我国《教育大辞典》把游戏定义为:游戏是幼儿的基本活动,是适合幼儿年龄特点的一种有目的、有意识的,通过模仿和想象,反映周围现实生活的一种独特的社会活动。

二、游戏的特征

游戏是幼儿主动与外部环境相互作用的最重要的方式。游戏作为幼儿活动的一种模式,具有自身所固有的特征。

(一)游戏是幼儿主动的自愿的活动

幼儿"为游戏而游戏",幼儿游戏不同于成人的玩,幼儿游戏是一种无拘无束的活动,是非强制性的,被迫的游戏就不再是游戏了。幼儿之所以游戏,是出于自己的需要和愿望,因为游戏带给他们欢乐,他们在游戏中可以自由选择游戏的内容、玩法、材料及同伴等。成人不能以自己的意愿强求幼儿游戏,因为在被动状态的游戏中,幼儿不仅体会不到游戏的快乐,而且不能从游戏中获得有益的东西,自主性是游戏的最本质的属性。

案例 自由活动时间,豆豆来到积木区,和小伙伴们用积木搭房子,房子刚建好,东东走过来大喊:"我是大灰狼,我要推倒你们的房子,把你们全吃掉!"房子被"大灰狼"推倒了,豆豆和小伙伴们逃跑到大型积塑区,豆豆说:"我们再搭一座大房子,大灰狼来了,推不倒。"房子刚搭好,东东又跑过来推倒了房子。就这样,豆豆和小伙伴们在积木区和积塑区来来回回地搭建房子,东东一次又一次成功地推倒房子,孩子们玩得非常默契,并且乐此不疲,有说有笑。

在成人看来,东东是在搞"破坏"而非游戏,但我们从孩子们的玩耍中可以发现,豆豆和小伙伴并没有不高兴,而是一次又一次地搭建新房子,似乎在等待着"大灰狼"的到来,一方愿"打",一方愿"挨",这就是孩子们自己的游戏。

(二) 游戏是在假想的情景中反映周围生活

幼儿游戏是对周围现实生活的反映。但是,这种反映不是机械地模仿,而是加入了想象,是通过"假装"再现幼儿心目中的现实。幼儿在游戏中的角色、情节和游戏行为,玩具的材料均具有明显的假想性,幼儿是在这种假想的、虚构的游戏情景中来反映周围的现实生活的。例如,幼儿在"扮家家""当老师""开医院""演戏""开超市"等游戏中,他们银铃般的笑声,风趣的对话,奇妙的想象,独特的造型,小大人般的讨价还价声以及在角色扮演中反映出的与其年龄极不相符的"爸爸""妈妈"或者"爷爷""老师"等角色的责任感和工作能力等,无不反映出幼儿在游戏中的想象与创造。

案例 今天游戏活动时间,其其、晓晓和薇薇来到娃娃家玩,其其当爸爸、晓晓当妈妈,薇薇最娇也最小,当娃娃,"爸爸"坐在"沙发"上跷起二郎腿看报纸,"娃娃"坐在"妈妈"旁边听"妈妈"讲故事,我一看,"妈妈"手中的"故事书"是我的一本英文字典,并且是倒着拿的。看着"妈妈"绘声绘色地给"娃娃"讲故事,我忍不住笑了。

玩了一会儿,"妈妈"用手摸摸"娃娃"的头说:"不好,有点烫!"

"爸爸"拿起一根小棍,说:"来,量一下体温。""爸爸"把"体温计"放在"娃娃"的腋下,量了一会儿,看了看"体温计",说:"63.5℃,不好,发烧了,我们快去医院吧。"

——摘自一位中班幼儿教师的工作日记

其其和同伴们在玩"扮家家"的游戏,支撑他们游戏的无疑是他们头脑中的假想,其其和晓晓在游戏中扮演他们在真实生活中不可能充当的爸爸、妈妈形象,他们把自己想象成"爸爸""妈妈",把字典想象成"故事书",把小棍想象成"体温计",如果缺少这一系列的想象,他们的"娃娃家"游戏就玩不下去。幼儿游戏的内容,既来源于现实生活,又是对现实生活的创造性反映。

(三) 游戏没有社会的实用价值,不直接创造财富,没有强制性的社会义务

人的劳动与工作有着明确的生产性或服务性目的,要求为社会提供价值,生产或创造财富,它还要求按照严格的生产程序和遵守相应的生产规则。游戏没有强烈的完成任务的需要,没有外部的控制。游戏的目的不在于外部而在于本身的过程,它更多是一种获得愉快体验的手段,从功利角度讲是非生产性的。

(四) 游戏伴随着愉悦的情绪体验

趣味性、娱乐性是幼儿游戏本身固有的特性。在游戏中,幼儿能自主地控制所处的环境,表现自己

的能力,实现自己的愿望,体验成功和创造的快乐。而且,由于游戏没有功利的目的,可以减轻、消除为达到目的而产生的紧张感。因此,对幼儿来说,游戏能使他们感到轻松愉快。

> **案例** 户外体育活动,王老师带小朋友们玩"打大灰狼"的游戏。游戏前,王老师问:"谁来当'大灰狼'?"没有小朋友回应。于是,王老师问:"要我当'大灰狼'吗?"小朋友都说好。游戏开始了,小朋友纷纷举起沙包投向"大灰狼",有的还追着"大灰狼"打。第二轮游戏,王老师说:"这次谁来当'大灰狼'?"小朋友异口同声:"王老师!"这一次,小朋友投得更积极,扔得更欢快,沙包投完后,"大灰狼"返回来抓小朋友时,大家一阵狂喜,跑开了。

玩得多么开心、惬意呀!孩子们从玩中获得的愉悦体验是吸引他们游戏的最大动力。游戏是幼儿最喜爱的活动,其中最大的原因是幼儿能从中获得快乐。

三、游戏的结构

在理论上,游戏是一种系统,作为系统就存在着结构。游戏的结构是指游戏所共有的一些因素或成分。

(一) 游戏主题

任何游戏都有一定的主题,游戏主题是指反映游戏内容范围的中心议题,常表现为某个具体游戏的名称,例如创造性游戏的主题有"娃娃家""堆宝塔""滑稽双簧"等,规则游戏的主题有"七巧板""跳房子""丢手绢"等。游戏主题具有社会性、灵活性和复合性三个显著的特点。游戏主题的社会性是指游戏主题来源于幼儿的社会生活经验,是日常生活和社会活动在游戏过程中的具体反映;游戏主题的灵活性是指同一主题的游戏在不同形式的游戏中会有不同的表征方式,如"开心小学"游戏,在结构游戏中只要表现小学的建构特征,而在角色游戏中则要表现小学中的人际交往,同一主题下游戏的情节也会随游戏者的变化而变化;游戏主题的复合性是指在一个游戏主题下可以同时开展多种形式的游戏活动。

(二) 游戏规则

游戏规则是对游戏者在游戏中的游戏顺序和被允许或被禁止的各种行为的规定,是构成游戏结构的基本因素之一。规则的功能在于确定游戏内容、规范游戏行为、规定游戏方向,从而保证游戏有组织地稳定进行。

任何游戏都有规则,但是在不同类型的游戏中,规则的制定及表现形式有一定的差异性。在创造性游戏中,规则是内隐的,是约定俗成、不必说明的,是以游戏者的技能、经验和合作意识为基础的,给游戏者提供了较大的随意性和创造性的空间。在规则游戏中,规则是外显的,是游戏者集体共同约定和有意识自觉遵守的行为规范,否则游戏不能正常进行。

(三) 游戏角色

游戏中幼儿扮演的人物或形象,称为游戏角色。角色扮演不仅是游戏的核心,也是幼儿游戏发展水平的折射。一般可分为以下三类:

1. 象征性角色

这种角色具有象征作用。它是建立在假想之上的,通过模仿角色的典型动作或言语来扮演某个社会角色,如"娃娃家"游戏中幼儿装扮成爸爸、妈妈、娃娃等。

2. 互动性角色

这种角色除象征性作用外,还具有规则调控作用。幼儿扮演互动性角色时主要体验的是交往及行为方式。例如规则游戏中幼儿扮演老鹰、鸡妈妈和小鸡。

3. 造型性角色

这种角色的基本作用是表演,并在表演的基础上再进行一定的创作。因此,这种角色的扮演是建立在大量记忆表象之上的创造性想象活动,具有极大的灵活性和创造性。例如角色扮演游戏"三只小猪盖房子"。

(四)游戏情节

游戏情节指贯穿于游戏过程的富有故事性或艺术性的具体细节。大多数游戏主要依靠角色扮演展开游戏情节。情节在丰富游戏内容的同时,也保证了游戏形式的多样化。主要类型有以下三种。

一是趣味性情节:一般源于幼儿生活中好玩、富有童趣的事件。如藏猫猫、踩高跷。

二是故事性情节:一般源于幼儿文艺作品的形象性描述,保证游戏的戏剧性。如《拔萝卜》故事中,大家齐心协力终于拔出了大萝卜。

三是社会性情节:一般源于社会现实生活经验的创造性加工。例如,妈妈带宝宝去医院、公园。

四、游戏的基本要素

游戏活动的基本构成要素是可观察的外部行为。这种外部行为表现的内在依据即引发游戏发生的外部客观条件、游戏者的外显行为表现及游戏者的内在心理因素。

(一)引发游戏发生的外部客观条件

游戏的产生依赖于一定的外部条件,是主客体相互作用的产物。游戏的外部条件因素不仅包括能激发幼儿游戏活动的物质环境,还包括通过成人的言谈举止以及成人行为与幼儿行为的交互作用过程形成的游戏心理环境。

1. 熟悉的环境

熟悉的同伴、熟悉的玩具或其他可能引起幼儿兴趣的游戏材料能激发幼儿游戏的动机。

2. 自由的氛围

成人和幼儿之间关系和谐,幼儿有自由选择游戏的权利与可能。幼儿主动控制活动进程,活动的方式方法由幼儿自行决定。教师对幼儿游戏的指导以不改变游戏中的主客体关系为原则,尽量减少不必要的干预。

3. 游戏的难度与幼儿的能力相匹配

为了使每个幼儿在游戏中都能产生胜任感和体验趣味性,教师在投放游戏材料时,要符合幼儿的需要与兴趣。在设计活动内容时,要了解幼儿已有的知识经验与能力,选择既有一定的难度但又是幼儿通过努力可以解决的活动任务。

4. 不寻求或不担忧活动结果带来的奖惩

"玩即目的",游戏性体验产生于游戏活动之内,而不在游戏活动之外。如果教师经常使用外部奖惩手段来刺激或鼓励幼儿进行游戏,久而久之,就会造成幼儿对外部奖惩手段的依赖,缺乏参与活动的内在积极性与主动性,同时也会造成心理气氛的紧张。因此,在游戏过程中,教师要把对幼儿活动的直接的、外部的控制降到最低,尽量减少对幼儿活动的内容、方式方法的直接干涉,发挥幼儿作为活动主体的内在积极性。

（二）游戏者的外部可观察行为因素

表情、动作以及语言等通常是活动的外显因素。一种活动是不是"游戏",可以通过对幼儿在活动中的表情、动作、语言、材料等外显行为的观察来判断。

1. 表情

表情是人们常常用来判断一种活动是不是游戏的一项外部指标。游戏能使幼儿产生愉悦的情绪体验。在游戏的情境下,这种积极的情感体验通过表情传达给周围的人,即使有时会做出恐惧、忧虑、紧张、不安的表情,但这些表情都具有快乐的本质。如在"娃娃家"游戏中,"宝宝"会假哭,想尽各种办法撒娇等。

在不同的游戏中,幼儿的表情是有差异的。例如,在竞争性的规则游戏中,幼儿会表现出专注、认真的表情,而在嬉戏性的追逐游戏中,幼儿表现出微笑、嬉笑、扮鬼脸(夸张变形)、哈哈大笑的表情。幼儿在游戏中的表情特征说明其在游戏中身心总是处于一种积极主动的活动状态。当幼儿在游戏中表现出心不在焉或走神、发呆等消极被动的状态时,教师就要进一步观察幼儿为什么对游戏失去兴趣,并设法帮助其进入游戏中去。

2. 动作

游戏动作是幼儿游戏活动中最引人注目的部分。在游戏中,幼儿往往不按物体的本来意义和用途来使用它们,如在沙发上跳来跳去,把沙发当成蹦蹦床,使游戏动作具有非常规性;幼儿通过重复动作体验掌握本领的快乐,如来来回回地滑滑梯,使游戏动作具有重复性;幼儿常常按照自己的想法与意图来使用物体,使游戏动作具有个人的随意性;游戏动作的非常规性与随意性使游戏动作具有丰富多样性和灵活性。由此,可以把游戏动作分为探索、象征和嬉戏三种类型。

(1) 探索动作。当幼儿面对不熟悉的游戏环境和新颖的游戏材料时,首先进行的就是探索,运用感官去认识当前事物或对象的性质,发现事物之间的关系,了解事物的变化与自己的动作之间的联系。如玩"扔沙包"游戏,可以了解沙包的形状、大小、材质、重量等特征,体验到自己用力大小与沙包投掷距离的关系。

(2) 象征性动作。象征性动作是在表象作用支配下的想象性、虚构性动作。象征性动作包括以物代物的象征性活动(如用一根树枝当作金箍棒),也包括以人代人的角色扮演活动(如模仿护士给病人打针)。我们可以根据幼儿的行为、动作来判断幼儿是否在游戏。

(3) 嬉戏动作。嬉戏动作是幼儿在游戏中故意做"坏事"或以某种动作来取乐,表现出幽默、逗乐、玩笑性质的行为。如在洗澡时,故意用手起劲儿地击水。

3. 语言

幼儿在参与社会性游戏时,需要用语言与他人进行交流。按照功能划分,大致有以下三类语言交流。

(1) 同伴之间的交际性语言。例如,"用这块尖尖的积木来做屋顶吧!""我们一起玩,好吗?""这是我的书,是你撕破的!"这种交际性语言具有提议、解释、协商、表达、申辩、指责他人等功能,是现实生活中同伴之间的交流。

(2) 角色之间的交际性语言。例如,扮演"护士"的幼儿对"宝宝"说:"宝宝打针不哭,真是个勇敢的宝宝!"这种语言对角色游戏中角色的互动和情节的发展起到维系与支持的作用。

（3）以自我为中心的独白言语。例如,幼儿一边堆积木一边自言自语:"把房子堆得高高的,结结实实的,别让大灰狼吹倒啦。"这种游戏语言是幼儿思维与想象的外化。

4. 材料

幼儿的游戏往往依赖于具体的游戏材料或玩具来进行。幼儿年龄越小,对游戏材料的逼真程度要求越高,对玩具的需求更强烈。有无玩具和游戏材料也经常成为判断幼儿是否在游戏的一个指标。

（三）游戏者的内部的主观心理因素

游戏者的内部的主观心理因素主要包括游戏者的动机和心理体验,它们在幼儿的游戏活动中均有重要的作用。

1. 游戏的动机

动机是推动幼儿游戏的内在心理力量。游戏活动的动机特征决定着游戏活动的外部面貌特征。游戏是幼儿身心发展的客观要求,是幼儿自主、自愿、自发的活动,不需要任何强迫与催促,幼儿游戏的动机是内部动机;幼儿不是为了游戏以外的东西,如为了得到老师的表扬或奖励才去游戏,而是在游戏过程中获得满足,"游戏是目的在自身的活动",幼儿游戏的动机是直接动机;幼儿可以自己控制活动的过程与方式方法,选择活动的内容、材料与玩伴等,幼儿游戏是由内部控制的活动。正是因为游戏是由内部动机、直接动机支配,由内部控制的活动,游戏才是幼儿积极主动的、愉快的、丰富多样的创造性活动。

2. 游戏性体验

幼儿作为游戏的主体,在游戏中总会产生对这种活动的主观感受或内部的心理体验,它影响着幼儿对游戏的态度和评价。这种在游戏中产生的主观感受或心理体验,就是游戏性体验。游戏性体验是幼儿游戏活动不可或缺的重要心理成分和构成因素。一种活动是不是游戏活动,关键在于幼儿能否把这种活动体验为游戏性的。一般认为,游戏性体验可以分为以下五种。

（1）兴趣性体验。这是一种为外界刺激物所捕捉和占据的体验,是一种情不自禁地被卷入、被吸引的心理状态。兴趣性体验是游戏性体验不可缺少的成分。

（2）自主性体验。这是游戏者自主进入游戏所引起的一种自由的心理状态,是游戏活动可以自由选择、自主决定的性质所引起的主观体验。游戏中的幼儿始终处于一种轻松自由的心理氛围中,自主性体验是幼儿游戏性体验的重要成分。

（3）成就感体验。这是一种对自己能力的体验,这种体验可以增强游戏者的自信心。游戏中,幼儿在已有经验的水平上自我表现,在力所能及的范围内自我挑战,即使失败,也不需担心失败会招致他人的批评。因此,游戏总可以让幼儿获得成功的体验。

（4）驱力愉快。游戏快感包括生理快感。游戏中的生理快感主要是由于身体活动的需要和中枢神经系统维持最佳唤醒水平的需要得到满足之后产生的。好动是幼儿的天性,在游戏中幼儿可以随意变换动作与姿势,可以使中枢神经系统的机能状态调整到最佳水平。

（5）幽默感。这是由嬉戏、玩笑等引起的快感。当熟悉的情景或行为程序中出现了一种让幼儿觉得有趣新奇的因素时,幼儿会马上重复这种新的因素,表现出一种故意取乐的倾向。如下雨天,孩子不小心把路面的水花溅到妈妈身上,觉得好玩,于是故意用力踩水。

在一种活动中,不一定同时出现上述五种游戏性体验,但是不管在哪一种游戏活动中,兴趣性体验、自主性体验和成就感体验都是不可缺少的最基本成分。游戏性体验是一种积极的情绪体验,经常游戏的幼儿,也是经常体验积极情绪的幼儿。快乐、自信、满足等积极的情绪作为强化物使游戏成为幼儿稳定的兴趣,成为幼儿的基本活动,成为幼儿身心发展的客观需要。

第二节　幼儿游戏分类

案例导入

自由活动时间,大班的孩子来到建构区,发现了一些纸箱和空白圆形纸板,孩子们拿起一个个纸箱往身上一套,自己当司机玩起了"开汽车"的游戏。"汽车"排起了长龙,路面十分拥堵。于是,他们兴致勃勃地搭建一条条高速路,把空白圆形纸板当轮胎安装到纸箱上,做成了一辆辆小车,小车越做越多……他们又分配角色,玩起"租车公司"的游戏。

点评:在建构区,大班的孩子玩起了角色游戏和结构游戏这两种类型的游戏。一开始,他们玩的是角色游戏,随着游戏的需要,玩起了结构游戏,伴随着游戏的深入,分配游戏角色,开展新一轮角色游戏。在游戏中,两种类型的游戏自然转换,这两种游戏既是幼儿喜欢,也是幼儿玩得较多的游戏类型。

除上述两种游戏外,幼儿园还有哪些游戏类型?幼儿游戏的种类长期以来都未达成定论,幼儿的游戏是多种多样的,分类方法也各不相同。不同的学者从不同的角度对游戏进行了分类,其中较典型的有以下三种。

一、根据认知发展水平分类

皮亚杰认为儿童在不同的认知发展水平上,会出现不同的游戏内容和形式。依据儿童认知发展的阶段,将游戏分为四种类型。

(一)感觉运动游戏(0~2岁)

感觉运动游戏又称为练习性游戏或机能性游戏。它是儿童发展中最早出现的一种游戏形式。这类游戏主要由简单的重复动作所组成,如反复地摇铃;一次又一次地敲打玩具;不停地开门、关门等,其动因来自感觉器官所获得的快感。这类游戏随着幼儿年龄的增长,比例逐渐下降。

(二)象征性游戏(2~7岁)

象征性游戏又称符号游戏,它是幼儿最典型的游戏形式,在整个学前期占的时间最长,高峰期在3~5岁。象征性游戏是幼儿以模仿和想象扮演角色为手段,以物代物、以人代人为表现形式,反映周围现实生活的游戏形式。例如,在"娃娃家"游戏中,幼儿把沙子当成米煮饭,把树叶当成蔬菜来炒,把自己扮演成爸爸或妈妈等。通过象征性游戏,一方面,幼儿可以脱离当前对实物的知觉,以象征代替实物并学会用语言符号进行思维,体现着幼儿认知发展的水平。另一方面,借助了一些替代物品通过扮演角色反映社会生活,它可以满足幼儿在现实生活中不能实现的愿望和要求。因此,一般认为象征性游戏对于了解幼儿内心状态具有诊断和治疗的作用。

(三)结构游戏

结构游戏是指幼儿用各种不同的结构材料(积木、积塑、金属材料、泥、沙等)来建构,创造性地反映现实生活中的物体的活动。如用积木搭一座高楼,用积塑拼插一个机器人,用沙子堆一个城堡等。它是游戏活动向非游戏活动的过渡,在不同的年龄段有不同的表现形式,前期带有象征性的特征,后期逐渐成为一种智力活动。

（四）规则游戏

规则游戏是一种由两个以上的游戏者参加的、按一定规则进行的带有竞赛性质的游戏。规则游戏包括运动竞赛、智力竞赛、音乐游戏等,一般是 4～5 岁以后发展起来的。由于规则本身具有不同的复杂程度以及动作技能,因此这类游戏可以从幼儿一直延续到成年。幼儿在规则游戏中对规则的认识、理解和遵守,为幼儿今后的生活奠定遵守生活规则和道德规范的基础。

二、依据社会性发展水平分类

美国心理学家帕顿依据儿童(2～6 岁)在游戏中不同的社会行为表现以及参与游戏的儿童之间的相互关系,将游戏分成六种类型。

（一）无所事事的游戏

儿童无所事事,独自发呆,不参加游戏,东游西逛,行为缺乏目标,偶尔会注视碰巧使他感兴趣的事物,或碰到什么东西会随手玩弄两下。

（二）旁观者游戏

旁观的行为,也称游戏的旁观者,儿童基本上只是观看同伴的游戏,听他们谈话,或向他们提出问题,出主意,但不主动参与游戏。

（三）独自游戏

独自游戏指幼儿独自玩耍、无同伴意识,旁若无人玩着自己的玩具,不注意也不关心他人做什么玩什么。独自游戏一般出现在出生后两年内。

（四）平行游戏

平行游戏仍是幼儿独自一个人玩游戏,幼儿可能玩的玩具相同,游戏相似,幼儿之间相互靠近,能意识到别人的存在,相互之间有目光接触,也会看别人怎么操作,甚至模仿别人,但彼此都无意影响或卷入到对方的活动之中,没有合作的行为。小班幼儿以平行游戏为主。

（五）联合游戏

联合游戏又称为分享游戏。幼儿与同伴一起玩相同的或类似的游戏,但相互之间没有分工,也没有按照目标或结果组织活动。每个幼儿都是按自己意愿、按自己的兴趣来游戏的。中班幼儿以联合游戏为主。

（六）合作游戏

合作游戏是一种有共同的主题、共同的目的、协商完成的游戏活动。游戏者之间有分工,有组织。这种游戏具有明显的集体意识,有共同遵守的规则。这种游戏离不开相互的配合,一般要到 3 岁以后才会产生,5～6 岁得到发展,反映了幼儿社会性发展日渐成熟的趋势。大班幼儿以合作游戏为主。

在以上六种行为中,真正属于游戏行为的只有后四种。

三、依据游戏的教育作用（目的）分类

长期以来,我国幼儿园习惯于将幼儿园游戏分为两大类:一是创造性游戏,二是规则游戏。现在我

国幼儿园大多采用这种分类方式。

(一)创造性游戏

创造性游戏是幼儿主动地、创造性地反映现实生活的游戏,是幼儿典型的、特有的游戏。创造性游戏包括角色游戏、结构游戏和表演游戏。

1. 角色游戏

角色游戏是指幼儿通过扮演角色,运用想象和模仿创造性地反映周围生活的游戏,如娃娃家、医院、超市等。

2. 结构游戏

结构游戏又称建构游戏,是指幼儿利用各种结构材料(积木、积塑、泥、沙、雪等)或玩具进行建构活动的游戏,如拼图、堆雪人等。

3. 表演游戏

表演游戏是指幼儿根据故事、童话的内容,分配角色、安排情节,通过动作、表情、语言、扮演角色等进行创造性表演的游戏,如"白雪公主与七个小矮人""拔萝卜"等。

(二)规则游戏(教学游戏)

规则游戏是为发展幼儿的能力,达到一定的教育目的而进行的、有明确规则的游戏。规则游戏主要包括智力游戏、音乐游戏、体育游戏。这类游戏一般都有游戏的目的、玩法、规则和结果四个部分,其中游戏的规则是游戏的核心。

1. 智力游戏

智力游戏是以生动、新颖、有趣的游戏形式,使幼儿在轻松愉快的活动中,增进知识、发展智力的游戏,如百宝箱、绕口令、猜谜语、走迷宫等。

2. 音乐游戏

音乐游戏是在歌曲伴唱或乐曲伴奏的情况下,按照一定的要求和规则进行的各种活动,如"猫捉老鼠""蜜蜂与小熊"等。它的作用是发展幼儿的音乐感受能力和音乐表现能力。

3. 体育游戏

体育游戏是以身体练习为主要内容,以发展基本动作为目的的游戏活动,如"跳房子""老鹰捉小鸡"等。它的作用是培养幼儿对体育活动的兴趣,锻炼幼儿的基本动作,增强幼儿的体质。

第三节　游戏与幼儿的发展

📖 案例导入[①]

　　户外活动时间,大三班的孩子们在户外大型玩具上玩"抓怪兽"游戏,时而爬上爬下,时而追逐。

　　在小朋友一片"抓东东大怪兽"的喊声中,被当作"怪兽"追赶的东东小脸憋得通红,拼命奔跑着、躲闪着……

---

① 沈雪梅. 关爱与方法:幼儿行为观察案例分析[M]. 上海:复旦大学出版社,2014:84. 有改动.

一直在一旁观察的王老师喊道："大三班的小朋友到我这儿来!"

孩子们停下游戏围过去。

老师:"刚才你们玩的是什么游戏啊?"

阳阳:"抓怪兽。"

豆豆:"抓东东,东东是怪兽!"

老师:"那我们小朋友有没有问过东东愿不愿意当怪兽啊?"

小朋友们都不作声,东东还在气喘吁吁。

老师:"东东,告诉大家,你愿不愿意当怪兽啊?"

东东想了想,摇摇头。

老师:"哦,大家看到了,东东不愿意当怪兽,刚才是谁说让他当怪兽的?"

豆豆:"我也不知道,听别人说的。"

老师:"东东愿不愿意当怪兽,你们应该问问他,你们不问他就让他当怪兽,这样做好不好呀?"

小朋友:"不好!"

老师:"我们应该怎么做呀?"

壮壮:"老师,我想当怪兽,我来当怪兽。"

游戏又开始了,壮壮快速地奔跑着,喊着:"快来抓我呀!"小朋友们欢快地喊着,追逐着抓壮壮怪兽……

点评:这是户外体育游戏中的一个常见场面。案例中的王老师采用询问式的语言指导法循序渐进地引导幼儿发现游戏中角色分配存在的问题,并进一步引导幼儿自行解决问题。王老师用"东东愿不愿意当怪兽,你们应该问问他,你们不问他就让他当怪兽,这样做好不好呀"这样的引导式问题,让幼儿自己发现游戏中角色分配要结合小伙伴的个人意愿,通过老师的引导,壮壮小朋友提出"我来当怪兽",幼儿游戏角色分配的问题得到了解决。因此,小朋友的玩不是"瞎玩""傻玩",其中蕴含着很多智慧、策略和能力。

那么,幼儿游戏对于幼儿的发展有什么作用呢? 这是本节我们所要解决的问题。

游戏是幼儿最喜爱的活动,《幼儿园教师专业标准(试行)》中对幼儿园教师提出了明确要求:"要重视游戏对幼儿发展的独特作用,将游戏作为幼儿的主要活动""引导幼儿在游戏活动中获得身体、认知、语言和社会性等多方面的发展"。可见,游戏不仅仅是一种愉悦的、好玩的活动,它也是幼儿成长、发展和学习的一种有价值的活动,能促进幼儿在身体、智力、创造力、情感和社会性等方面的发展。

一、游戏与幼儿身体发展

(一)游戏促进幼儿身体生长发育

幼儿期是生长发育十分迅速和旺盛的时期,游戏活动给幼儿的发展带来无限的生机和可能性。在游戏活动中,幼儿身体的各种生理器官和系统处于自觉的活动状态,许多游戏尤其是户外游戏能满足幼儿身体活动的需要,使幼儿直接受到阳光、空气和温度等自然因素的刺激,能促进幼儿呼吸系统、运动系统、循环系统、神经系统的健康发育,提高机体对于环境的适应能力和对各种疾病的抵抗能力。

有研究表明,愉悦的情绪状态能促进幼儿身心健康发展。游戏中的幼儿始终处于一种积极、主动、愉快的情绪状态,能使幼儿获得情感上的满足,有益于幼儿身体的生长发育。

(二)游戏促进幼儿基本动作发展

好动是幼儿的天性,他们什么都想摸一摸、动一动、玩一玩。在游戏中,幼儿可以自由地变换动作、姿势,可以多次重复他们感兴趣的各种动作,从而锻炼走、跑、跳、爬、攀登等大肌肉动作和手部小肌肉动作,逐渐掌握动作技能。例如,"老鹰捉小鸡"的游戏,在孩子陶醉于游戏快乐的同时,发展了追逐、躲闪跑的能力,提高了上下肢动作的协调性和灵敏性。又如,插塑积、搭积木、穿珠子、夹豆豆等游戏,幼儿在反复摆弄材料的过程中,增强了手部小肌肉动作的灵活性,使动作更趋于协调和精细。

(三)游戏有利于提高幼儿体能

在体能运动游戏中,幼儿与外界环境进行多方面的接触,接受更多的刺激与挑战,从而使幼儿身体各组织器官得到有效的活动和锻炼。实验表明,游戏有利于提高幼儿体能,增强机体的适应能力,提高身体动作的敏捷性、灵活性和协调性。游戏还可以使中枢神经系统的机能状态调整到最佳水平,使机体感到舒适和愉快。

二、游戏与幼儿认知发展

认知发展是指个体认知结构和认知能力的形成和变化的过程,包括感知觉、记忆、思维、语言、想象等多种心理过程。在游戏中,幼儿充分发挥积极性和主动性,通过操作游戏材料、扮演游戏角色、参与游戏过程等活动去接触、感受、探索新事物,了解物体的性能,了解事物之间的关系。在此过程中,一方面使幼儿积累了丰富的经验,促进幼儿知识的增长;另一方面也促进幼儿的感知能力、注意力、记忆力、想象力、思维能力的发展。

(一)游戏促进幼儿知识增长

游戏是幼儿学习知识最有效的途径。在游戏中,幼儿通过与各种各样的材料、玩具和器械发生互动,在各种形式的互动中,幼儿感知、体验着物体的颜色、形状、大小等特性,体会事物与事物之间的关系、事物的变化与自己操作之间的关系,从而在无形中习得相应概念。例如,幼儿在扔沙包时能体验和理解"远""近""高""低"等空间方位概念;玩沙子时可感觉到干和湿的对比,感知沙子是松散的、是颗粒状的等特性;玩交通警察的游戏有助于对社会角色以及角色行为的认知。

(二)游戏促进幼儿各种能力发展

1. 游戏促进幼儿感知能力发展

游戏有助于幼儿感知觉的发展。在游戏中,幼儿借助各种感官去直接感知事物。一方面,幼儿通过视觉、听觉、嗅觉、触觉等各种感官了解到事物的外部特征,发展了感觉;另一方面,通过对空间、形状、大小等的观察,感知各种事物的整体属性,发展了知觉。幼儿的感知觉是在活动中得到发展的,游戏是幼儿最喜欢的活动,游戏活动能调动幼儿感知的兴趣,在积极进行的一定活动中积累和丰富各种感知觉经验,发展感知能力。例如,幼儿刚接触到新的玩具不倒翁时,兴奋地左右晃动,尝试用各种方法使不倒翁倒下来,经过反复尝试后,幼儿得出结论——不倒翁是不倒的。

2. 游戏促进幼儿想象力发展

象征性或假想性是幼儿游戏的普遍特征,游戏为幼儿提供了想象的充分自由,因此想象是构成幼儿游戏活动不可缺少的心理成分。在游戏中,幼儿可以以物代物在想象中使用·以人代人在想象中活动,如"娃娃家"游戏,幼儿"以沙为米、以叶为菜"、自己像妈妈那样"做饭"、像爸爸那样"逗娃娃玩",游戏巩固和加深了幼儿对周围事物的认识,随着扮演角色和游戏情节的发展变化,游戏内容越丰富,想象也就越活跃。

3. 游戏促进幼儿思维能力发展

游戏能推动幼儿思考和创作,幼儿在游戏中会遇到各种各样的问题。例如,如何用积木堆出城堡,捉迷藏如何才能找到别人而又不被别人发现,等等,这些问题自然而然会激发幼儿思考,促使幼儿不断地想办法。在游戏中,幼儿要对自己的行为做出决定:玩什么,怎么玩,和谁一起玩,用什么样的材料和玩具来玩。游戏为幼儿提供了没有压力的问题解决环境,有利于幼儿从多个角度思考问题并取得成果,促进其思维的关联性发展。

4. 游戏促进幼儿语言能力发展

游戏给幼儿提供了语言交往的情境和需要。在游戏中,幼儿可以用语言来表达自己的想法和愿望,可以与同伴轻松地进行交流,游戏能激发幼儿表达的积极性。语言类游戏更是为幼儿创造适宜的语言环境,使幼儿有话"想说""敢说""喜欢说",从而扩大幼儿的词汇量,加深幼儿对语法规则、语义的理解,促进语言表达能力的发展。如"顶锅盖"游戏中,一名幼儿(A)手掌张开,手心向下,另一名幼儿(B)伸出食指,触于 A 两手掌掌心中,两人一边做动作一边念儿歌:"顶锅盖,油炒菜,辣椒辣了不要怪,呼,一口气;呼,二口气,一、二、三!"念到儿歌最后一个字——"三",A 握紧手掌,同时,B 将手指抽出。若 A 没有捏住 B,游戏继续进行。若 A 捏住 B,互换角色游戏。又如一些手指游戏,边念儿歌边做手指动作。幼儿在玩这些游戏的过程中促进了语言能力的发展。

三、游戏与幼儿情感发展

幼儿期是情绪情感发生、发展的重要时期,游戏作为一种积极的情感交往方式,一方面有助于幼儿表现积极的情绪情感,宣泄消极的情绪情感;另一方面,有助于幼儿情绪情感的丰富与深化。

(一)游戏使幼儿体验积极的情绪

积极的情绪包括高兴、愉快、喜欢等,在游戏时幼儿按自己的意愿,自由自在地进行活动,这种自由的、自发的、自愿的、没有目标指引的游戏,更能让幼儿体验到快乐和满足,获得成功的愉悦。在结构游戏中,当幼儿运用游戏材料搭建成功时,会体验到自豪感;在角色游戏中,能满足幼儿在现实生活中不可能实现的需要和愿望,产生快乐、自信、满足等积极的情绪;在表演游戏中,有助于幼儿深深地体验故事中人物的喜、怒、哀、乐,使幼儿的良好情绪得以保持与发展。可以说,幼儿获得游戏的机会,甚至就是一种心理保健的机会。

(二)游戏有助于幼儿转移与宣泄消极的情绪

消极的情绪包括生气、愤怒、绝望、悲哀、紧张等,在日常生活中,幼儿可能遇到不高兴或不顺利的事情,又或者感到束缚,未能自由地表达个人的意愿。幼儿的这些情绪情感如果长期受到压抑而得不到释放,就会影响其心理健康。游戏具有独特的心理保健功能,它可以释放幼儿内心的紧张与焦虑,在游戏中,幼儿通过"跑、跳、追、躲、喊、摔"等行为宣泄内心的消极情绪。例如,幼儿喜欢玩"打针"的游戏,这是幼儿将自己在打针时的不愉快体验发泄到替身的身上,宣泄和释放了对打针的恐惧。"游戏治疗"的理论和实践已经表明,游戏是幼儿发泄自己不良情绪的一种很好的方式,通过游戏使幼儿的情绪变得平静、缓和,有利于抑制、降低消极情绪的负面作用。

（三）游戏有助于丰富和深化幼儿的情感

在游戏中,幼儿能够主动地选择和接触各种色彩鲜艳、造型生动的玩具,用他们对现实世界的理解和自己拥有的能力来操作实物,主动地反映现实生活中美好的东西,在游戏中感知美、体验美、创造美,游戏培养和发展着幼儿的美感。游戏是对现实生活的反映,在游戏中幼儿通过对人物关系的处理、角色情感的体验,发展幼儿的爱心、同情心和道德感。同样,幼儿在游戏中积累经验,发现知识,认识事物,从而体验和发展理智感。游戏能促进幼儿高级情感的丰富和发展。

四、游戏与幼儿社会性发展

（一）游戏有助于幼儿发展社会交往能力

幼儿的游戏离不开游戏伙伴,在与游戏伙伴的交往中,幼儿逐步学会了认识自己和同伴,懂得了如何表达自己的意愿以及如何回应他人。在游戏中,幼儿学会对自己的某些行为进行自我约束,服从共同的行为规则,逐步消除以自我为中心的观念,掌握和学习与他人合作、协商、轮流、公平竞争等交往技能。例如,在"老鹰捉小鸡"游戏中,幼儿商量分配游戏角色,有"老鹰""鸡妈妈""小鸡"等,伴随着游戏的不断深入,幼儿协商着轮换游戏角色,每个角色各司其职,共同开展游戏活动。

在与同伴游戏中,有时会因玩具和分配角色而引起冲突,这就要求幼儿学会分享、谦让等人际交往技能,了解自己和同伴的想法、行为、愿望和要求,解决冲突,正是在一点一滴的交往中,幼儿积累了与人交往的经验,掌握与人交往的技能。

（二）游戏有助于培养幼儿合群行为

有些幼儿不太合群,不喜欢参加集体活动,不爱与别人交往,喜欢独自一个人进行活动。游戏能为幼儿提供与同伴互动的机会,使幼儿感受到"大家一起玩"真开心,用集体的欢乐来温暖孤独的心,使之变得合群起来,为将来的学习和生活创造良好的条件。

（三）游戏有助于幼儿掌握社会行为规范

游戏通常是对社会活动的模拟或再现。在游戏中,特别在社会性角色游戏中,幼儿通过扮演社会角色,如在"娃娃家""医院""超市""银行"等游戏中,幼儿体验社会生活,逐渐了解现实生活中这些社会角色的意义,学习这些社会角色应有的行为方式以及要遵守的社会行为规范。在游戏中,幼儿作为集体的一员,心甘情愿地服从集体规则的制约,学会支配自己的行动。因此,游戏能缩短幼儿掌握社会行为规范的过程。

（四）游戏有助于锻炼幼儿顽强意志

游戏对幼儿来说具有挑战性,在游戏中,幼儿既可以动脑解决问题,又可以克服困难,坚持把事情做到底,锻炼意志。例如,在区域活动中,幼儿在表演区、美工区、建构区、体能区等区域开展的游戏活动,给幼儿提供了一个展示自己的平台。一些胆怯的孩子能克服自己紧张、害怕的心理,勇敢地表现自己,增强自信心;一些体弱的孩子能克服自身耐力的不足,以坚强的毅力迎接游戏的挑战,耐心、坚持性得到了发展。体能区的游戏在提高幼儿体能的同时,也给幼儿提供了一个锻炼意志的活动机会。

总之,游戏是幼儿最喜欢的活动,游戏对幼儿的身体发展、认知发展、语言发展、情感发展以及社会性的发展都具有其他活动所不能替代的作用。因此,幼儿园必须"以游戏为基本活动",充分发挥游戏在幼儿发展中的作用。

答案及解析

一、单选题

1. 幼儿以积木、沙、雪等材料为道具来模仿周围现实生活的游戏是 （　　）
   A．表演游戏　　　　　B．结构游戏　　　　　C．角色游戏　　　　　D．规则游戏

2. 幼儿园的"娃娃家"游戏属于 （　　）
   A．结构游戏　　　　　B．表演游戏　　　　　C．角色游戏　　　　　D．智力游戏

3. 幼儿反复敲打桌子，在房间里跑来跑去，在椅子上摇来摇去，这类游戏属于 （　　）
   A．结构性游戏　　　　B．象征性游戏　　　　C．规则性游戏　　　　D．机能性游戏

4. （　　）是游戏本质属性的表现。
   A．强制性　　　　　　B．社会性　　　　　　C．非生产性　　　　　D．自主性

5. （　　）是学前期幼儿的典型游戏。
   A．结构性游戏　　　　B．规则性游戏　　　　C．象征性游戏　　　　D．合作性游戏

6. 智力游戏、体育游戏和音乐游戏是 （　　）
   A．创造性游戏　　　　B．规则性游戏　　　　C．表演游戏　　　　　D．个人游戏

7. 3岁前幼儿一般不能进行 （　　）
   A．独自游戏　　　　　B．合作游戏　　　　　C．平行游戏　　　　　D．动作游戏

二、简答题

简述幼儿游戏的基本特征。

三、论述题

幼儿园集体教学活动和游戏的涵义分别是什么？试述两者的区别与联系。

四、材料分析题

1. 教师在户外投放一些"拱桥"（见图1），希望幼儿通过走"拱桥"提高平衡能力。但是，有幼儿却将它们翻过来，玩起了"运病人"游戏（见图2）。他们有的拖、有的推、有的抢……玩得不亦乐乎。对此，两位教师反应不同。A教师认为应立即劝阻，并引导幼儿走"拱桥"；B教师认为不应阻止，应支持幼儿的新玩法。

图1

图2

问题：

（1）你更赞同哪位老师的想法？为什么？

（2）你认为"运病人"游戏有什么价值？

2. 几个幼儿正在玩游戏，他们把竹片连接起来，想让乒乓球从一头开始沿竹槽滚动，然后落在一定距离外的竹筒里。游戏过程中，他们遇到了很多困难，如球从竹片间掉落（见图1）；竹片连成的"桥"太陡，球怎么也落不到竹筒里（见图2）。他们通过不断努力，终于让球滚到了竹筒里。

问题：幼儿可以从上述活动中获得哪些经验？请结合材料分析说明。

图1

图2

思考与练习

一、选择题

1. 搭积木、堆雪人、挖沙坑、折纸飞机等,这类游戏属于(　　　　)。

　　A．结构游戏　　　　　　B．象征性游戏　　　　　　C．规则游戏　　　　　　D．机能性游戏

2. 一般认为(　　　　)对于了解儿童内心状态具有诊断和治疗的意义。

　　A．结构游戏　　　　　　B．象征性游戏　　　　　　C．规则游戏　　　　　　D．机能性游戏

二、简答题

1. 什么是游戏? 幼儿游戏的本质特征是什么?

2. 简述游戏是如何分类的。

3. 幼儿游戏对幼儿身心发展具有哪些作用?

三、论述题

在大一班家长会上,家长们就大班一周活动安排纷纷发表意见:

"一天怎么就上这么两节课?"

"孩子在户外活动是玩,在区域活动还是玩,一天要玩这么长时间吗?"

"孩子马上就要上小学了,一天还玩这么多游戏,玩、玩、玩,我花这么多钱送孩子来上幼儿园就是来玩的吗?"

家长们越说越激动……

针对这种现象,请你运用有关幼儿游戏的教育作用理论进行论述。

四、实操题

观摩记录某班级一次游戏活动。

【目标】

1. 能观察、分析幼儿园的游戏类型。

2. 对幼儿园游戏的基本特征有进一步的认识。

【内容与要求】

学生进园观摩某班级的一次游戏活动,并做详细记录。然后分析:所观察的游戏属于何种类型? 该游戏能否体现幼儿游戏的基本特征?

第二章
有关儿童游戏的理论

第二章

💡 **目标导航**

1. 了解儿童游戏各理论流派的主要代表人物及其基本观点。
2. 进一步认识和理解儿童游戏的重要意义。
3. 学习运用不同的游戏理论观察和解释儿童的游戏活动。

第一节 早期的游戏理论

📖 **案例导入**

游戏是人和动物都有的一种普遍的生活现象。在动物世界里，我们经常看到这样的场景：猴子用长长的尾巴钩住树枝，倒挂着荡来荡去，或在树上与同伴追逐、嬉戏，乐此不疲。家里的宠物狗、猫喜欢抓挠、撕咬、追逐纸团、球等小物体，在沙发、床上跳来跳去，叼着拖鞋自娱自乐等。

儿童游戏作为一种社会文化现象，伴随着人类社会的产生而产生，发展而发展。在我国古代就已出现丰富的游戏形式，如玩竹马、石球、弹丸，放风筝、下棋、斗蟋蟀等，其中很多游戏至今仍广为流传。可见游戏也是人类生活中必不可少的一部分。古代就有关于游戏的论述，孔子在批评他的弟子无所事事时说："饱食终日，无所用心，难矣哉！不有博弈者乎？为之，犹贤乎已。"也就是说，每天吃饱了不干事，可不行啊！不是有掷骰子、下棋这些玩意儿吗？玩一玩，也比闲待着强呀。这一方面说明了孔子对游戏的态度，另一方面也说明当时已有不少的游戏形式。

点评：人们对动物游戏与人类游戏的认识取决于他们对游戏概念的界定以及游戏目的、意义的认识。研究者们由于各自研究的理论基础不同，观察问题的角度不同，思考和说明问题的方法不同，就出现了各种不同的游戏理论流派。

那么，人和动物为什么游戏？游戏有什么意义和价值？在什么时候人们开始关注儿童的游戏，并提出了哪些游戏理论呢？这些是本节要讨论的主要问题。

早期游戏理论是指18—19世纪出现的游戏理论，主要从生物学角度出发，探讨游戏的目的和意义。比较有代表性的游戏理论有"剩余精力说""松弛消遣说""预演说""复演说""生长说"和"成熟说"等。

一、剩余精力说

剩余精力说的主要代表人物是18世纪德国哲学家席勒和19世纪英国哲学家斯宾塞。其主要观点是：生物体都能产生一定精力来满足自身生存的需要，当需求满足之后，若还有剩余精力没有被消耗，过剩的精力就会累积从而造成压力。因此，游戏是儿童和高等动物对剩余精力的一种无目的的消耗，即游戏是剩余精力的发泄。

对于儿童来说，他们的生存需要由成人给予满足，日常生活中耗费的精力较少，从而使得儿童有大量过剩的精力，会比成人更有精力去游戏，进而通过大量的游戏来消耗过剩的精力。

二、松弛消遣说

松弛消遣说的代表人物是德国哲学家拉察鲁斯。其主要观点是：游戏不是剩余精力的发泄，而是为了精力的恢复。艰苦的劳动使人的精力消耗，感到身心疲劳，这种疲劳可以通过睡眠或参与完全不同于工作的活动才能消除。游戏与工作是不同的，因此是一种解除疲劳、恢复精力的理想方式。对于儿童来说，由于身心发展水平的限制及生活经验的缺乏，对复杂的外部世界难以适应，极易疲劳，需要用游戏来轻松一下，以便恢复精力。

如果儿童进行心智活动久了，户外游戏可以帮助他恢复活力。假如成人长时间从事有压力的工作，一段时间的休闲活动(如唱歌、打球等)或者一种完全不同的活动(如看电视、下棋等)可能会对他恢复精力有所帮助。这个理论可以解释为何游戏行为不限于儿童，成人也同样喜欢。

三、预演说

预演说又称前练习说，主要代表人物是德国哲学家、心理学家格鲁斯，其主要观点是：游戏是对未来生活的一种无意识的准备。儿童在遗传上继承了一些不够完善、不成熟的本能，游戏的目的就是对本能的无意识训练和准备，帮助儿童在与生俱来的本能的基础上进行练习，完善成人生活所需要的本能。

例如，儿童"扮家家"游戏扮演爸爸、妈妈的角色，是为将来当父母做准备，或玩"医院""超市"等游戏，是在练习成年后所需的技能，为将来的生活做准备。可见，儿童通过游戏进行本能的练习，从而获得生活所必需的生存能力。因此，游戏是一种升华本能、演练生活的手段。

四、复演说

复演说的代表人物是美国心理学家霍尔，其主要观点是：游戏是人类生物遗传的结果，儿童游戏是重现祖先生物进化的进程，重现祖先进化过程中产生的动作和活动，儿童游戏的阶段性也遵循人类进化的顺序，如婴儿的爬行和蹒跚行走是重复类人猿的活动方式，儿童玩投掷、打猎、捕鱼是重复原始人的生活活动等。儿童的生长发育是以更加简略的方式复演着人类的进化过程。

五、生长说

生长说的代表人物是美国的阿普利登，其主要观点是：游戏是幼小儿童能力发展的一种模式，是机体练习技能的一种手段,是生长的结果。儿童的能力发展和成熟到一定的阶段,才会有游戏。反过来,游戏是练习成长的内驱力,儿童通过游戏可以获得成长。

六、成熟说

成熟说的代表人物是荷兰的拜敦代克,其主要观点是:游戏是儿童操作某些物品以进行活动,是幼稚动力的一般特点的表现,而不是单纯的一种机能。因此,游戏不能等同于练习,如幼儿玩跳皮筋是游戏活动,而幼儿学跳皮筋是练习。该学说认为,人有潜在的内部力量,而心理的发展就是依靠这股潜在的内部力量进行的,不需要练习也能发展起来,不需要游戏做准备。

这些早期游戏理论皆有自身的局限性。首先,它们是哲学思辨的产物,不太注重实验结果,主要解释游戏存在的原因以及游戏的目的,未对游戏行为进行全面的解释。其次,缺乏可靠的科学实验的依据。但尽管如此,这些理论对当前游戏理论的研究仍然具有重要意义,并奠定了现代游戏理论发展的基础。

表 2-1　早期的游戏理论代表人物及主要观点

游戏理论	代表人物	主要观点
剩余精力说	德国的席勒 英国的斯宾塞	游戏是儿童和高等动物对剩余精力的一种无目的的消耗,即游戏是剩余精力的发泄
松弛消遣说	德国的拉察鲁斯	对于儿童来说,由于身心发展水平的限制及生活经验的缺乏,对复杂的外部世界难以适应,很易疲劳,需要游戏来轻松一下,以便恢复精力
预演说	德国的格鲁斯	游戏是对未来生活的一种无意识的准备
复演说	美国的霍尔	游戏是人类生物遗传的结果,儿童游戏是重现祖先生物进化的进程,重现祖先进化过程中产生的动作和活动
生长说	美国的阿普利登	游戏是幼小儿童能力发展的一种模式,是机体练习技能的一种手段,是生长的结果
成熟说	荷兰的拜敦代克	游戏是儿童操作某些物品以进行活动,是幼稚动力的一般特点的表现,而不是单纯的一种机能

第二节　现代的游戏理论

现代游戏理论是指在 20 世纪 20 年代以后出现的游戏理论,包括精神分析学派的游戏理论、皮亚杰的认知发展学派的游戏理论、社会文化历史学派的游戏理论、游戏的觉醒理论和元交际理论等。

一、精神分析学派的游戏理论

精神分析学派游戏理论的代表人物有弗洛伊德、埃里克森、佩勒、门宁格等人。其游戏理论是建立在弗洛伊德人格学说的基础上。

弗洛伊德是奥地利精神病医生及精神分析学家、精神分析学派的创始人,其主要观点是:游戏是为了追求快乐,补偿现实生活中不能满足的欲望,再现那些难以忍受的体验,将受压抑的不良情绪发泄出来。例如,红红不想吃饭挨了打,在娃娃家游戏中,红红扮演的妈妈特别慈爱,给娃娃吃自己想吃的一切东西(如巧克力、冰激凌等)。在现实生活中不能实现的愿望在游戏中得到宣泄和补偿,痛苦随之消失,最终获得情感上的快乐。

美国心理学家埃里克森以弗洛伊德的理论为基础,扩展和丰富了游戏的精神分析理论。其主要观点是:把游戏与人格发展联系起来,认为游戏的形式随着年龄的增长和人格的发展而不同,游戏帮助儿童人格从一个阶段向另一个阶段发展。埃里克森把人格发展划分为八个阶段,每一阶段都有自己特定的发展任务,如果发展任务解决得好,就可以形成理想人格;解决得不好,就形成消极的人格。认为游戏是情感和思想的一种健康的发泄方式,游戏有助于自我的积极发展。

精神分析学派的游戏理论具有一定的局限性,该理论发端于精神病学,带着明显的临床诊断的色彩,许多概括和假设缺乏系统性和精确性,其理论的基本出发点是泛性论,其不足显而易见。但是,精神分析学派的游戏理论强调早期经验对健康的成年生活的影响,强调游戏对于儿童人格发展、心理健康的价值。强调游戏能使儿童受压抑的情绪得以宣泄,促进健康人格的发展等观点,对于人们重视儿童早期教育、重视游戏的情感发展价值具有重要的意义。目前该学派的游戏理论依旧对我们具有很强的启发和应用价值。

二、认知发展学派的游戏理论

认知发展学派的游戏理论代表人物是瑞士著名的心理学家皮亚杰。其主要观点如下。

(一)游戏的本质是同化超过了顺应

皮亚杰认为,游戏不是一种独立意义的活动,而是认知水平的表现形式,是对原有知识技能的练习和巩固。游戏的本质是同化超过了顺应,儿童早期由于认知结构发展还不够成熟,往往不能保持同化和顺应之间的平衡。这种不平衡表现为两种情况:一种是顺应大于同化,一种是同化大于顺应。前一种情况是模仿的特征,后一种现象是游戏的特征。因此,皮亚杰认为,游戏仅仅是一种在儿童已有的经验范围里的活动,儿童在游戏中并不能学习新的技能,但可以练习和巩固新近获得的技能。皮亚杰认为,游戏的主要功能在于通过同化作用来改变现实,以满足自我在情感方面的需要。

(二)游戏活动与儿童认知发展阶段相适应

皮亚杰主张不应该把游戏看作是一种孤立的活动,应将游戏放在儿童智力发展背景中去考察。游戏活动是与儿童智力发展的不同阶段相适应的,与其认知发展阶段的智力水平相适应。根据儿童认知发展的阶段,他把游戏活动划分为三种水平:在感知运动阶段出现的是练习性游戏;在前运算阶段主要的游戏是象征性游戏;在具体运算阶段主要的游戏是规则性游戏。

(三)游戏活动满足儿童自我情感需要

皮亚杰认为,游戏的主要功能在于通过同化作用来改变现实,以满足自我在情感方面的需要。他认为,儿童需要游戏,尤其是象征性游戏,儿童在象征性游戏中表现情感和发展情感,实现自我满足。

皮亚杰从儿童认知的角度研究游戏,在长期观察和研究的基础上提出游戏发展的阶段理论,强调游戏活动的重要性,重视游戏的情感发展价值,重视象征性游戏在儿童发展中的作用,这些极大地丰富了人们对于儿童游戏的认知发展价值认识,引发了之后大量关于游戏与认知发展的实证研究。但是,皮亚杰的游戏理论也有自身的局限性,如只强调智力对儿童游戏发展的单向性影响,而忽视游戏对于智力发展的积极作用等。

三、社会文化历史学派的游戏理论

社会文化历史学派也称维列鲁学派,是苏联的一个心理学派别,主要代表人物有维果茨基、列昂节夫、鲁宾斯坦、艾利康宁等。该学派从文化历史发展的角度来探讨儿童的游戏,创造了与西方完全不同的游戏理论。社会文化历史学派的游戏理论又被称为"活动游戏理论"或"游戏的活动理论"。其主要观点如下。

(一)游戏是社会反映性活动

社会文化历史学派的游戏理论认为,儿童游戏不是自然发生的,而具有社会历史的起源,游戏活动的社会起源与个体起源均由社会存在所决定。艾利康宁认为,儿童角色游戏是在特定的社会历史文化阶段上,由于生产力的发展而引起儿童在生产劳动中的地位的变化所导致的结果。例如,儿童都喜欢玩"娃娃家"游戏,同样是"娃娃家"游戏,爷爷、奶奶们与爸爸、妈妈们童年玩的内容和现在孩子们玩的内容是不同的,以前"娃娃家"游戏家中是一群孩子,现在是一个或两个孩子,游戏的内容也在不断地变化和丰富。可见,游戏活动内容是随着每一代人和社会发展的不同阶段而不断变化与更新着的,儿童在自己玩的游戏中具体地反映了他们的生活内容。

(二)游戏是有目的的社会实践活动

社会文化历史学派的游戏理论认为,游戏是一种有目的、有意识的社会实践活动。维果茨基认为,游戏的实质是儿童愿望的满足,在每一种独立的游戏中儿童都抱有一定的目的,为了实现这种目的,儿童就要选择实现目的的手段,儿童通过模仿成人的活动,将所看到的周围成人的活动迁移到游戏中。儿童在游戏中能轻松地了解、学习和掌握基本的人与人的社会关系,体验不同的情绪情感。在集体性游戏中,儿童自觉遵循游戏中的行为规则,并学习、内化规则等。因此,儿童在游戏中的一切活动都是有目的、有意识、主动、自觉的,并能够达到一定的水平。正是游戏的这种社会目的性,苏联教育家才把儿童游戏与教育目的结合起来。

(三)游戏是学前期的主导活动

在儿童不同的发展阶段,主导活动的类型不同,游戏活动特别是有主题的角色游戏是学前儿童的主导活动。列昂节夫认为,游戏之所以是主导活动,是因为这种活动的发展与儿童心理发生最重要的变化有关,而且那些准备使儿童过渡到新的、更高发展阶段的心理过程是在这种活动里得到发展的。维果茨基指出,游戏是一种自助工具。在游戏中,儿童总是表现出超越其年龄阶段的能力,高于其日常的行为表现,儿童在参与游戏时表现出更集中的注意力、更好的记忆、语言使用和社会合作能力,这就好像放大镜的焦点,游戏在一个密集的形式里包含了所有发展的倾向,而且游戏本身就是发展的主要源泉。游戏创造了儿童的最近发展区,在儿童发展中起着巨大的作用。

(四)游戏是需要成人指导的活动

社会文化历史学派的游戏理论认为,游戏是在儿童与成人的交往中、在成人的教育和影响下、与成人之间关系发生改变的情况下逐渐发生发展的,强调游戏活动不会自然而然地得到发展。所以,维果茨基认为,"为了使儿童掌握游戏的方法,成年人的干预是必要的,必须在一定的年龄阶段上教儿童学习怎样做游戏"。游戏教育价值的实现和游戏活动本身的发展,取决于成人对儿童游戏的教育与引导。从以上基本观点出发,苏联心理学家把该游戏理论运用于幼儿园游戏活动的组织与指导中,非常强调成人对幼儿游戏的指导与干预。

社会文化历史学派游戏理论的最大意义在于：从社会历史的角度研究游戏的本质及其价值,为人们探讨游戏提供了新的视角。重视游戏与教育的联系,推动了游戏在教育中的实践和运用。但是,该游戏理论认为儿童必须在成人的教育和引导下游戏,过于强调成人的作用,而忽视了儿童的主动性、独立性和创造性。

表 2-2　现代的游戏理论代表人物及主要观点

游戏理论	代表人物	主要观点
精神分析学派	弗洛伊德、埃里克森、佩勒、门宁格	游戏是情感和思想的一种健康的发泄方式,是对现实生活中不能满足欲望的一种补偿,游戏有助于自我的积极发展
认知发展学派	皮亚杰	游戏的本质是同化超过了顺应,游戏活动是与儿童认知发展阶段的智力水平相适应,以满足儿童在情感方面的需要
社会文化历史学派	维果茨基、列昂节夫、鲁宾斯坦、艾利康宁	游戏是社会反映性活动,是一种有目的、有意识的社会实践活动。游戏是学前儿童发展的基本源泉,也可以作为儿童最近发展区的支架,促进学前儿童思维能力和意志、行为的发展,帮助他们达到更高的发展层次

第三节　当代的游戏理论

当代游戏理论是指在皮亚杰的认知发展游戏论之后形成的游戏理论,比较有影响的是觉醒理论和元交际理论。

一、游戏的觉醒理论

游戏的"觉醒"理论也称内驱力理论,或激活理论,主要代表人物有英国心理学家、哲学家伯莱因、艾利斯、亨特和费恩等人。游戏的觉醒理论是一种试图通过解释环境和个体行为的关系,来解释游戏的生理机制的假设性理论。其主要观点如下。

"觉醒"是游戏的觉醒理论的核心概念,该理论把"觉醒"看作是中枢神经系统的一种机能状态或机体的一种驱力状态。它与两个因素有关：一是外部刺激或环境刺激,这是机体"觉醒"的主要源泉;二是机体内部的平衡机制,机体能够通过一定的行为方式来自动调节"觉醒"水平或驱力状态,使机体和环境刺激之间保持平衡,从而维持自身的"最佳觉醒状态"。

中枢神经系统有维持最佳"觉醒"水平的要求,当外界刺激作用于机体,机体通过经验分析确定当前的刺激是否是新异刺激,当新异刺激与熟悉的刺激不一致时,机体就会产生主观上的"认知不确定性","觉醒"水平就会增高,使机体感到紧张和焦虑,中枢神经系统就会要求采取一定的行为方式来降低"觉醒"水平。当新异刺激出现,机体"觉醒"水平增高时,发生的行为就是探索。探索的作用在于获得关于外界物体的信息,消除不确定性,降低"觉醒"水平,维持最佳状态。

当外部刺激过于单调、乏味时,机体就会感到疲劳、厌倦,"觉醒"水平就会降低,中枢神经系统就会采取一定的行为方式来提高"觉醒"水平。当外部刺激缺乏,机体"觉醒"水平降低时,就会发生游戏行为。游戏的作用在于寻求刺激,避免厌烦等不良的状态,提高"觉醒"水平。

游戏的觉醒理论对于学前教育的理论与实践工作具有重要的指导意义。该理论精辟地描述了游戏过程的微观结构,揭示了不同性质的环境刺激和不同性质的行为之间的相互作用,启示我们应重视幼儿园教育环境的合理创设与组织,应注意让幼儿在经过合理组织的环境中具有一定的自主性,促进他们与环境的相互作用。

二、游戏的元交际理论

游戏的"元交际"理论代表人物是英国人类学家、社会学家贝特森。贝特森认为,交际不仅有意义明确的言语交际,而且有意义含蓄的交际。这种意义含蓄的交际就是元交际。"元交际"传递的是意义含蓄的"隐喻",依赖于交际双方对对方真正交际意图的理解和领会。俗话说:"说话听声,锣鼓听音",实际上就是指要理解"元交际"所传达的意义,如果交际双方不能理解"元交际"所传达的信息,就会使交际过程受阻,产生意义理解上的分歧。

"元交际"理论把游戏看作一种意识与信息的交流和理解的过程,如庆祝生日时,一个幼儿出其不意地用涂满奶油的小手向小寿星脸上抹去,满脸奶油的小寿星吃了一惊,刚要生气,听到大家开朗的笑声,自己也开心地笑起来,随后抓起一把奶油向对方抹去,于是,你躲我抹,小伙伴们玩起了抹奶油、扔蛋糕的游戏。在这里有一个"游戏信号"的发送和传递的问题,如果小寿星没有辨识或理解"游戏信号",那么误会就可能产生。小寿星被抹奶油后,看到同伴的表情,接收到"这是在游戏"的信号,然后进行自我建构和自我理解。在游戏的过程中,幼儿运用了"元交际",并通过游戏获得了"元交际"能力。因此,游戏的开展以"元交际"为基础,"元交际"能否顺利进行依赖于游戏双方对于隐含意义的敏感性,这种敏感性又取决于交际双方的熟悉程度和知识背景的相似程度,关系越亲密,配合越默契。所以,游戏是信息的交流和理解的过程,"元交际"是游戏的根本特性。

表 2-3　当代的游戏理论代表人物及主要观点

游戏理论	代表人物	主要观点
觉醒理论	伯莱因、艾利斯、亨特、费恩	游戏是由于外界刺激引发学习的内驱力活动而形成的产物
元交际理论	贝特森	人类的交际不仅有意义明确的言语交际,而且有意义含蓄的交际。这种意义含蓄的交际就是元交际。元交际理论认为游戏是儿童通往人类文化和表征世界的必需技能和重要途径

真 题 再 现

答案及解析

单选题

认为"游戏是为未来生活做准备"的游戏理论是(　　　　)。

A. 预演说　　　　B. 剩余精力说　　　　C. 复演说　　　　D. 松弛消遣说

思考与练习

一、选择题

1. 认知发展学派的游戏理论代表人物是瑞士著名的心理学家(　　　)。

A. 霍尔　　　　B. 皮亚杰　　　　C. 格罗斯　　　　D. 拉察鲁斯

2. 认为"游戏是儿童操作某些物品以进行活动,是幼稚动力的一般特点的表现,而不是单纯的一种机能"的游戏理论是(　　)。

A. 成熟说　　　　　　B. 生长说　　　　　　C. 复演说　　　　　　D. 松弛消遣说

二、简答题

1. 早期的游戏理论包括哪些主要内容?

2. 简述皮亚杰的游戏理论。

3. 社会文化历史学派游戏理论的主要观点是什么?

4. 游戏的"觉醒"理论的主要观点是什么?

5. 简述游戏的"元交际"理论。

三、材料分析题

中班区角活动时,萌萌选择了积木区,可玩了一会儿,还没有搭完,就又跑到了"娃娃家"活动区。

王老师:"怎么这么一会儿就换地方了呢?"

萌萌:"我想给娃娃讲故事。"

王老师:"好孩子要坚持把一件事情做完,再去做别的事情。你把积木搭完了再来给娃娃讲故事,好吗?"

萌萌极不情愿地走向了积木区。

是强调培养孩子的坚持性呢? 还是尊重孩子的游戏意愿? 王老师看着孩子委屈的目光,犯了难。

问题:

1. 如果你是王老师,你会怎么做?

2. 请你运用有关儿童游戏理论,结合案例,谈谈引导幼儿游戏进一步开展的建议与策略。

四、实操题

观察和记录一个幼儿的3~5次游戏片段。

【目标】

1. 能观察、分析幼儿游戏事件的特点和意义。

2. 对幼儿的游戏有进一步的认识和理解。

【内容与要求】

学生进园观察一个幼儿的3~5次游戏片断,并做详细记录。然后,分析幼儿游戏事件的特点和意义,并提出适宜的教育建议。

第三章 幼儿园创造性游戏

目标导航

1. 了解创造性游戏的内涵、特点、类型以及教育作用。
2. 掌握创造性游戏设计的原则和基本结构,能设计不同类型的创造性游戏。
3. 能组织与实施不同类型的创造性游戏,并能尝试进行评价。
4. 掌握不同年龄段创造性游戏的特点及指导要点。

第一节 角色游戏

案例导入

小班:"娃娃家"游戏区,几名幼儿扮演"妈妈""爸爸"的角色。豆豆学着"爸爸"的样子,煞有介事地打电话"喂,小宝宝在幼儿园要好好表现,爸爸下班来接你";兰兰对着"娃娃"喂饭、喂奶、哄娃娃睡觉……;可可学着"妈妈"的样子做切菜、炒菜的动作。他们独自游戏,模仿着成人的动作,有时会为同一个玩具材料而争吵。

中班:"超市"游戏区,几名"顾客"正在选购物品,明明挑选好想要的物品来到收银台付钱,"收银员"认真地扫描每件物品的条码后,告诉明明"一共六元钱";"导购员"乐乐正在礼貌地向顾客介绍超市新到的产品,"您好,您要看看这件新玩具吗,是我们刚到的货"……孩子们扮演买卖双方的角色,愉快地交流着。

大班:"美食城"游戏区,"开心美食店"为了迎接中秋节,推出了点餐送月饼的活动。扮演"服务员"的华华正在热情地迎接"客人"入座,"您好,请问几位,这边请";"服务员"佳佳忙着给刚入座的客人送上茶水和菜单;扮演"厨师"的瑶瑶在厨房忙着配菜、烧菜、装盘……"开心美食店"里,"服务员"和"厨师"分工明确、热情服务,特色、特价菜品吸引大量"顾客"……

点评:角色游戏反映幼儿的现实生活,幼儿随着生活经验的丰富,会开展不同主题的角色游戏,游戏的内容和情节更加具体、复杂,同伴间的交流也越来越和谐、分工合作越来越明确。

一、角色游戏概述

(一)角色游戏的含义

角色游戏又称象征性游戏,是幼儿按照自己的兴趣和意愿,借助游戏材料,扮演角色,通过模仿和想象,创造性地反映周围现实生活的游戏。

角色游戏是3～6岁幼儿的经典游戏,它在整个幼儿游戏中占据高比例。幼儿的角色游戏萌芽于2～3岁,在4～5岁达到高峰期,到学龄期对角色游戏的兴趣会逐渐降低。

(二)角色游戏的特点

1. 社会性

角色游戏是幼儿对周围现实生活的一种积极主动的反映,是幼儿对人类社会生活的再现与创造。游戏的主题、角色、情节、材料及规则都与幼儿的社会生活经验相关。幼儿的生活经验越丰富,角色游戏的水平就可能越高。

2. 假想性

角色游戏是幼儿对角色、动作、情景等方面进行想象并表现出来的活动,是幼儿表征能力发展的产物。在游戏中,幼儿可以自由地发挥想象力和创造力,常常把自己想象成角色中的特定人物,通过动作、语言、表情来表现角色,说话做事都执行角色的职责,同时对游戏的情境、物体进行假想。幼儿的假想主要表现在三个方面。

一是对游戏角色的假想(以人代人)。如幼儿扮演妈妈、爸爸、老师、解放军、医生、司机等他们感兴趣的各类角色,在游戏中,幼儿通过动作、语言、表情来再现这些角色。

二是对游戏材料的假想(以物代物)。在角色游戏中,幼儿常常以一种物体代替另一种物体,还能一物多用。如把棍子当"枪",把椅子当"火车",把树叶当"菜",把泥沙当"米饭"等。同一种物品在不同的游戏中,还能充当不同的材料,如纸在超市游戏中可以当"钱",在餐厅游戏中可以当"面条"等。

三是对游戏情境的假想(情境转换)。幼儿常常通过一个或几个动作想象,将情境进行浓缩或转换。如一张桌子、一些碗和筷子可以成为餐厅,一个娃娃和一张床可以组成娃娃的家,一个医生和护士可以构成一个医院。

3. 戏剧性

在角色游戏中,幼儿既是演员,也是导演,还是观众和制作人,他们用自己的行为构思脚本,边构思边行动展开故事情节,创造性地反映社会生活中的某一片段或典型事物。

从游戏的内容、方法和形式看,角色游戏的题材和内容来源于社会生活,通过"以物代物""以人代人"象征手段再现社会生活,游戏的形式是表演。

(三)角色游戏的结构

角色游戏的结构是指角色游戏的构成要素。一般来说,角色游戏由主题、人、物、情节和内在规则五个基本要素构成。

1. 角色游戏中的主题

角色游戏的主题是角色游戏的核心要素,它是指游戏中所反映的社会现象范围,规定了角色游戏的基本框架,游戏中其他的要素都要围绕主题而组织起来。

角色游戏的主题主要来源于家庭、幼儿园和社会生活,常见的游戏主题有娃娃家、幼儿园、医院、超市、餐厅、银行、理发店等,幼儿在选择游戏主题时往往由家庭生活到幼儿园生活,再扩展到社会生活的方方面面。同一主题游戏可以有不同的游戏情节,具有从简单到复杂的特点。幼儿选择的游戏主题,一是基于自己的生活经验,留下深刻印象的内容;二是基于感兴趣的游戏角色;三是基于具有吸引力的游戏材料。

2. 角色游戏中的人

角色游戏中的人是指幼儿在游戏中所模仿的对象。这些角色来自幼儿的生活,是幼儿熟悉的、感兴趣的人物,如"娃娃家"中的"爸爸""妈妈""孩子","餐厅"游戏中的"服务员""老板""顾客","医院"游戏中的"医生""护士""病人"等,幼儿通过语言、表情、动作创造出新的角色形象,来展现自己对现实生活角色的认识。

这些角色可以分为技能型、互补型和想象型三类。技能型角色是指幼儿通过模仿对象的典型动作来进行角色扮演,如通过炒菜的动作扮演厨师,通过挥手臂的动作扮演交警等;互补型角色是指一种角色的存在必须以另一种角色的存在为条件,互为对应,如妈妈对应宝宝,医生对应病人,老师对应学生等;想象型角色是指来源于故事、童话、电视等作品中的某个角色迁移到现实生活中,但并不是全部角色的再现,如《喜羊羊与灰太狼》中的美羊羊、《小猪佩奇》中的猪爸爸等。

幼儿对角色的扮演是有选择性的,往往喜欢扮演以下特征的角色。

(1)成人的角色。弗洛伊德的"游戏补偿论"认为,"游戏可以实现幼儿在现实生活中所不能实现的愿望"。每个孩子都有盼望自己快点长大的愿望,在游戏中,孩子渴望扮演成人的角色,从事成人的活动,以满足自己长大成人的需要。

(2)占主要地位的角色。在医生与病人、老师与学生、妈妈与娃娃等角色当中,幼儿更倾向于扮演医生、老师、妈妈等占主要地位的角色,这些角色往往也是幼儿比较崇拜和尊敬的人物。

(3)角色选择具有性别差异。女孩更爱扮演妈妈、老师、护士等女性特征比较明显的角色;男孩更爱扮演爸爸、警察、解放军等男性特征比较明显的角色。

(4)角色选择更倾向于有相关经历的角色。例如,去过医院的幼儿比没去过医院的幼儿更倾向于玩"医生与病人"的游戏。

3. 角色游戏中的物

角色游戏中的物是指游戏中的材料。角色游戏的开展离不开游戏材料的支持,在游戏中,幼儿需要对物品进行假想,借助一种假想的材料代替生活中的真实物品,如用棍子代替枪、用娃娃代替孩子、用纸箱代替烤箱等。

4. 角色游戏中的情节

角色游戏中的情节是指幼儿在角色游戏中所反映的事件,即幼儿对游戏动作和情境的假想。在角色游戏中,幼儿通常借助操作游戏材料来假想游戏情节,如用玩具听诊器给病人看病、用玩具蔬菜给客人做食物、妈妈给娃娃(小宝宝)喂饭等。游戏情节与一定的情境密不可分,而对游戏情节的假想又会衍生出相关的情境。

角色游戏中的情节,随着幼儿年龄的增长、生活经验的不断丰富以及对事物和场景的想象能力不断增强,从而不断地进行丰富和发展。如可以使自己的游戏和他人的游戏互相联系起来,"娃娃家"的父母给宝宝吃完饭后,带宝宝去理发店理发、去银行取钱、去服装店买衣服等。

5. 角色游戏中的内在规则

角色游戏中的内在规则是指幼儿在游戏时要按照相应的社会角色的态度、行为以及人物之间的社会关系来进行游戏,正确地表现现实生活中每个人物应有的动作及其先后顺序、人们的态度及相互间的关系等。例如,幼儿在游戏中经常会说"不是这样的,医生看病应该先检查才能开药。受伤要先用酒精消毒,才能包扎"等。

角色游戏的规则具有内隐性,这不同于其他游戏中的规则。其他游戏中的规则是为了游戏的顺利开展而由大家制定的,具有外在性;而角色游戏中的规则是受所扮演的角色制约的,扮演哪种角色就必然要按照相应角色的行为、态度来游戏,不可随意改动,具有内隐性。如果某个幼儿做出不符合角色要求的行为,不仅违背了游戏的规则,还会受到同伴的谴责,甚至被淘汰出局。

(四) 角色游戏的教育作用

角色游戏是幼儿期的经典游戏,对幼儿身心各方面的发展具有促进作用。

1. 角色游戏能促进幼儿社会性的发展

角色游戏为幼儿提供了与同伴交往的机会。在游戏过程中,为了保证游戏能顺利开展,幼儿之间必须围绕游戏主题、游戏内容、游戏情节、角色分配进行沟通与交流,这有利于促进同伴关系的形成与发展;同时,幼儿之间可能会发生一些摩擦和矛盾,在不断解决冲突的过程中,幼儿逐渐学会了妥协、谦让、分享、合作等交往技能。随着游戏的深入,幼儿之间的交往就会越频繁,幼儿的交往技能将会得到进一步的发展。

角色游戏可以是幼儿的独自游戏,也可以是平行游戏,更多的时候是几个幼儿围绕同一个主题而进行的合作游戏。无论是哪一种游戏情况,幼儿在游戏中总会发生一些联系,形成两种社会关系:一是真实的同伴关系,二是想象的角色关系。这两种关系可促进幼儿社会性的发展。

在角色游戏中,幼儿要扮演自己以外的人,他们不得不从自己所扮演的角色看待问题,这有助于幼儿认识和理解社会生活中的人们之间的关系以及社会生活现象,有助于幼儿"去自我中心",理解角色的社会规范与社会期望,按社会认可的角色行为去行动,学习遵守社会规则。

2. 角色游戏能促进幼儿语言的发展

角色游戏能促进幼儿口头语言的发展。在角色游戏中幼儿扮演角色,模仿这些角色的语音、语调,不仅可以提高幼儿说话的积极性,而且可以丰富幼儿的词汇,提高幼儿的口语表达能力。

角色游戏能促进幼儿书面语言的发展,培养幼儿良好的读写行为。例如,"餐厅"游戏中的菜单,"超市"游戏中的商品和价格标签等。在这些主题游戏中,教师可以引导幼儿一起制作"菜单"和"标签",同时也可引导幼儿在游戏中阅读。这种自然的读写学习环境,既提高了文字符号对幼儿的刺激,也促进了幼儿读写知识的丰富和技能的发展。

3. 角色游戏能丰富幼儿的情感体验

角色游戏能满足幼儿的需要,促进幼儿的积极情感体验。角色游戏是幼儿自由确定游戏主题和游戏内容、自由选择角色的游戏,在游戏中幼儿可以充分表达自己的个人意愿,满足幼儿渴望参加社会生活的需要。因此,幼儿乐于游戏、参与游戏本身就能产生积极愉快的情绪体验。幼儿总希望能像成人那样参加各种社会活动,但由于他们身心的发展,现实与愿望总是存在一定的矛盾,在角色游戏中,幼儿扮演各种他们感兴趣的角色,通过语言、动作、表情,以物代物去展现这些角色。因此,角色游戏能实现幼儿在现实生活中所实现不了的愿望,能使幼儿感到满足、体验愉悦。

角色游戏能释放幼儿的消极情感。在现实生活中,很多孩子害怕打针、吃药,在玩"医院"游戏时,很多幼儿却很喜欢玩打针吃药的游戏片段,幼儿把自己平时打针、吃药的焦虑情绪投向了假想的游戏对象上去。在玩"娃娃家"游戏时,幼儿扮演妈妈常常假想自己的孩子——布娃娃不吃饭、尿尿在裤子上、打坏某件东西等情节,于是,"妈妈"们会把布娃娃的裤子脱下来,打它的屁股,嘴里还念念有词"看你下次还敢不敢?",这些游戏情节很可能就是幼儿把平时自己被父母责打的痛苦情绪发泄到了布娃娃身上。

4. 角色游戏能促进幼儿想象力和创造力的发展

角色游戏是幼儿以模仿和想象,通过扮演角色创造性地反映现实生活的游戏。在游戏中,幼儿需要充分发挥想象力,开动脑筋,并为达到游戏的目的,实现以物代物、以人代人以及对游戏情节进行假想。角色游戏的主题、内容、情节、角色、材料与成人的生活世界既有一定的相似性,同时也存在很大的差异性,它是幼儿对现实生活的反映,同时也是他们创造性的改造。这种创造性的游戏改造过程,既可以活跃幼儿的思维,也可以提高幼儿的故事创编和记忆能力、逻辑性、解决问题的能力,同时也可以丰富幼儿的知识经验。

二、角色游戏的设计

(一)角色游戏设计原则

1. 生活性原则

角色游戏是反映幼儿现实生活的游戏,它的主题、角色、情节、材料均与社会生活息息有关。社会生活经验是幼儿开展角色游戏的基础,没有丰富的生活经验,角色游戏将会内容空洞、主题贫乏、情节单调。因此要创编新颖、充实的角色游戏,需要不断丰富幼儿的生活经验,扩大幼儿的知识视野。教师在设计角色游戏时,可带领幼儿参观周围生活场所,如超市、社区等,帮助幼儿熟悉社会生活环境、了解角色工作性质等,为角色游戏的开展打下基础。

2. 趣味性原则

游戏是一种娱乐活动,趣味性是游戏的基本特点,没有趣味的游戏将令幼儿索然无味。例如,在"医院游戏"中,游戏材料一成不变,游戏内容总是"打针、开药",这样的游戏单调、乏味,影响幼儿参与游戏的积极性。好的角色游戏要能吸引幼儿的兴趣,激发幼儿主动参与,并给幼儿带来身心愉悦。教师在设计角色游戏时,可以通过增加游戏材料,创新游戏玩法,更换游戏主题,在游戏中不断丰富、改进、完善游戏内容,使幼儿常玩常新,以增加游戏的趣味性。

3. 教育性原则

角色游戏有一定的主题,如娃娃家、医院、超市、银行、餐厅、理发店、邮局等。这些主题游戏都会涉及生活常识、社会性规则、安全问题等,可以结合这些角色游戏的开展,让幼儿在玩中掌握知识,促进语言、智力、社会性等的发展。此外,角色游戏的内容来自现实生活,而生活中既有积极阳光的一面,也有消极阴暗的一面。由于幼儿思维水平和社会经验有限,有时会把消极的、迷信的内容在游戏中开展。因此,教师在设计角色游戏时,要选择积极、健康的游戏主题,注意角色游戏设计的教育性原则。

(二)角色游戏设计要点

1. 明确角色游戏的主题

主题是教师设计角色游戏方案、创设角色游戏环境、开展角色游戏的重要依据。幼儿所扮演角色的行为必须服从于游戏主题。游戏主题应尽可能由幼儿自主生成,必要时可由师生共同确定,主题的选择需注意以下两点。

一是从幼儿的兴趣和需要出发选择角色游戏主题。兴趣是良师益友,是一种甜蜜的牵引。当幼儿对某个事物、现象、活动感兴趣时,就会一步步去发现问题并解决问题。因此,教师要善于发现、分析幼儿的兴趣点,确定相应的主题。例如,周一返园后,小朋友们纷纷讨论周末爸爸妈妈带他去了哪些地方,吃了什么小吃,接着孩子们由家乡美食谈到了全国各地特色食物……这样可依据幼儿的兴趣生成"美食街"主题游戏。

强调幼儿的兴趣和需要,还需教师对幼儿的兴趣点进行分辨,判断哪些是有价值的并能对幼儿的发展提供帮助,哪些是幼儿一时兴起的、无价值的话题。针对幼儿感兴趣但又"无教育意义"的主题活动,教师要善于扩展游戏内容,生成新的游戏主题。

二是从教育目标出发选择角色游戏的主题。角色游戏不仅要满足幼儿的兴趣和需要,而且是实现幼儿园教育目标的重要途径。因此,在选择角色游戏主题时,要考虑开展这一游戏主题的目的性,是否能促进幼儿的长远发展。例如,根据小班教育目标:"喜欢上幼儿园,能适应幼儿园的集体生活","愿意和同伴交往,愿意参与集体活动","乐于学习做力所能及的事",可开展"娃娃家""超市""医院""理发店""托儿所"等角色游戏主题。

此外,教师应鼓励幼儿自定游戏主题,相信和尊重幼儿,给予幼儿充分的游戏主动性。同时,教师还须认真、仔细、深入地观察幼儿,善于发现幼儿游戏的需要,启发幼儿游戏的动机,通过提问、建议,鼓励幼儿确定游戏主题,在游戏中教师只是扮演游戏的观察者、引导者和合作者,而不是直接扮演"导演"的身份,做游戏的实施者。

2. 制定角色游戏的目标

角色游戏目标的制定应以《3～6岁儿童学习与发展指南》(以下简称《指南》)、《幼儿园教育指导纲要(试行)》(以下简称《纲要》)为指导思想,符合幼儿的年龄特点,促进幼儿在情感、社会性及行为技能方面获得发展。

(1) 目标应适宜、具体。角色游戏目标的制定应根据幼儿的年龄特点和班级实际,符合"最近发展区"理论,既要让幼儿联系已有经验,又要对幼儿具有一定的挑战性。目标的表述应具体明确,具有可操作性,不可空洞、笼统。例如,在"超市"游戏中,幼儿第一次游戏,目标可拟定为"初步了解超市的食品,了解营业员与顾客之间的关系";第二次游戏,目标可拟定为"了解超市里工作人员的工作,大胆表现人物角色,服务于他人";第三次游戏,目标可拟定为"了解超市人员的工作职责,增强和游戏主题之间的交往和联系"。这样的目标层层递进,具体明确,有利于实现。

(2) 目标应体现幼儿的主体性。在制定角色游戏方案时,目标的制定应从幼儿的角度来写,行为主体前后要统一,表述前后要一致,以幼儿为主体表述目标的常见词汇有:体验、感受、喜欢、探索、学会、知道、理解、愿意等。例如,小班"娃娃家"游戏目标为:知道娃娃家游戏中有爸爸和妈妈的角色,能够简单模仿他们的典型动作;初步接触娃娃家中的基本游戏材料,有兴趣使用材料进行游戏;爱护玩具,游戏结束后会将玩具按标记整齐摆放。

(3) 目标应体现角色游戏的重点性。角色游戏是幼儿创造性地反映现实生活的游戏,在游戏中,幼儿模仿角色的语言、动作、表情,履行角色的职责,丰富游戏情节,提高解决问题的能力。在制定角色游戏目标时,应体现角色游戏的特点,把握角色游戏的重点性。如中班"漂亮的理发店"游戏目标:愿意参与理发店游戏,体验角色扮演、交往的乐趣;游戏中能使用礼貌用语,大胆地进行顾客与理发师之间的对话,促进语言表达能力及创造力的发展;学习扮演理发店的理发师,初步了解理发师的工作职责、理发程序。

资料链接

角色游戏目标

一、角色游戏总目标

1. 对角色游戏有兴趣,有积极参与角色游戏的愿望。

2. 有初步的社会生活经验和知识经验,有参与游戏活动的积极性、主动性和创造性。

3. 积极交往,乐于合作。

4. 掌握基本的行为规范,遵守游戏规则。

二、分级目标

（一）小班角色游戏目标

1. 有初步的角色意识,能运用玩具、材料扮演熟悉的角色。

2. 会模仿角色的典型行为和语言。

3. 能进行角色间的简单交往。

4. 在教师帮助下,初步学会整理玩具材料,并能参与游戏的评价。

（二）中班角色游戏目标

1. 扩大角色扮演范围,对角色的理解逐步加深。

2. 会进行初步的合作,遵守简单的游戏规则。

3. 会选取替代材料,有自制简单玩具的能力。

4. 能对游戏材料及行为进行简单的评价。

（三）大班角色游戏目标

1. 具有初步的游戏目的性,丰富加深游戏情节,进一步加深对游戏规则和角色职责的理解。

2. 乐于与同伴合作,有初步的独立解决问题的能力。

3. 游戏中能发挥想象力和创造力,有假想替代行为。

4. 在教师指导下,会对游戏进行较准确的评价。

三、各年龄段角色游戏学期目标

（一）小班学期目标

小班第一学期角色游戏目标：

1. 有初步的角色意识,喜欢运用玩具、材料扮演熟悉的、感兴趣的角色。

2. 游戏中知道自己扮演角色的名称,学习模仿角色的行为和语言。

3. 乐意和同伴进行交往。

4. 在教师帮助下,初步学会整理玩具和材料,知道爱护玩具。

小班第二学期角色游戏目标：

1. 能运用玩具、材料扮演熟悉的感兴趣的角色。

2. 明确自己所扮演的角色,会模仿角色的典型行为和语言。

3. 会进行初步的角色交往。

4. 在教师帮助下,学会整理玩具、材料,参与游戏的评价。

（二）中班学期目标

中班第一学期角色游戏目标：

1. 观察了解周围熟悉的社会交往活动,有初步的感性经验。

2. 在游戏中明确角色的职责,能进行角色交往。

3. 在教师指导下,会为游戏寻找替代品。

4. 游戏评价时,能在教师启发、鼓励下,发表自己的意见。

中班第二学期角色游戏目标：

1. 观察了解人们的基本交往活动,并进行初步的模仿活动。

2. 在教师启发帮助下,会按自己的意愿提出游戏主题,商量游戏规则。

3. 初步有为游戏寻找替代物、自制玩具的能力。

4. 在教师帮助下,学习讨论解决游戏中出现的问题,对游戏进行简单的评价。

（三）大班学期目标

大班第一学期角色游戏目标：

1. 游戏时能先构思游戏情节后行动,增强游戏目的性。

2. 在教师引导下能合理分配角色,较形象地扮演角色,按角色职责行动。

3. 能用想象中的物品或动作替代所需物品,有初步的想象力和创造力。

4. 在教师引导下,乐于对自己、他人的言行做出正确评价。

大班第二学期角色游戏目标:

1. 能提出自己的意图和设想,确定游戏主题和计划,并实现计划。

2. 在教师引导下,会丰富和加深游戏情节,能较逼真地扮演角色。

3. 在游戏中乐于自制玩具,有初步独立解决问题的能力。

4. 能积极参与游戏的评价活动,并对游戏进行较具体、准确的评价。

（资料来源：https://wenku.baidu.com/view/4a979ce5650e52ea541898d7.html)

3. 角色游戏的准备

（1）物质材料准备。物质材料是指开展角色游戏所需的场所、玩具材料、设备等,它根据游戏的主题来进行创设,对激发幼儿的游戏愿望、兴趣以及发展幼儿的想象力有重要作用。

（2）知识经验准备。知识经验是指开展角色游戏需要具备相关主题的生活经验和知识。

4. 角色游戏的设计过程

（1）导入游戏。角色游戏的导入环节一是激发幼儿参与游戏的兴趣,二是为游戏的开展做好铺垫。角色游戏导入方式有很多,需要根据幼儿的年龄特点、兴趣和需要选择合适的导入方法。常见的角色游戏导入方法如下。

① 材料导入法。出示角色游戏材料,引导幼儿认识材料并知道其使用方法,激发幼儿兴趣。例如,中班"医院"游戏的导入为:"孩子们,我们班这学期新开了小医院的游戏区,我们一起来看一看,小医院里都有些什么？这些材料是怎么使用的呢?"教师带领幼儿认识游戏材料,并请个别幼儿进行示范,知道医院材料的使用方法。

② 情景创设导入法。为角色游戏创设一种情景,使幼儿身临其境。例如,教师出示玩具娃娃,说:"新年到了,我要去给我的娃娃买新衣服,让她过新年的时候穿得漂漂亮亮的。小朋友们,你们说,我要去哪里买好呢?"引导幼儿进入"服装店"的主题游戏。

③ 儿歌导入法。以一首简单有趣的儿歌赋予幼儿一个角色,开始游戏。例如,儿歌《小不点儿当家》:"爸爸妈妈不在家,小不点儿要当家,小不点儿小不点儿快长大,快快乐乐来当家!"引导幼儿开展"娃娃家"主题游戏。这种方式适用于小班。

④ 总结经验导入法。教师根据上次游戏中出现的问题,在本次游戏之前提出来,让幼儿讨论解决,提醒幼儿在本次游戏中避免出现类似的情况。例如,教师针对上次"小吃店"游戏中,服务员忘记去买菜,而去理发了,结果导致顾客来了,没有菜可炒的现象,让幼儿讨论该怎么办。幼儿通过讨论后总结出几种适当解决问题的办法,并在本次游戏中实施。幼儿使用集体的经验智慧避免本次游戏中可能出现的问题,增强角色意识,使游戏开展得更加顺利,这种方式适用于中大班。

⑤ 新的游戏导入法。根据幼儿积累的生活经验和最近的热点,建议或鼓励幼儿开设一个新的游戏主题。例如,国庆假期回来后,很多幼儿都在讨论假期爸爸妈妈带他们去哪里玩了,教师可鼓励幼儿在游戏中开设"欢乐假期",讨论如何布置环境、分配角色等,激发幼儿对新游戏的关注,丰富游戏内容。

（2）组织指导幼儿选择和分配角色。根据游戏主题确定所需角色,教师可对角色进行介绍,让幼儿了解角色的特征以及明了自己更适合扮演什么样的角色,从而顺利推进角色的协商和分配。例如,在大班"超市"游戏中,教师介绍:需要顾客6人,迎宾2人,收银2人,导购员3人。工作人员可以有不同的职业体验,顾客可以用取出的钱购买需要的商品。

幼儿在选择角色时,往往是喜欢扮演自己感兴趣的、占主动地位的和成人的角色。由于自身水平发展所限,在分配角色时,幼儿往往出现以"自我为中心",较多地考虑自己的意愿而不善于协调、分配。因此,在游戏中常常出现几个幼儿为争演同一个角色而发生纠纷,为了确保游戏的顺利开展,教师要教给幼儿一些角色分配的方法,如轮流、角色竞演等。同时,教师要善于观察,建议和启发不同个性的幼儿去扮演适合自己的角色,从而提高幼儿的游戏水平,促进个性健康发展。

（3）幼儿自主游戏。教师观察幼儿游戏,在适当时机介入并指导游戏。

（4）结束游戏。结束游戏环节主要包括三个方面的内容:一是自然愉快地结束游戏;二是引导幼儿做好游戏整理工作;三是评价、总结游戏。

三、角色游戏的指导

（一）角色游戏前的指导

1. 创设角色游戏环境

《纲要》明确指出:"环境是重要的教育资源,应通过环境的创设和利用,有效地促进幼儿的发展。"角色游戏的环境创设主要是两个方面:一是角色游戏场地规划;二是角色游戏材料投放。

（1）角色游戏场地规划。角色游戏场地设置需要独立,既可在室内也可在室外。

① 室内。为避免干扰其他区角活动,角色游戏区应是班级的一块独立空间。依据参与游戏的人数和所投放的材料合理设置空间大小,场地规划要能够满足角色游戏需要的各种场景、各种道具、幼儿互动和观看等活动的位置。根据不同的角色游戏主题,游戏区内不同作用的空间可利用游戏材料、矮柜、地标线等明确分开。如"娃娃家"主题游戏,场地空间可利用沙发、床等游戏材料细分为客厅、卧室、厨房;"医院"主题游戏,可利用材料柜、地标线等把空间细分为挂号处、就诊处、药房等。有条件的幼儿园,可以把角色游戏区设置成角色游戏室,即设立专门的活动室,开展不同主题的角色游戏,如"超市""餐厅""理发店""茶艺厅"等（见图3-1,图3-2）。

图 3-1　理发店

图 3-2　茶艺厅

活动室空间较小的幼儿园,在对角色游戏区进行设置时,要采用变、挖、伸的原则,即变——变午睡室为角色游戏区,挖——挖掘走廊、教室角落创设各主题角色游戏区,伸——合理改造教室原有布局,创设常态区与动态区相结合的宽敞的活动场地。

② 室外。活动室的走廊、幼儿园的草地、靠近班级户外的某个场地都可以开展角色游戏,尤其是冬天阳光充足时,教师要尽可能利用户外场地开展游戏。例如,教师可以利用户外场地的固定设施,如滑滑梯、石桌子、凳子等,引导幼儿大胆发挥想象,创造性地加以利用,开展各个主题角色游戏（见图3-3,图3-4）。教师也可将桌椅、纸箱、帐篷、娃娃、书、衣物等易于搬动的物品搬到户外的草坪上,在教师的引导下,幼儿自由布局。

图 3-3 菜鸟驿站

图 3-4 红绿灯

(2) 角色游戏的材料投放。

① 角色游戏材料投放应体现教育目标。幼儿园游戏是实现教育目标的重要途径之一,教育目标可以隐含在投放的材料中,渗透在教师所创设的环境中。教师在投放角色游戏区域材料时,要对幼儿当前的教育目标有清晰的理解和把握,有针对性地选择、投放对幼儿发展有促进作用的操作材料,满足幼儿发展的实际需要。例如,小班最主要的教育目标之一是能养成独立进餐、睡眠等生活习惯。因此,在角色游戏"娃娃家"主题区角中,可以投放碗、勺、娃娃、衣服等物品,幼儿通过操作,提高生活自理能力。

② 角色游戏材料投放应体现幼儿的年龄特点。幼儿的发展有着明显的阶段性。不同年龄段的幼儿在能力与经验、兴趣与需要等方面存在极大的区别,即使是玩同样主题的角色游戏,教师也需要根据幼儿的特点,注意游戏材料投放的种类、难易程度的适宜性、玩具的数量和玩具的各类搭配。

小班幼儿生活经验主要来源于家庭,且游戏水平较低、模仿性强,具有从众心理。因此,应为小班幼儿提供能直接引起他们对生活经验回忆的成形玩具,材料的种类应少一些,同一种类玩具材料的数量要多一些,以满足幼儿相互模仿的心理。

中、大班幼儿想象力和动手能力有了较好发展,生活经验比小班幼儿丰富,且游戏水平不断提高。因此,应多为中、大班幼儿增加半成品、废旧物品和原材料,结构与功能较为复杂或者较为精细的材料,可以使幼儿在操作中按自己的想象任意创造出自己想要的东西,以鼓励幼儿在游戏中以物代物,发挥自主性和创造性。

③ 角色游戏材料投放应具有动态性。角色游戏材料投放不是一成不变的,应根据教育目标和幼儿游戏发展的需要,定期或不定期地进行调整、补充。教师可定期在游戏区投放新的材料,形成新的刺激点,适时增加材料对幼儿的挑战。在材料投放中,给幼儿一定的时间去寻找、发现和获取新的游戏材料,以保持他们对游戏的兴趣。同时,教师投放材料不能只投不取,未拿走破旧材料会导致材料变化不明显,难以引发幼儿的认知兴趣和操作动机。

④ 角色游戏材料投放应具有层次性。材料的层次性是指幼儿的发展速度、游戏水平不一样,所投放的材料既要考虑发展快的幼儿,也要考虑发展慢的幼儿,还要兼顾有特殊需要的幼儿,使每个幼儿都能在适宜的环境中得到发展。如,在"娃娃家"主题游戏中,"妈妈"正在给"娃娃"喂食物,老师给"娃娃家"提供了不同材质的筷子,有钢筷、塑料筷、木筷、勺子,还投放了不同的食物,有面条(纸制条形)、花生、牛奶等。这些材料有的操作较为简单,有的相对较难,使每个幼儿都能找到可以操作的材料,满足幼儿的需要。

此外,角色游戏材料投放还应注意安全性、趣味性、经济适用性等要求,所投放的游戏材料应真正具有诱发游戏主题、丰富游戏情节、促进游戏持续发展的重要作用。

资料链接

幼儿园常见角色游戏主题及材料投放

1. 娃娃家

主要内容： 切菜、炒菜、喂饭、喂奶、哄娃娃睡觉、洗衣服、晾衣服、扫地、招待客人、买菜、理发等。

材料提供：

家庭设施类：床、桌子、椅子、柜子、沙发、凳子、电话等。

厨具类：煤气灶、锅子、水壶、炒菜铲、切菜刀、调味瓶、仿真蔬菜等。

餐具类：碗、盘子、勺、叉子。

装饰物：窗帘、照片、床品、吊灯。

生活用品类：毛巾、脸盆、拖把、水池、笤帚、衣服、围裙、晾衣绳、衣架、面霜、镜子、梳子、包、钥匙等。

电器类：洗衣机、微波炉、电视机等。

2. 剧院

主要内容： 主持人报幕,工作人员卖票、整理场地,观众买票看演出等。

材料提供：

舞台：幕布、音响、话筒。

后台：道具、头饰、服装、小乐器等。

其他：售票小柜、票据盒、观众席等。

3. 医院

主要内容： 看病、打针、听听诊器、配药、挂水、处理伤口、量血压。

材料提供： 体温计、听诊器、针筒、挂水架、医生服、护士服、幼儿熟悉的常用药药盒、棉签、消毒抹布、血压仪等。

4. 理发店

主要内容： 洗头、剪发、吹风、接待、夹发夹、化妆等。

材料提供： 洗头池、花洒、毛巾、洗发液,剪发吹风的操作台、镜子、自制的挂式电烫卷发机、各种夹子、推子、服务项目单、工作服、热水器等。

5. 托儿所

主要内容： 照顾托儿所的小娃娃,进行分发碗筷、喂饭、午睡等。

材料提供： 小桌子、小椅子、大小相同的娃娃、小碗、小碟子、小杯子、小床、玩具等。

6. 超市

主要内容： 自选商品放入购物篮或购物袋、付钱、买和卖的交流、商品归类、进货、整理货架、称菜等。

材料提供： 货架、收银机,超市食品、推车工具、电子秤、货物包装袋、购物篮等。

7. 花店

主要内容： 制作花卉、插花、接待顾客、卖花等。

材料提供： 各种皱纹纸、彩色纸、纸绳、各种仿真花、花瓶等。

8. 小吃店

主要内容： 炒菜、做点心、洗碗;招呼客人入座、上菜、收钱、送客、收拾餐具;点菜、用餐、付钱等。

材料提供： 点心、菜肴、自制菜单和宣传单,清洗池、碗、筷、碟、桌椅等。

9. 银行

主要内容:取钱、检查取款数量、收银、排队等待、维护秩序等。

材料提供:提供保安人员的服装或帽子、收银箱、纸、笔、印章、印泥等。

10. 美食城

主要内容:服务员迎客、点菜、上菜、整理餐桌;厨师配菜、烧菜、装盘、整理材料;顾客点餐、用餐;老板开展优惠促销活动等。

材料提供:

餐厅:桌、椅、餐具、桌布、盆花等。

厨房:柜子、炊具、盘子、自制食品等。

其他:工作服、厨师帽、菜单、价格表等。

2. 丰富幼儿的生活经验

角色游戏与幼儿的社会生活联系密切,幼儿通过角色游戏反映现实生活。幼儿生活观察得越仔细,游戏的情节就越丰富,幼儿扮演角色越逼真。

(1)幼儿园教师可以通过教育活动、日常生活、参观、看图书等多种途径丰富幼儿的生活经验,扩展知识面。

(2)通过家园合作,请家长经常带孩子散步、参观、听故事、看电影,参加各种社会活动或外出旅游,拓宽幼儿的眼界。

(3)通过与社区互动,走进社区或者将社区资源请进来开展大型活动等,丰富幼儿对周围世界的认识,比如参观社区医院、敬老院、图书馆、公园等。

(二)角色游戏中的指导

幼儿开展游戏过程中,教师扮演着观察者、游戏伙伴、材料提供者等多重角色。教师要善于观察幼儿的游戏表现,了解幼儿游戏的兴趣与困难,适时恰当介入与指导。

1. 角色游戏的观察

(1)游戏主题:幼儿是否按自己的意愿自主地选择游戏主题(如娃娃家、医院、理发店、餐厅、幼儿园、银行等),在游戏过程中是否生成新的主题,喜欢玩哪些主题。

(2)游戏情节:游戏情节是否丰富(在同一个游戏主题下,游戏的内容是否多样);游戏情节是否连贯(如在医院游戏中,挂号、就诊、缴费、取药等情节是否是连续的);游戏的内容是否健康、新颖等。

(3)游戏角色:幼儿是如何分配角色的;幼儿的角色选择有何偏好;是否按角色的社会职责进行游戏(如妈妈照顾宝宝、医生给病人看病、厨师给顾客做食物);能否较逼真地表现出所模仿对象的行为细节(如餐厅游戏中,服务员能热情地为顾客提供点菜、上菜等服务)。

(4)游戏材料:幼儿喜欢使用哪些材料,他们是怎样操作这些材料的,是否能创造性使用材料,对材料进行一物多用,是否知道对材料进行爱护和整理,教师提供的材料是否恰当等。

(5)同伴交往:在游戏中,幼儿是否与同伴进行沟通、交流和合作。是否与同伴发生矛盾以及怎样解决和同伴之间的矛盾。游戏中幼儿是邀请者还是被邀请者。

(6)游戏时间:幼儿是否能持续地玩同一个游戏,还是不停地变换游戏。

(7)幼儿情绪:幼儿的情绪是稳定、愉快、积极主动的,还是消极被动的。

(8)观察主要角色与次要角色的关系:幼儿在游戏中是否能协调主次角色之间的关系,是否能合理分配,若角色发生矛盾是否能协调解决。

(9)观察每个主题角色与自己的关系:随着游戏情节的不断发展和内容的丰富,幼儿说话的口吻、处事态度及交往方法是否也会跟着改变。

2. 角色游戏的现场指导

教师在对角色游戏进行观察的基础上,可以通过采用不同的身份介入游戏并进行指导。

(1) 角色游戏的介入方式。

① 以游戏者身份介入。教师以与幼儿同样的"游戏者"身份进入幼儿的游戏,通过游戏的语言和行为对游戏进行指导。可采用平行游戏或共同游戏两种方式。

平行游戏即教师在幼儿附近,和幼儿玩相同或不同材料和情节的游戏,目的在于提供行为的范型,引导幼儿的模仿。平行游戏介入方式的优点在于,教师与幼儿玩同一种游戏,不仅可以提高孩子对游戏的更大兴趣和游戏的持久性,同时也为幼儿游戏的玩法提供了范型,幼儿可以参考教师的玩法,学到新的游戏技能。例如,在"餐厅"游戏中,小班的"厨师"们正在用橡皮泥做面条,总是把长条搓断了,教师坐到"厨师"们的旁边,拿起一块橡皮泥搓成两条短条,再把两短条连接起来变成长条,而且还变出了不同的形状,"厨师"们也跟着老师一起搓,变出了很多的食物。

共同游戏即教师以角色的身份参与幼儿游戏,幼儿是游戏的主导者,教师只是根据游戏情节的需要进行配合,并借机进行指导。如理发店游戏中,生意清淡,理发师无事可做,教师扮演顾客,与理发师沟通发型,并建议他们打出时尚海报和特惠服务,理发店的生意火爆了起来。

② 旁观者。旁观者介入方式是指教师站在幼儿的游戏之外,以现实的教师身份介入幼儿游戏。这种介入方式能明确直接地向幼儿传递教育的意图,而且也便于一个教师同时影响更多的幼儿。但在指导时,要注意民主和平等的关系,尊重幼儿的兴趣和意愿。

③ 材料的提供者。教师通过提供材料的方法来引发幼儿游戏的兴趣,促进游戏的延续和提升。所提供材料因游戏情节而定,可以是实物、图片等。

(2) 角色游戏的介入时机。

一般来说,当游戏出现以下情况时,教师要进行介入指导。

① 幼儿在游戏中出现困难时。幼儿由于年龄小,缺乏知识经验,解决问题的能力有限,在游戏中难免会遇到许多困难和冲突,这时教师要耐心、仔细地观察,对于那些幼儿能利用自己经验解决的问题,不要操之过急,尽量鼓励幼儿自己解决;而对那些单凭幼儿个人能力无法解决的问题,甚至让幼儿产生放弃游戏的意愿时,教师要及时介入,给予幼儿帮助与指导。

案例 小班末期两名幼儿正在玩"娃娃家"的游戏,乐乐扮演妈妈,豆豆扮演爸爸,豆豆看着乐乐在炒菜,他看了许久,说:"给我炒一会儿,好吗?"乐乐将铲子递给了豆豆,这下豆豆可起劲了:"炒炒,炒萝卜,我喜欢吃萝卜。""那我烧条鱼吧,我喜欢吃鱼。"乐乐说。豆豆装作没听见,一边炒一边嘴巴里在嘀咕着。乐乐看了一会儿开始眼红起来:"豆豆,你炒了很长时间了,该我来了,我炒的菜最好吃。"豆豆可不让:"你去做别的,我会炒的,我的菜也很好吃的。""我没有其他的事可以做呀?"商量不成,两个人起了冲突。

点评:小班后期幼儿对"娃娃家"游戏有了一定的了解,但游戏情节仍局限在给娃娃炒菜、给娃娃洗衣服、哄娃娃睡觉等,没有更多的发展。此游戏中因为游戏情节不丰富而导致争抢玩具的事情发生,教师可用"奶奶"的身份介入游戏,引导豆豆继续炒菜,乐乐可以去洗衣服、叠衣服,还可以去拖地板。此外,可以拍一些"娃娃家"可以做的事情的照片布置在"娃娃家",让孩子们看了后,不断尝试新的游戏内容。还可以进行"娃娃家"的模拟游戏让幼儿能够在观看、讨论、尝试过程中积累经验。

② 游戏需要给予提升时。幼儿随着游戏活动的开展,游戏水平不断提高,已有的游戏内容、情节、玩具材料已不能满足他们的需要,在游戏内容中,可能会出现新的游戏主题,但面对新的游戏主题时,幼儿却不知如何组织时,教师要进行介入引导。

> **案例** 照相馆开始营业了,琳琳戴上摄影师的工作牌,拿起照相机招呼小伙伴们:"快来拍照呀! 我们的挂历照可好看了。"在她的招呼下果然有客人走了进来。"我想拍这样的照片。"欣欣指着挂历照说。琳琳马上热情相迎,并把道具递给了欣欣:"好的,来,笑一下,我给你拍。"咔嚓一声快门按了下来。此时一旁的远远说:"我也要拍一张,我要穿挂历上皇帝的衣服拍。"琳琳为难起来:"这个衣服没有,要不戴个面具吧,很好看的。"得知没有衣服时,远远摇头走开了。照相馆的生意显得冷清起来,琳琳继续向外张望、招呼着,但生意似乎仍不理想。

"照相馆"游戏中,琳琳能认真扮演角色,会用语言招呼客人,向客人介绍照相项目,具有一定的角色意识,但是游戏过程中现有的游戏材料已不能满足幼儿游戏情节发展的需要了。需要投放以幼儿需要和兴趣为出发点的游戏材料,以便幼儿根据自己的愿望和想法与玩具材料发生互动,让幼儿在游戏中产生兴趣和自主体验。教师可以以"顾客"的身份介入游戏:"摄影师,我今天带了自己做的新衣服(用包装纸折剪出来的衣服),想请你帮我拍些照片,好吗?"琳琳见了忙说:"当然可以!"于是琳琳帮"顾客"穿好衣服,并拍起照来。正拍着教师突然叫了起来:"哎呀,我有急事得走了,衣服先放这儿,照片你送给我好吗?"琳琳马上同意了。此后,琳琳又将此衣服给其他"顾客"穿上拍照,还开展了"送照片到家"活动,并做了拍照宣传广告。照相馆的生意越来越好,孩子们也越来越有兴趣,在照相馆还扩展了"服装区",幼儿根据一些半成品的材料制作了自己的"时装"。同时"时装店"的游戏主题也开始萌芽了。

③ 游戏中出现危险因素时。幼儿年龄小,安全意识不强,想象与现实常常混淆,在游戏情景中,以假当真,当出现不安全因素时,教师要及时介入,加以引导。

> **案例** "我是妈妈,你是宝宝。妈妈要给宝宝洗衣服,你先去玩玩具好吗?"扮演"妈妈"的琪琪与宝宝楠楠商量。"我肚子好饿,我要吃东西。"楠楠显然不愿意。琪琪放下手上的衣服,来到厨房胡乱地抓起一个水果(塑料制)和一块饼干(泡沫制):"来,张开嘴巴。"楠楠真的张大嘴巴来吃水果和饼干。

小班幼儿年龄小,容易将假想和实际相混淆,把娃娃家造型逼真的玩具当作真的食物放入口中。教师要及时制止,告诉幼儿游戏中的食品是假的,不能把玩具放入口中,否则既不安全又不卫生。同时,教师可以拿起玩具食品示范假吃的动作,通过语言、表情,如"好香啊,真好吃"引导幼儿进行情境扮演。

④ 游戏主题、情节出现不健康因素时。角色游戏是幼儿对周围生活的再现,教师要充分鼓励幼儿自由选择游戏主题,创编游戏情节、游戏动作,自由选择游戏材料和游戏伙伴,体现幼儿游戏的自主性。角色游戏的内容来自生活,幼儿在对现实生活进行模仿和创造的同时,由于对事物的辨别能力有限,在游戏中既会有积极的游戏内容,也有可能会出现消极的游戏内容。当出现消极的游戏活动时,就会产生负面的教育效果,因此教师要及时介入指导。

案例 一位小姑娘在农村看到丧葬仪式,于是在幼儿园和几个小伙伴玩起了"死人"游戏。由娃娃扮演死人,其他几位小朋友扮演死人的家属,他们围着娃娃哭、拜、烧纸钱、给娃娃供奉食物,还有一位小朋友用铅笔敲桌子,嘴里念念有词地给娃娃诵经,孩子们玩得很起劲,他们的哭声还吸引了同伴,越来越多的小朋友跪下磕头,有的还去拿纸、撕纸、烧纸。

幼儿玩的"死人"游戏是一种正常的社会现象,游戏中幼儿表现的"哭"也可丰富幼儿的情绪体验,这种"葬礼"的游戏表达了生者对死者的寄托与哀思,本无可厚非,但游戏中幼儿撕纸、烧纸的游戏行为是现代社会所不提倡的,教师应当介入。"死人"游戏是幼儿对社会现象所表现出来的兴趣,教师不要刻意回避,而应正面引导幼儿正确认识"生与死"的问题,同时教师可利用这次游戏扩展新的游戏主题,让幼儿明白"葬礼"的意义及对生命的敬畏。

3. 自然愉快地结束游戏

自然愉快地结束游戏能为幼儿下次继续游戏保持积极性。教师要善于找到结束游戏的时机和方法,结束游戏要注意把握三个方面:第一,游戏时间快到时,提前提醒幼儿,让幼儿做好结束游戏的准备,以免产生游戏倦怠感。第二,幼儿游戏开展顺利,但对游戏的兴趣有所下降而情绪尚未低落时,可以结束游戏。第三,游戏情节已告一段落,再发展下去有一定困难时,可以选择结束游戏,让幼儿讨论如何解决游戏中的困难,为下次游戏打下基础。

(三)角色游戏后的指导

1. 引导幼儿做好游戏整理工作

游戏结束后,引导幼儿收拾玩具、材料,整理场地表示本次游戏活动圆满结束,也为下次游戏开展提供了基础和必要条件,同时还是培养幼儿独立做事、善始善终、保持整洁的良好习惯的重要时机,教师不能包办代替。针对不同的年龄班,教师可以采用不同的指导方法。小班重在培养幼儿整理环境的意识,以教师整理为主,引导幼儿帮助一起收放玩具、整理场地。中班主要是培养幼儿整理环境的能力,以幼儿整理为主,教师在必要时给予一定的帮助。大班主要是培养幼儿独立整理环境的能力,教师只要给予一定的督促和建议。

2. 评价游戏

游戏评价环节可以分享、整理和提升幼儿的游戏经验,发展幼儿的语言表达能力和解决问题的能力,提高游戏质量和幼儿的游戏水平,促进幼儿的自我意识和社会性的发展。角色游戏评价的内容、时间、方法及互动策略是多种多样的,教师可以根据幼儿游戏的实际情况和需要灵活运用各种方法进行评价。

表 3-1 角色游戏评价

评价的内容	(1) 游戏内容是否能正确反映生活经验
	(2) 评价幼儿的角色意识:幼儿是否能正确按照相应的社会角色的态度、行为及人物关系进行游戏
	(3) 评价幼儿在游戏中材料的使用
	(4) 评价幼儿的交往能力和解决问题的能力
	(5) 评价幼儿的游戏习惯
评价的时间	(1) 小班:5～10分钟
	(2) 中大班:5～15分钟

评价的方式	(1) 教师讲评式:即教师对游戏过程中游戏情节、游戏材料的使用以及幼儿的游戏行为等进行综合性评价
	(2) 讨论式评议:即教师引导幼儿一起讨论、评议游戏中存在的问题,通过交换意见取得共同认识
	(3) 汇报:游戏结束后,让各组幼儿讲讲他们是怎么进行游戏的,教师有重点地抓住某些主题进行评价,并与今后的游戏联系起来
	(4) 现场评议:对于开展好的游戏,教师可以保留游戏现场,组织现场评议,以使全体幼儿受益
评价中的互动策略	(1) 接受幼儿回忆经验的方式(摆弄、说、画),给幼儿安排适合的回忆方式与材料
	(2) 将个别或一组幼儿的经验,通过操作展示,扩展为公众经验,既能使幼儿获得满足与自豪,又提高了其他幼儿的参与兴趣

四、不同年龄段角色游戏的特点及指导重点

幼儿的游戏水平具有年龄的差异性,不同年龄段幼儿由于身心发展水平不同,注意力、想象力、创造力存在一定差异,他们认识生活的范围和深度不一样,对生活的感受和体验不一样,角色游戏水平也会不一样。了解并尊重幼儿的年龄特点,才能有针对性地指导角色游戏。

(一) 小班角色游戏

1. 特点

(1)小班幼儿处于独立游戏和平行游戏的高峰期,游戏时没有组织者,目的性不强,以不断摆弄玩具为主,和同伴之间没有什么交往,但可能会向同伴借玩具或相互评论。例如,"娃娃家"的妈妈们都在抱着各自的娃娃做游戏,她们可能会出现简单的交流,会模仿他人的玩法,但在游戏过程中没有实质意义的合作,幼儿之间缺乏关联。(2)角色游戏主题单一、情节简单,喜欢重复扮演角色的典型动作,即反映他们熟悉的角色的个别行为,如妈妈喂娃娃吃饭、给小宝宝洗澡、带娃娃散步、司机开车、医生打针等。(3)角色意识不强,喜欢模仿,受同伴影响大,即常常看到别人在玩什么,就会扔掉自己手上的玩具,去模仿别人的游戏。例如,扮演妈妈的幼儿带娃娃(布娃娃)在散步,走着走着,看到其他的幼儿在"小吃店"里吃早餐,就把娃娃扔到地上,自己去"小吃店"吃早餐了。(4)容易将假想的游戏情节与真实的生活情景混淆。例如在"娃娃家"游戏中,扮演"妈妈"的幼儿炒了可口的"蔬菜"(塑料材质)喂给扮演宝宝的幼儿吃,扮演宝宝的幼儿拿起"蔬菜"却要真吃起来。

2. 指导要点

(1)小班幼儿角色游戏指导的重点在于材料的投放。教师要根据幼儿游戏的特点和社会经验,为幼儿提供种类少但同一品种的数量较多的成品玩具材料,满足幼儿模仿的需要,避免同伴之间因为玩具材料而争吵。(2)教师以角色的身份,作为幼儿游戏的伙伴,参与幼儿的游戏,以自己的角色语言和游戏动作为幼儿示范,启发和引导幼儿游戏,增强幼儿的角色意识和规则意识,让幼儿逐渐学会在游戏中进行自我管理,丰富游戏经验。

(二) 中班角色游戏

1. 特点

(1)中班幼儿处于联合游戏阶段,与同伴有了交往的欲望,但缺乏交往的技能,在游戏过程中常常与同伴发生纠纷,特别是在角色的分配上容易发生矛盾,选择角色时,体现性别差异和喜欢扮演占主动

地位的角色。(2)角色意识增强,基本上能明确自己所选择的角色,并按角色的社会职责进行游戏。例如,"医生"的职责就是给病人看病、"厨师"的职责就是炒菜。(3)游戏主题丰富,但不稳定,在游戏中也是常有频繁换场的现象。

2. 指导要点

(1)在材料提供上,教师应根据主题的需要提供材料,并增加一些半成品和废旧物品材料,鼓励幼儿玩多种主题或相同主题的游戏,以满足和促进幼儿想象力和创造力的发展。(2)游戏过程中,教师应注意观察幼儿游戏的纠纷,了解发生纠纷的原因,以平行游戏或合作游戏的方式引导幼儿找到解决纠纷的方法,并学习人际交往技能。(3)帮助幼儿丰富游戏主题,设计游戏情节,增强角色意识,学习角色分配。

(三)大班角色游戏

1. 特点

(1)大班幼儿处于合作游戏阶段,喜欢和同伴共同游戏,游戏有共同的目的,游戏中有明确的分工和合作,通常有一两个领导者。例如,玩"小吃店"的游戏,有的幼儿当老板,有的当厨师,有的当服务员,有的当顾客,厨师负责炒菜,服务员负责招待顾客等。(2)角色游戏内容丰富,游戏的目的性提高,幼儿能根据自己的生活经验和知识,主动在游戏中反映多种多样的生活。例如,在"医院"游戏中,会出现咨询、挂号、看诊、检查、开药等情节。(3)角色扮演逼真,能根据角色的主要职责和社会关系来开展活动。例如,在"美食城"游戏中,当"服务员"的幼儿知道对待顾客要热情;在"医院"游戏中,病人不知道要挂哪个科室时,医院导医员告诉病人家属要挂哪个科室,并会区分挂急诊号、普通号、专家号等。(4)游戏过程想象丰富,且富有创造性。大班幼儿随着社会经验的丰富和知识的拓展,能够自主地通过活动和材料进行大胆想象,且想象过程富于创造性。例如,"美食城"中生意冷清,大量的美食无人问津,"美食城"中的"老板"则设计了美食广告和特色美食折扣菜,美食店一下子就变得热闹起来。

2. 指导要点

(1)以语言指导为主,教师应更多以提问、建议等形式指导幼儿游戏,观察幼儿游戏的意图,鼓励幼儿进行创造。(2)材料投放要以半成品、原材料、废旧物品为主,体现幼儿的操作性,引导幼儿进行更多的想象和创造。(3)角色游戏的设计要体现大班幼儿的参与性,鼓励幼儿独立开展游戏,即培养幼儿选择新主题游戏的能力、游戏的组织与计划能力、游戏材料的制作能力、游戏中解决困难和纠纷的能力。

角色游戏案例

小班角色游戏:小医院

游戏目标

1. 初步尝试扮演医生、护士和病人的角色,了解看病的程序。
2. 尝试使用简单的医疗用具给娃娃看病、打针等。
3. 能积极与同伴游戏,并能有礼貌地交往。

游戏准备

1. 材料准备:看病桌椅、体温计、听诊器、针筒、输液架、医生服、医药柜、医院实拍照片等。
2. 经验准备:已普及医院及医生的相关知识。
3. 环境创设:布置医院场景。

游戏过程

1. 游戏材料导入。

(1) 出示医疗器械材料(听诊器、针筒、体温计等),引导幼儿认识材料。

师:小朋友,我们的医院游戏中有许多有趣材料,你们知道这是什么吗? 要怎样使用呢? (幼儿自由回答)

(2) 教师示范材料使用方法,并请幼儿演示。

2. 出示医院实拍照片,引导幼儿了解看病程序。

师:孩子们,我们已经知道了如何操作这些医疗器械材料。如果生病了,应该怎样去看病呢?

(1) 出示挂号图片,帮助幼儿了解挂号。

(2) 出示门诊图片,引导幼儿了解医生问诊时与病人的交流。

(3) 出示药房图片,了解药剂师如何取药。

(4) 出示输液图片,了解护士如何打针以及与病人交流。

教师小结:生病看医生要经过挂号、门诊、取药,有时可能还要打针,病人要向医生讲清病情。

3. 引导幼儿协商分配角色,选择适宜的道具。

师:小朋友,幼儿园新开了一家医院,今天就让我们来玩"医院"的游戏吧。需要3个小朋友扮演医生,2个小朋友扮演护士,其余的小朋友扮演病人。请你们想想自己想扮演什么角色。(教师协助幼儿分配角色)

师:医院上班时间就要到了,请医生和护士穿好工作服、戴好工作帽准备工作,病人排队看病。

4. 幼儿自主游戏,教师观察指导。

幼儿分角色开展游戏,教师以医院院长的身份观察指导医生、护士、病人的角色任务。

观察要点:

(1) 医生、护士是否明确自己的角色职责,坚守岗位。

(2) 医生、护士能否操作游戏材料,并与病人进行沟通。

(3) 病人是否能按流程看病。

指导要点:

(1) 指导医生如何给病人"看病"。

① 看一看:看脸色、舌苔、嗓子、手、耳朵等。

② 摸一摸:摸脖子、肚子等。

③ 问一问:热情地询问病人哪里不舒服? 哪里疼?

④ 听一听:用听诊器等仔细为病人诊治。

(2) 指导护士如何工作。

① 有序地给病人量体温、消毒、打针,并安慰病人不要紧张、害怕。

② 给病人拿药,并交代服用方法。

(3) 指导病人如何看病。

① 病人有序排队、挂号。

② 尽可能清楚描述自己哪里不舒服,配合医生护士的治疗工作。

5. 结束游戏,整理评价。

(1) 听音乐结束游戏。

(2) 教师对幼儿的游戏情况进行小结。表扬服务好的医生、护士以及按程序看病的病人,并对游戏中的问题提出建议。

(3) 指导幼儿收拾整理游戏材料。

中班角色游戏：理发店

游戏目标

1. 学习扮演理发店的工作人员,初步了解理发师的工作职责、理发程序。

2. 能用礼貌用语进行顾客与理发师之间的简单交流,了解对方的想法。

3. 体验角色扮演、交往的乐趣。

游戏准备

1. 物质准备：理发工具 1～2 套(剪刀、梳子、吹风机、镜子、夹子等);收集废旧的、洗干净的洗发水瓶、护发素瓶 1～2 个;放物品的柜子 1～2 个;自制热水器、花洒、洗水池;椅子若干、毛巾、围布。

2. 经验准备：以谈话、参观、实践体验等方式增加幼儿对理发店的感性认识。

3. 环境创设：布置理发店场景。

游戏过程

1. 情景导入,激发幼儿的兴趣。

(1) 师：小朋友们的头发长长了,怎么办呢? 你理过什么样的发型? 理发师是怎么帮你理发的?

(2) 教师当理发师给某位幼儿理发,进行情景示范,边讲解边示范,让幼儿初步了解理发的程序。

2. 幼儿自主选择角色,明确角色职责。

师：小朋友,我们的理发店需要理发师 2 名,工作人员 2 名,顾客 3 名。你们想担任什么角色呢?
(幼儿自由协商分配,老师给予适当的调整)

(1) 理发师工作前要先把所有理发用具摆放好,明确自己的工作内容和工作程序等。

(2) 工作人员要热情招待客人,给客人端水,向客人介绍发型。

(3) 所有顾客请做文明的顾客。

3. 幼儿自由游戏,教师观察指导。

师：理发店马上就要营业了,请理发师和工作人员各就各位,迎接顾客。

(1) 观察要点如下。

① 幼儿能否主动并适宜地摆放游戏材料。

② 理发师的工作情况。

③ 顾客与理发师之间的沟通情况,是否使用礼貌用语,以及游戏中解决问题的能力。

④ 理发店的"经营"情况。

(2) 指导要点如下。

教师扮演顾客和幼儿一起进行游戏,重点指导：

① 工作人员如何向客人介绍发型,是否热情有礼貌。

② 理发师理发的工作程序。

③ 引导幼儿丰富游戏情节,大胆想象,加强各角色之间的互动。

4. 结束游戏,整理交流。

(1) 结束游戏,收拾整理游戏材料。

师：今天理发店要打烊了,欢迎您下次光临!

游戏结束的音乐响起,幼儿将游戏材料归类、摆放整齐,以便下次使用。

(2) 交流游戏。

提问：今天谁去理发店理发了? 你喜欢哪个理发师? 为什么? 游戏中出现问题了吗? 解决了吗? 你是怎么解决的?

(案例来源：湖南省衡阳幼儿师范高等专科学校附属幼儿园　杨靓)

大班角色游戏：衡钢社区一条街

视频
衡钢社区一条街

游戏目标

1. 能迁移关于光顾店铺的生活经验，不断加强各角色的联系，丰富游戏情节。

2. 能根据游戏的需要自主选择或与同伴协商分配角色，并能明确自己所扮演角色的职责，坚守岗位。

3. 能运用礼貌用语与同伴积极交往，共同解决游戏中出现的问题，体验服务行业的乐趣。

游戏准备

1. 材料准备。

(1) 晨光烧饼店：烤箱(纸箱)、烧饼制作材料(各种颜色的超轻黏土)、油刷、案板、食品袋等。

(2) 阿群理发店——吹风机、梳子、剪刀、毛巾、镜子、洗发水、护发素(空瓶子)、卷发筒等。

(3) 花仙子照相馆——背景墙、照相机、化妆台、服饰架、洗照片机、照片(卡纸)等。

(4) 菜鸟驿站——快递件(不同大小纸盒)、取件码、扫描器、签字笔、取件台等。

2. 经验准备：幼儿已熟悉社区街边店铺，如晨光烧饼店、阿群理发店、花仙子照相馆、菜鸟驿站等，有光临这些店铺的经验；了解各店铺人员分工和主要工作。

3. 环境创设：利用橱柜等布置店铺场景，在墙面张贴海报、门口树立宣传牌，挂好各店铺工作人员标牌。

游戏过程

1. 迁移经验，讨论导入。

师：小朋友，你们知道衡钢社区有哪些店铺？这些店铺是干什么的？里面有些什么人？分别是做什么工作的？(幼儿自由回答)

师：我们幼儿园新开了一条"衡钢社区"店铺，有晨光烧饼店、阿群理发店、花仙子照相馆、菜鸟驿站。"衡钢社区"店铺要准备开业了，今天我们一起去那儿玩游戏吧！

2. 引导幼儿协商分配角色，明确角色职责。

(1) 明确角色分工，做好游戏准备。

各店铺人员如下(展板贴有图示)：

晨光烧饼店工作人员3名：做饼员1人(负责制作烧饼)、烤饼员1人(负责烤烧饼)、收银员1人(负责收钱)。

阿群理发店工作人员4名：前台1人(负责接待客人、收银)、洗发师2人(负责洗发护理)、理发师1人(负责理发)。

花仙子照相馆工作人员2名：化妆师1人(负责化妆造型)、摄影师1人(负责拍照、洗照片)。

菜鸟驿站工作人员2名：快递员2人(负责运送快递、取件)。

各店铺顾客若干。

(2) 幼儿根据自己的意愿选择扮演的角色，明确角色职责。

晨光烧饼店：顾客可选择购买不同口味的烧饼，各工作人员配合完成烧饼制作，并按照指定价格进行收银；顾客购买完烧饼可坐在用餐区吃烧饼。

阿群理发店：顾客入店后由前台接待了解顾客需求，洗发师为顾客洗发，理发师为顾客打造合适的发型。

花仙子照相馆：顾客入店后表达想拍摄什么样的照片，化妆师负责为顾客化妆打扮，顾客进入拍摄点，摄影师引导顾客摆出不同造型拍摄照片，洗出照片交给顾客(在卡纸上根据顾客特点画出形象)。

菜鸟驿站：顾客手持取件码，快递员根据取件码寻找快递，引导顾客签字、扫描、取件。顾客可在拆件区拆件并玩耍。

3. 幼儿自主游戏,教师观察指导。

(1)教师扮演街道主任,宣布游戏开始。

师:亲爱的工作人员和顾客朋友们,你们好!"衡钢社区一条街"所有店铺现在开始正式营业,请工作人员热情服务每位顾客,顾客朋友可选择你想要光临的店铺。

(2)教师全面巡视,了解幼儿游戏的情况。

观察要点:

① 幼儿是否明确角色职责。

② 工作人员是否坚守岗位,热情礼貌待客。

③ 顾客的行为是否文明。

④ 幼儿游戏的交往语言是否丰富,能否拓展游戏情节。

(3)教师以游戏参与者的身份适时介入游戏,视具体情况,有针对性地指导。

指导要点:

① 提醒店铺工作人员工作认真,对待顾客热情有礼貌。

② 指导顾客有计划地进入店铺。

③ 引导幼儿丰富游戏情节,大胆想象,加强各角色之间的互动。

4. 游戏结束,整理评价。

(1)结束游戏,收拾整理游戏材料。

师:亲爱的顾客朋友们,我们今天"衡钢社区一条街"所有店铺要打烊了,谢谢大家的光临。如果您对我们的服务有什么意见,请您到街道办交流。感谢您的惠顾,欢迎下次光临!

游戏结束的音乐响起,幼儿将游戏材料归类、摆放整齐,以便下次使用。

(2)讲评游戏。

① 幼儿自评游戏情况。

提问:你今天扮演了什么角色? 你是怎么玩的? 有什么好的经验分享? 有什么困难或问题? 是怎么解决的?

② 教师评价小结。

重点从角色的扮演和文明的交往语言方面小结幼儿游戏情况。

③ 引导幼儿想办法解决游戏中发现的问题,为下一次游戏做好准备。

(案例来源:湖南省衡阳市蒸湘区衡钢幼儿园 倪晓连 胡丹)

第二节 结构游戏

案例导入

小班幼儿正在老师的带领下玩"开火车"的游戏,孩子们一个跟着一个拉着衣服走,玩得特别开心。于是,在建构区,几名幼儿也玩起了"开火车"的游戏。

丁丁来到建构区,他拿起了长方形、圆柱形、正方形、三角形的积木,一块接着一块往下排,整列火车长长的,各种形状的积木都有。其他几名幼儿也被丁丁的火车吸引过来,大家纷纷讨论起来。扬扬说:"这个不像火车,像一条长长的路。"晨晨说:"这个有点像火车,又有点不像火车,火车的车厢是一节一节的,并且每节一样大,这个有的大,有的小。"

丁丁听了大家的建议,于是推倒积木重新搭建。他选择同一大小的长方形积木排列起来,不一会儿,他的火车就搭成了。扬扬看了看火车图片,又说:"火车有一个大大的火车头,火车头上还有烟囱,我们一起来搭建吧!"

于是,三个小朋友选择正方形和圆柱形积木搭在第一节车厢上。一列完整的火车就搭成了,孩子们看着自己的作品,开心极了。

点评:小班幼儿的兴趣容易受到同伴的影响,看到丁丁在搭火车,扬扬和晨晨也被吸引了过来。他们能掌握平铺、延伸技能,手眼协调能力较好,且能迁移生活经验,知道火车是长长的,火车头有烟囱,并能选择合适的积木进行搭建,具备初步的表征能力。

一、结构游戏概述

(一)结构游戏含义

结构游戏,又称建构游戏,是指幼儿利用生活中的各种结构玩具材料进行建筑与构造物体形象的一种游戏。结构游戏属于创造性游戏的一种,它是幼儿通过想象,再现现实社会生活中的各种物品及建筑物。

(二)结构游戏的特点

1. 创造性

结构游戏是幼儿按照自己的意愿,通过想象活动创造性地再现现实生活的游戏。游戏中,幼儿自主构思,触摸、摆弄结构材料,需要搭什么造型,如何进行布局,颜色如何搭配,都需要幼儿的创造性思维来思考。

2. 操作性

结构游戏材料是由各种无形象的结构元件构成。在游戏前,这些元件本身是没有意义的零件,通过幼儿拼插、建筑、构造、连接等基本操作,这些零件就组合成了具有造型特征的物体。在造型过程中,幼儿要直接动手操作,运用材料并根据自己的意愿进行改变和调整材料,直到构造出预期的建造效果,所以结构游戏是一种带有浓厚认知成分的操作性游戏。

3. 造型性

结构游戏常被人们称为培养建筑师、工程师的游戏。它的目的是通过操作材料塑造出物体的形象,以反映大自然和人类生活的美好景象。在进行结构游戏时,幼儿必须掌握造型的基本知识和简单技能,如色彩的搭配、建构的比例、形状的组合、布局的合理等。因此,结构游戏具有造型性。

4. 象征性

结构游戏是一种具有象征性的活动,幼儿通过操作材料、建构作品来表现自己对周围现实生活的认识。例如,幼儿把积木堆高,说是房子;把积木铺平,说是广场;把积木排长,说是长长的马路。幼儿的建构作品简单、夸张、充满童趣。

5. 材料性

无材料便不成结构游戏,结构游戏以各种建造材料为依据,幼儿要借助多种多样的结构材料(积木、积塑、泥、沙、雪、金属部件等)进行操作,按自己的意愿进行想象构造,从而发展自己的想象力和创造力。

（三）结构游戏的教育价值

1. 促进幼儿认知发展

结构游戏是一种蕴含想象力和创造力的创造性活动。在游戏过程中幼儿运用多样化的结构元件，依照自己的意愿进行构思、动手操作、构造物体等，再现现实生活的各种物品造型。这看似轻松、愉快的游戏活动，却要求幼儿在堆砌、排列和组合中，必须认识各种材料的性能，区别形体，学习空间关系（上下、左右、前后、高低）及整体与部分的概念。因此，结构游戏过程可以发展幼儿的观察力、目测力、形象记忆力、操作能力、想象力，同时可以增强幼儿对图形、数（如对应、序列等）概念的理解，体验对称、平衡等造型知识。结构游戏可以启迪幼儿的智慧、开发幼儿的智力。

2. 提高幼儿审美能力

结构游戏是一种造型艺术活动。在游戏前，幼儿要感受自然和社会生活的形态美；在游戏中，幼儿可以感知结构材料不同的形状美和颜色美，通过对结构材料构造可以表现物品各部分比例的协调美、对称美，在幼儿反复操作、推倒重来的过程中创造了变化多端的造型美；在游戏后，幼儿展示自己的作品，互相欣赏点评，升华审美感受。因此，结构游戏可以培养幼儿的兴趣和审美情趣，提高他们感受美、表现美和创造美的能力。

3. 塑造幼儿良好品性

幼儿期是性格形成的关键期。幼儿喜爱结构游戏，在游戏中幼儿充满快乐、愉悦，能体验到成就感。同时，构造过程中也会遇到困难，经历倒塌、不成形等失败，在幼儿反复操作，甚至推倒重来的过程中，可以磨炼幼儿认真、细致、勇于克服困难、坚持到底等良好的意志品质，这些良好习惯和品性的塑造可以让幼儿受益终身。

4. 增强幼儿动作训练

结构游戏是幼儿利用结构元件进行造型的游戏。在游戏中，幼儿需要动手动脑，不断地操作（排、放、拼插、叠高、整理等）结构元件，这有利于促进幼儿手部肌肉的发展，提高幼儿的手指协调性、灵活性及力量，同时还有助于发展幼儿的手眼协调能力，提高幼儿的感知运动能力。

5. 促进幼儿语言发展

在结构游戏中，幼儿共同进行游戏，拥有共同的任务、话题，却有着各自不同的意见和想法，他们在游戏中交流经验、交流想法、分享建构成果，有时也会因同伴间的分歧而产生不愉快，甚至发生争执。这些都有助于发展幼儿的人际交往能力和语言表达能力。

二、幼儿园常见的结构游戏

（一）按建构材料的类型分

1. 积木游戏

积木游戏是指用各种积木材料所进行的结构游戏。积木是指以木头为材料而制作的结构游戏材料，积木的式样很多，主要有彩色积木、空心积木、单元积木、动物拼图积木等，形状有圆形、半圆形、长方形、三角形等（见图3-5）。积木游戏深受幼儿喜爱，是幼儿园的常见游戏（见图3-6）。

2. 积塑游戏

积塑游戏是指用塑料制作的各种形状的片、块、粒、棒等部件，通过拼插、镶嵌等组成各种物体或建筑物的造型。常见的积塑材料有雪花积塑、百变积塑、齿轮积塑、块型积塑和插图积塑等。积塑轻便耐用、便于清洁，积塑游戏是幼儿园常见的结构游戏（见图3-7，图3-8）。

图 3-5　积木

图 3-6　美丽小区

图 3-7　十二生肖

图 3-8　小小建筑师

3. 积竹游戏

积竹游戏是指用竹子制作的各种大小、长短的结构元件进行构造物体的游戏。常见的积竹材料有竹片、竹筒、竹圈,有的材料上保留了竹子的原色,有的染上其他各种鲜艳的颜色(见图 3-9,图 3-10)。幼儿可以利用这些材料构造栩栩如生、富有情趣的物体,如飞机、公园、火车、房子等。

图 3-9　积竹游戏(1)

图 3-10　积竹游戏(2)

4. 拼棒、拼图游戏

拼棒游戏是指利用小棍、塑料管或用纸搓成纸棍等作为游戏材料,经过一定的卫生处理和色彩加工,利用无毒、无害胶水拼接成各种美丽形状的一种游戏(见图 3-11)。

拼图游戏是指用木板、纸板、塑料或其他材料制成的不同形状的薄片,按规定方法摆拼的一种游戏(见图 3-12)。传统的七巧板就属于拼图游戏。

图 3-11 拼棒游戏

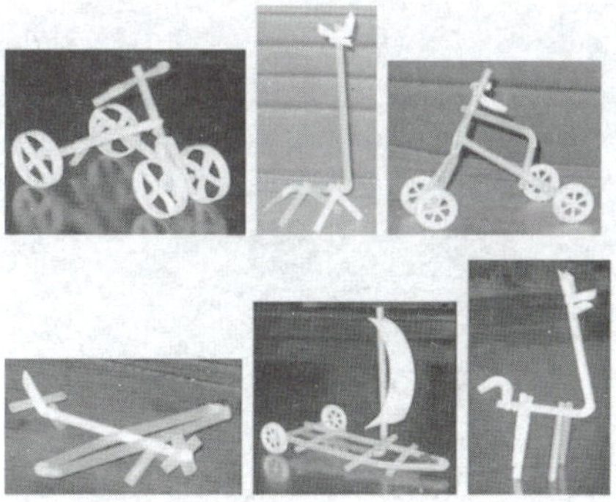

图 3-12 拼图游戏

5. 自然材料结构游戏

自然材料结构游戏是指用泥、沙、水、土、雪、石头等自然物所进行的构造物体形象的游戏。幼儿非常喜欢玩沙、玩水、玩泥、玩雪,这些自然材料属于不定型的建构材料,即无结构材料,幼儿可以随意操作,构造出他们想要的造型(见图 3-13,图 3-14)。自然材料结构游戏在自然资源丰富的农村幼儿园开展更为便捷,教师还应提供一些辅助材料,如模具、小铲、水桶等,其乐无穷。

图 3-13 沙地城堡

图 3-14 雪娃娃

6. 穿珠串线编织游戏

穿珠串线是指用线穿过各种大小、颜色、形状不同的珠子、细管等,通过连续穿、间隔穿等方法组合成各种物体(见图 3-15)。

编织是指用绳、带子、纸条等细长的材料,交叉组织起来变成一个物体形状,常用的编织法有穿插、圆心、打结等编织法(见图 3-16)。

图 3-15 穿珠子

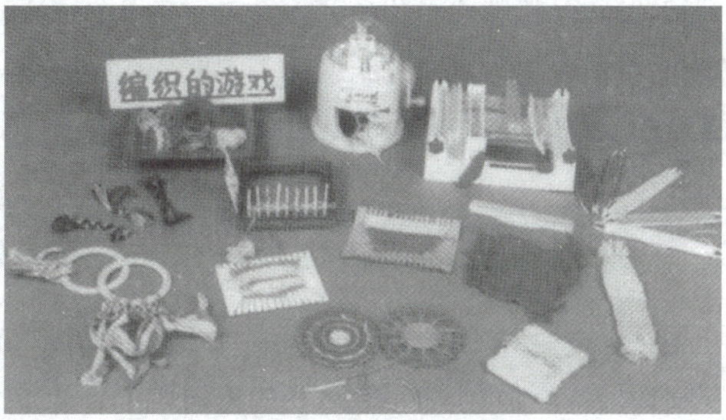

图 3-16 编织

7. 金属结构游戏

金属结构游戏是指利用金属制成的带孔长条、金属轮等材料构造物体形状的游戏。常见的金属构造材料有金属螺丝、金属螺帽、金属带孔长条、金属带眼薄片、金属轮、扳手、钳子等（见图3-17）。金属构造材料适合在大班进行投放，幼儿可构造出各种车辆及建筑物品。

8. 废旧材料结构游戏

废旧材料构造游戏是指用来自人们生活中的可用于游戏的废旧物品，拼出各种图形的一种游戏（见图3-18，图3-19）。常见的废旧材料有牛奶盒、雪糕棒、纸牌、纸箱、纸盒、矿泉水瓶、水管、易拉罐等。

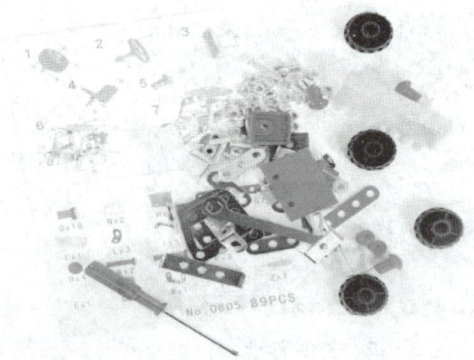

图 3-17　金属结构游戏材料

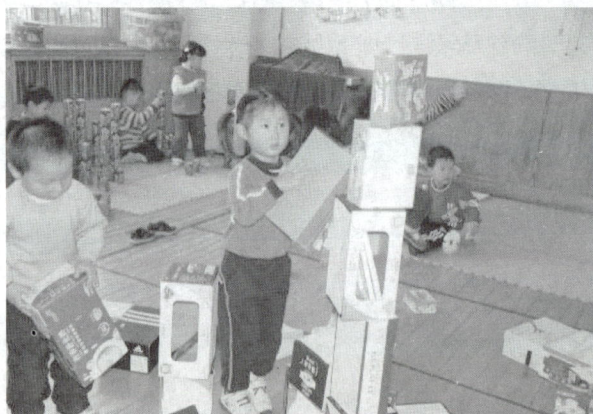

图 3-18　堆宝塔

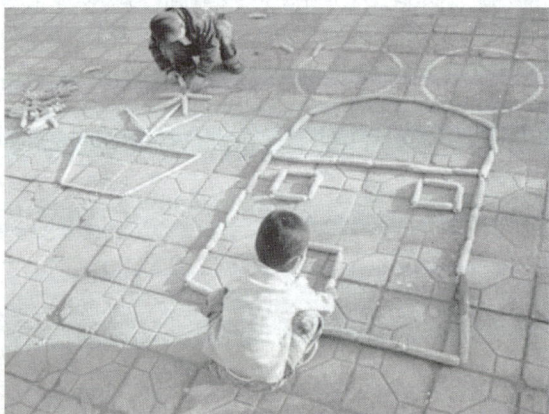

图 3-19　玉米小屋

（二）按结构作品的复杂程度分

1. 单元式结构游戏

单元式结构游戏是幼儿对基本建构技能的探索与学习，这种形式适合对周围生活以及物体形象的观察不深入而缺乏相应经验的小班幼儿。教师可以根据幼儿的认知及年龄特点重点开展有单元式的建构技能游戏，如单一地搭建房子、小花、汽车、飞机、轮船等，从中掌握最基本的建构技能。

2. 主题式结构游戏

主题式结构游戏是指幼儿以某一主题为中心，围绕主题，与同伴合作、商量并设计搭建的图纸，添加辅助材料等更为复杂的结构活动，如游乐园、美丽小区等。这些主题反映幼儿生活中熟悉的周围环境内容，其目的在于培养幼儿结构的目的性、集体协商合作和构思创造的能力。

三、幼儿园常见的结构游戏构造方法

幼儿园结构游戏材料多样，所采用的构造方法也会出现多元化。一般来说，小班幼儿能用平铺、延长、围合、堆高、加宽、盖顶等方法构造简单的物体形象；中大班幼儿能综合运用接插、镶嵌、排列、堆积、交叉、转向等方法构造较复杂的物体形象。

（一）接插、镶嵌

接插、镶嵌构造方法主要用于积塑类玩具材料,如齿轮积塑、雪花片、插塑块等。这类玩具的建构材料上都有凸出的"头"和凹进的"孔",或者开有"槽"。"头"与"孔"、"槽"与"槽"的大小、深浅一致,可互相接插、镶嵌组合成一个建构物。

1. 连接

连接是将两个建构元件接插,形成一个整体。主要有单孔连接、多孔连接、间隔连接、交叉连接、围合连接(见图 3 - 20～图 3 - 24)。

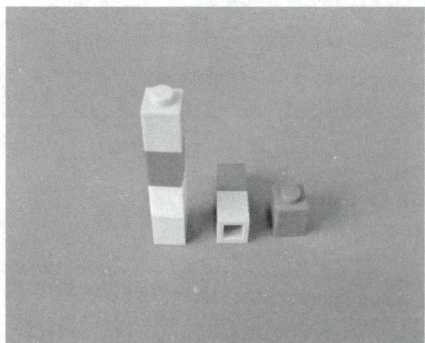

图 3 - 20　单孔连接

图 3 - 21　多孔连接

图 3 - 22　间隔连接

图 3 - 23　交叉连接

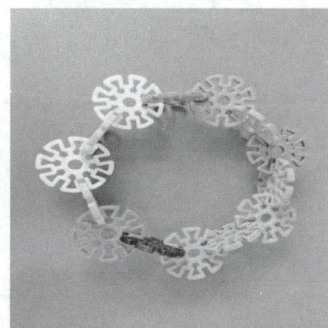

图 3 - 24　围合连接

2. 填平

填平是把一个建构元件插入另一个建构元件的空缺部分,使之形成一个平面(见图 3 - 25,图 3 - 26)。

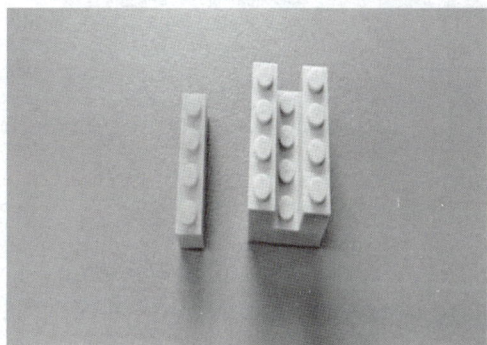

图 3 - 25　填平前

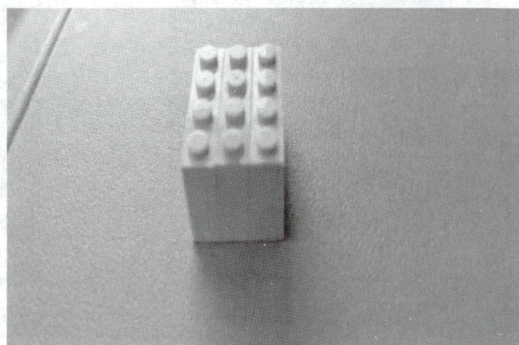

图 3 - 26　填平后

3. 组合

组合是在一个建构元件的插口上插入其他建构元件,形成新的造型。主要有直接组合和间接组合(见图3-27,图3-28)。

图3-27 直接组合

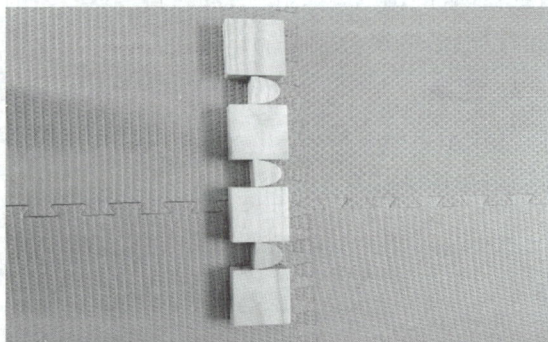

图3-28 间接组合

(二)排列、堆积

排列、堆积构造方法主要用于各种型号的积木。如空心积木、单元积木等。每一块积木都有固定的几何形状,没有凸凹的"头""孔"或"槽",适用于排列、堆积法。

1. 排列

排列包括延长铺平、围合排列、间隔排列、拼图排列、对称排列(见图3-29~图3-33)。

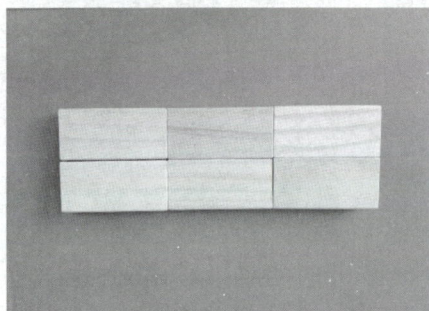

图3-29 延长铺平

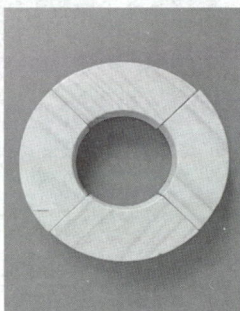

图3-30 围合排列

图3-31 间隔排列

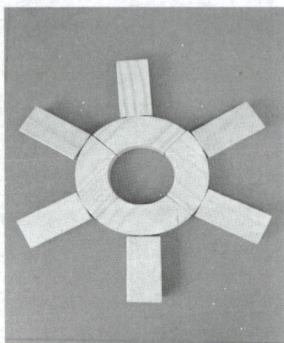

图3-32 拼图排列

图3-33 对称排列

2. 堆积

堆积包括叠高、盖顶、拼搭台阶、砌墙、间隔堆积(见图3-34~图3-37)。

图 3-34　砌墙

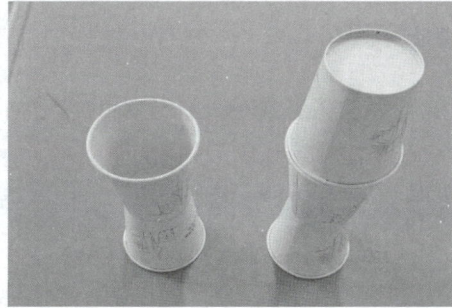

图 3-35　纸杯堆高

图 3-36　拼搭台阶

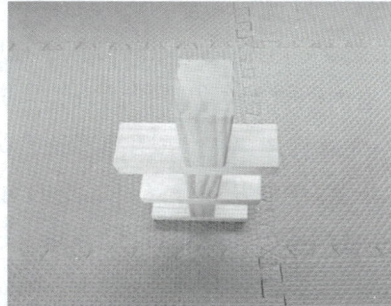

图 3-37　间隔堆积

(三) 交叉

交叉构造方法主要用于积木之间的穿梭建构,主要有十字交叉和架空交叉(见图 3-38,图 3-39)。

图 3-38　十字交叉

图 3-39　架空交叉

(四) 转向

转向构造能美化幼儿的建构作品,使其富有层次感。主要有直接转向和弧度转向(见图 3-40,图 3-41)。

图 3-40　直接转向

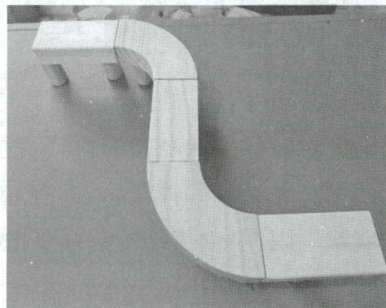

图 3-41　弧度转向

（五）螺旋

螺旋是旋转螺丝将各建构元件连接的构造活动，此方法主要适用于中大班。

四、结构游戏的发展阶段

结构游戏的发展水平取决于幼儿手的操作能力和空间想象能力的发展。随着幼儿手指精细动作的发展以及头脑中对物体形状、大小、远近、方位等空间特性认识的不断准确，其结构游戏的水平也在不断发展。

第一阶段：萌芽。主要发生于2岁以下，幼儿只是无目的地搬弄材料，并不搭建什么东西，有时把材料当锤子敲，有时当食物吃。他们的行为主要是初步感知和体验材料，这是幼儿建构游戏的萌芽。

第二阶段：无意构造。主要发生于2～3岁，幼儿仅仅是将建构材料进行无目的的组合，而很少注意材料的大小、形状、颜色及两件材料之间的对应关系。在这一阶段，幼儿开始建构积木时，通常是把大小一样的积木堆高或平铺，然后推倒重来。他们并不太注重作品的重叠或排列整齐等外观效果，更多关注自己能搭得多高、铺得多长。由于手眼协调能力较差，很难完成两件建构材料的接插动作。

第三阶段：想象建构。3～5岁时，幼儿开始具备表象思维能力，可以凭借头脑中关于该物体的表象进行建构。这个阶段，幼儿只有对熟悉的题材，才会在建构之前就有明确构造的意图。

第四阶段：模拟建构。3～5岁的幼儿能依据一定的模型，逐渐使用围合、叠高、间隔、拼图、对称、架空等技能构建物体。3岁左右幼儿能掌握间隔等简单模型。4岁开始，幼儿会模仿建构作品范例，根据颜色、开关、大小的对应关系进行建构。5岁开始，幼儿会观察平面图纸，将图纸中的平面结构造型在头脑中转化成为立体结构造型，并参照图纸一步一步最终完成预定的建构作品。在此基础上，幼儿还会抓住生活中物品的特征，尝试选择适当的材料对实物进行模拟构造。

第五阶段：自由建构。学龄后期，幼儿已有较好的构造技能、丰富的空间想象能力和一定的作品构思创造能力，自由建构是在此基础上进行的建构活动。

五、结构游戏的设计

（一）结构游戏设计的原则

1. 操作性原则
结构游戏是一种具有认知成分的操作性活动，是幼儿直接动手操作，运用拼、接、插等建构技能来构造生活中的各种物体。创编游戏时，教师要引导幼儿触摸、摆弄材料，随着构思而进行操作，随着多变的操作而完善构思，在不断推倒重来中掌握建构技能，构造造型多变的作品。

2. 创造性原则
结构游戏是幼儿按照自己的想法对材料进行操作、改变、组合，从而构造出一定形状的物体。幼儿构造的作品是幼儿对自己生活经验的再现，这些作品有的直接来自社会生活的真实场景，有的是幼儿对社会现实的改编。无论是哪种作品，都有幼儿对其结构的构想，都是幼儿运用想象力和创造力表达他们对世界的看法。因此，创编结构游戏要把握创造性原则。

3. 教育性原则
结构游戏是进行幼儿园教育的有效手段。在创编游戏时，教师要有意识、有目的地引导幼儿认识各种结构材料的形状、大小、颜色，发展幼儿的对称、守恒等数理逻辑智力；学习上下、前后、左右、空间设置,发展幼儿的空间智能;通过拼、插、捆、绑积木、搬运建构游戏材料,发展幼儿的精细动作和大肌肉动作,促进幼儿身体运动智能发展;引导幼儿使用素材并进行造型设计,发展幼儿的艺术智能;通过交流合作,发展幼儿的人际交往能力。因此,创编结构游戏要把握教育性原则。

（二）结构游戏设计要点

1. 结构游戏主题

（1）教师预设主题。教师预设主题是指教师根据幼儿园的教育目标、幼儿的已有经验以及学习的需要和兴趣,有计划、有目的、精心准备的结构游戏主题,如大班在奥运会期间开展主题活动"我爱奥运"引起了幼儿的关注。对于奥运会,幼儿并不陌生,很多幼儿通过电视、手机等了解到了奥运会的相关经验,教师根据主题活动的需要确定三次结构游戏:结合图片开展建构"奥运田径场""奥运游泳池""奥运射击馆"。通过这三次活动,强化了幼儿对奥运会的认识,为主题的开展提供了知识经验。

（2）幼儿生成主题。幼儿生成主题是指幼儿根据自己的兴趣、想法、生活经验,在与环境交互过程中自主产生的。如组织大班幼儿参观小学的社会实践活动,孩子们对小学充满了向往。回来后纷纷讨论小学与幼儿园有什么不一样,"每个人都有书桌""学校很大""有教学楼、实验楼""有田径场"等。于是,基于幼儿的经验和兴趣,"我心目中的小学"建构活动就这样诞生了。

（3）结合现有材料选择主题。结合现有材料选择主题是指根据幼儿园现有的结构元件、结构图纸、实物模型、玩具模型、照片、图画等材料,在幼儿兴趣的基础上生成的游戏主题。如国庆长假后,孩子们带回了假期去游乐场玩的照片。照片中旋转木马、海盗船、摩天轮、自控飞机、山洞飞车、弹簧床、秋千等是他们津津乐道的话题,于是结合照片生成了"游乐场"的主题。

2. 结构游戏的目标

结构游戏目标的制定同样应注意适宜性、全面性、主体性、可操作性等要求,其目标要重点突出结构游戏的特征。例如,知识经验目标包括:认识结构材料并感知材料的特征,熟悉各种材料的操作方法;了解结构材料的数量、对称、图形及组合、守恒、估量、测量等;掌握物体的造型、色彩、比例、构图、布局等方面的简单知识;根据生活经验提出主题并进行建构活动。能力技能目标包括:能感知方位、画出设计图纸并根据设计图进行建构;学习用不同的构建方法建造物体,学会看简单的平面结构图,围绕主题进行构建,会合理选择、利用构建材料并添加辅助物;正确建构材料,学习正确评价自己和伙伴的游戏情况。情感目标包括:幼儿对建构活动感兴趣,能大胆尝试建构,能与伙伴分享材料,能与伙伴协商、分工合作进行建构活动;爱护和欣赏自己和别人的建构作品,能大胆介绍作品,有成就感。

📚 资料链接

幼儿园结构游戏各年龄段活动目标

小班

1. 认识各种不同的构建材料,感知材料形状特征,熟悉材料的操作方法。
2. 在观察模仿的基础上,学习铺平、延长、围合、搭高、拼插等简单的构建方法。
3. 指导幼儿学习用铺平、延长、围合、垒高、拼插等技能,搭建物体的简单造型。
4. 能用构建材料建造简单的物体造型,表现出物体的主要特征。
5. 懂得爱护自己及他人的构建物。

中班

1. 初步学会看简单结构平面图,能与同伴合作构建。
2. 学会按简单命题和围绕主题进行构建,能有始有终完成自己的构建内容。

3. 学会运用悬空搭高、平衡对称、接插镶嵌等技能构造出物体基本特征及细微部分的特点。

4. 会充分利用构建材料,大胆提出自己的建议,具有一定的创造性。

5. 较有条理地收放构建材料,学习正确评价自己和同伴的游戏情况。

大班

1. 能与同伴协商构建主题、规划构建场地、分工合作进行建造活动。

2. 有目的、有计划、按顺序进行主题构建,布局合理。

3. 能用围建、搭建、悬空搭建等方法有规律构建物体,并注意物体美观,能有创造性地进行构建。

4. 会整理和保管好构建材料,并能爱护建造物。

5. 大胆向他人介绍构建物体,有成就感。

6. 会合理选择及利用构建材料,学会添加辅助材料进行构建活动。

3. 结构游戏准备

(1)物质准备。物质准备是指为结构游戏的开展提供时间、空间、结构材料的支持。游戏前,教师要提供数量充足、搭配合理的各种主要建构材料(积塑、积木等)、废旧物品(纸盒、泡沫等)、辅助材料(冰棒棍、图书、图片、照片等)。

(2)经验准备。建构某个物体前先要具备该物体的相关经验,如"马路上的风景"建构活动,幼儿先要有关于马路、红绿灯、路灯、人行道、斑马线、高架桥、路边建筑物以及绿化带的认知经验。

4. 设计结构游戏过程

(1)导入游戏。兴趣是幼儿活动的原动力,激发幼儿结构游戏的兴趣是支持幼儿活动长久进行的保障。在结构游戏中,我们常常可以看到有的幼儿无所事事,难以下手以及捣乱行为,这些都是幼儿缺乏对结构游戏兴趣的表现;也可以看到一堆不起眼的积木经过拼、插、搭等方法构造成了各种各样的房子、车,这一切对孩子来说新鲜、有趣、不可思议、跃跃欲试。那么,教师应如何激发幼儿对结构游戏的兴趣呢?

① 创设情境"引趣"。情境导入是指教师创设一定的情节、情境、角色,准备一定的情境道具,激发幼儿参与结构游戏的兴趣。例如,教师可以根据幼儿熟悉的绘本故事《小红帽》设计"小红帽历险记"的情境,并提供山、房子、桥等情境道具,幼儿在情境中开展建构活动,"遇到河就搭桥""遇到山就弯曲搭路"等,他们的兴趣被充分激发出来。又如,在中班结构游戏中,教师准备了花、草、中大型积木,并创设游戏情境,"小猪的村庄被洪水冲垮了,路被破坏了,房子倒了,小猪现在无家可归了,我们帮小猪去重建家园吧",从而激发幼儿参与游戏的兴趣。

② 创设环境"吸趣"。在结构游戏区,教师要提供适合不同能力水平幼儿的游戏材料,保证每个幼儿都能找到自己可玩、爱玩的材料;在游戏区的墙壁或支架上张贴简单的建构图示资料(图书、图片、照片、卡片),给幼儿简单易懂的提示;在展示区还可摆放复杂的建筑物立体模型和幼儿的优秀作品,以吸引幼儿参与游戏的兴趣。

③ 范例引入"激趣"。教师事先构造出各种各样的结构精美的建构物品,充分调动幼儿的感官去欣赏这些作品,让幼儿了解这些建构物品所需的结构材料和建构技能,再让幼儿进行模仿建构,通过范例引入,降低幼儿对建构能力的要求,增强幼儿的自信心,有助于幼儿尽快获得成功的喜悦,也激起幼儿参与结构游戏的兴趣。

(2)出示实物、模型或图片,引导幼儿进行观察。

首先,教师要引导幼儿观察日常生活中各种不同的物体和建筑物的颜色、结构以及空间位置关系,丰富幼儿头脑中的造型表象,为他们在结构游戏中的想象和创造打下基础。教师可以带幼儿到大自然中去实地观察,也可以让幼儿观看多方位、多角度的影像或图片资料。例如,"高速公路"游戏中,可以给幼儿提供高速公路的各种图片和录像,使幼儿认识到高速公路上有车、绿化带、服务区等。

其次,教师在指导幼儿观察实物与图片中的结构物时,应教会他们掌握结构分析法,即说出物体各部分的名称、开关,比较建筑物的不同部分,掌握各部分结构物的组合关系。例如,引导幼儿观察房子时,教师应引导他们有顺序地先观察房顶的样式、墙壁的颜色、门窗的位置等,然后引导幼儿观察各部分的整体结构,再概括出房子的基本特征。

最后,教师要引导幼儿进行对比观察,比较出事物的异同。这种对比观察法,有助于幼儿掌握同类物体的共性,并区别它们的个性特点,从而加深幼儿对各种事物的完整印象。在构建主题时,引导幼儿进行对比观察找出众多结构物中的相同点,也有助于幼儿把已经获得的建构知识技能运用到新的构建活动中去。

(3)明确建构任务,引导幼儿根据自己的意愿进行分组。复杂的构造物体需要幼儿协商确定主题,商量结构步骤及方法,分工协作、确定建构规模、共同构建。教师可在幼儿自主选择分工的基础上,根据主题搭建的需要,引导幼儿运用竞聘、轮流、猜拳等方法分组及协商搭建任务,也可制作任务图示或以游戏中的角色布置任务,引导幼儿自主分组。例如,大班结构游戏"高速公路",教师以总工程师的角色进行引导,"现在,我是总工程师,你们就是小建筑师,我们要分成三个建筑队:一队建公路,一队建绿化与护栏,最后一队建汽车。请你们想一想要参加哪个队,请和身边的小朋友说一说。"

(4)介绍材料,提出建构要求。结构游戏的材料,即用什么建造的问题。结合建构的内容,引导幼儿商议采用什么性质的结构材料,结构材料的形状、颜色、大小以及辅助材料该如何选择、搭配,幼儿根据商议的要求选择、采集材料。例如,结构游戏"高速公路"中,教师这样引导:"今天我们的建筑材料有雪花片、积木、易拉罐、纸盒和水管,请小朋友们想一想哪些材料适合建构公路,哪些材料适合建构绿化,哪些材料可以用来建构汽车呢?"

建构要求的提出要根据建构主题以及幼儿的年龄特点来确定。例如,"高速公路"游戏的建构要求是:要注意看平面图,按照平面图来建构;要动脑筋选出和别人不一样的车型;所有建筑队要先商量怎么建,怎么分工,再一起动手建构。

(5)鼓励幼儿创造性建构。创造性是衡量结构游戏水平的重要指标,教师要重视培养幼儿的创造意识,引导和鼓励幼儿在结构游戏中充分发挥创造性,提高游戏水平。常见的创造性建构的方法有局部改变创造法和列项改变法。

① 局部改变创造法。对幼儿来说,改变某一物体的局部(如颜色、形状、大小、布局)就是创造。例如,小班幼儿在建构房屋时,教师引导幼儿用三角形、正方形、圆形等不同形状的积木来搭建屋顶,就变成了具有不同特色的房屋。

② 列项改变法。列出可以改变的项目,为幼儿提供创造性的思路。结构游戏可以改变的项目有变换颜色、变换体积、变换形状、变换材料、增减某一属性、重新组合原有属性、重新设计等。例如,中班幼儿建构游戏"滑梯"中,幼儿把积木叠高,再将一块长的平板放上去,当作滑梯,结果发现滑梯很陡且没有台阶上去。于是,教师引导幼儿观察滑梯图示并组织幼儿讨论,列出"滑梯"改进项目:第一,增加积木建构,以递减的方式搭建楼梯;第二,延长滑梯长度;第三,准备小球、洋娃娃等玩具代替自己玩滑梯。

此外,还可以通过提出问题、诱导启发、评价激励等方面来引导和鼓励幼儿创造建构。提出问题,让幼儿进行思考、联想,不断创造新的内容,激发幼儿的创新思维。诱导启发,引导幼儿的大胆想象,又要让想象合情合理。评价激励,教师评价不仅仅要重视物品的外在美观,还要看材料的运用是否多样、合适,是否有思维的创造性和团队协作,激发幼儿再创热情,对于作品失败和还可改进的地方,教师要引导幼儿再次探索,获得成功的体验。

(6)作品的展示与评价。幼儿创造的每件作品都希望得到教师、同伴和家长的赞美与表扬,也渴望与同伴分享成功的喜悦。因此,在游戏结束后教师要组织幼儿进行作品展示,并进行评价。

六、结构游戏的指导

(一)结构游戏前的指导

1. 创设结构游戏环境

良好的游戏环境是科学、全面开展游戏活动的前提和基础。结构游戏的环境创设包括结构游戏空间创设、时间安排及材料投放。

(1)结构游戏空间创设。结构游戏空间创设可分为班级结构游戏区、幼儿园结构游戏室、户外结构游戏区。

① 班级结构游戏区。班级结构游戏区是指以班级为单位,占用活动室一定的空间,可利用移动组合柜、材料柜、桌椅等物品将结构游戏空间分隔成材料区(用于存放结构游戏的材料)、建构区(幼儿对建构材料进行操作的场地)、展示区(用于保留和展示幼儿建构作品)。结构游戏区属于动态活动区,应避免与安静区为邻,且所占用的空间比其他活动区要大,一般要能容纳5~7个幼儿。小型的积木、积塑适合在班级结构区开展。

② 幼儿园结构游戏室。幼儿园结构游戏室是指开辟专门的一间活动室来开展结构游戏。它的空间设计除班级结构游戏区提到的材料区、建构区、展示区外,还可添加一个设计角,可投放纸、笔、图册、绘本等,满足幼儿对结构游戏前设计游戏图纸的需要。结构游戏室面向全园,可容纳15~20人,既可采用混龄班的形式开展游戏,也可以以班为单位进行组织。中型建构游戏材料,如单元积木、空心积木等适合在结构游戏室投放。

③ 户外结构游戏区。户外结构游戏区场地宽敞,其空间设计主要考虑的是材料拿取方便,且材料存放要注意防晒、防雨、防尘等问题,地面应平整,可在塑胶地、水泥地开展。最常见的在户外开展的结构游戏区有玩沙区、玩水区、玩泥区以及一些大型的积木搭建,如轻质砖、纸箱、易拉罐等也应尽可能充分利用户外场地进行。

(2)结构游戏时间安排。结构游戏是幼儿喜爱的游戏活动。幼儿园每天都应保证充足的结构游戏时间,既可以安排专门的结构游戏时间活动,还可以充分利用幼儿来园、离园、饭后、午休起床后、自由活动时间鼓励幼儿开展结构游戏。

(3)结构游戏材料投放。结构材料是保证结构游戏顺利开展的重要载体,是促进幼儿多样化发展的重要支架。幼儿园常见的游戏材料有低结构材料和无结构材料。低结构材料结构简单、功能多元、可变性强、操作性强,幼儿可以按照自己的意愿任意操作、改变、组合,常见的低结构材料有:积木类、积塑类、积竹类、废旧材料类、金属类。无结构材料是指不定型的结构材料,幼儿可以随意操作,主要有自然类材料,如水、沙、泥、土、雪等。此外,还应该提供一些辅助性材料,如地板、地毯、积木筐、模型玩具、建构图示、胶泥、胶水、袋、线、树枝,各种盆、瓶、碗、半成品和一物多用的成品等。教师要结合本园实际情况,因地制宜地提供适合各年龄班幼儿构造的游戏材料。结构材料投放时应注意以下三个方面。

① 材料投放应考虑幼儿的年龄特征。小班幼儿手部小肌肉有较大发展,动作逐步精细化,喜欢无计划地摆弄建构材料。因此,可选择色彩鲜艳、体积中等、分量较轻、形状简单的材料,且材料的种类不宜太多,同一种类材料的数量要充足,以满足小班幼儿平行游戏的需要,如三角形、长方形、圆形等简单形状的积木。中班幼儿手指相对灵活,由于缺乏建构技能,他们对材料的种类和形状需求更加丰富,应选购种类多样、形态多元,需要一定精细动作控制才能完成建构活动的材料,如拼板积木等。大班幼儿手指肌肉迅速发展,也有较强的建构技能,应投放数量充足、富有变化和挑战性的材料,如管状、齿轮积木、金属材料等。

② 材料投放应具有安全性和趣味性。所投放的结构元件应光滑、无尖刺,面上的油漆应不易脱落。辅助材料与废旧物品应干净无毒。教师还应对结构玩具材料进行定期的清洗、消毒。

材料投放应激发幼儿参与游戏的兴趣和操作欲望,满足幼儿游戏的需要。幼儿喜欢颜色鲜艳、造型漂亮、功能多样的积木、积塑以及各种可爱、有趣的沙、土、石等辅助材料。

③ 材料投放应体现层次性。幼儿的发展具有差异性和不均衡性,即便是同年龄阶段的幼儿,所表现出来的认知水平、操作技能等也会有所差异。教师在选择、投放材料时不能搞"一刀切",既要考虑绝大多数幼儿的需求,也要照顾不同幼儿的发展水平和兴趣。教师应随时关注游戏的发展,根据游戏主题的不断深入,由浅入深,从易到难,不断地充实和更换材料,使材料满足幼儿的需要。

(4)创设良好的游戏常规。良好的游戏常规能确保幼儿游戏的顺利开展,增强游戏环境的自治因素,教师要结合结构游戏制定游戏规则。例如,提供"安静手势"图片提醒幼儿安静进区、不吵不闹;设计进区卡,让幼儿了解进区人数;张贴"友好合作"照片提醒幼儿互相合作、发挥想象;通过"小心轻放"图示提醒幼儿轻拿轻放,爱护游戏材料,保护好完成的作品。

(5)创设激发幼儿游戏兴趣的支持性环境。在结构游戏中,除了可以通过游戏材料激发幼儿参与游戏的兴趣外,教师还可以通过模仿建构和设置挑战激发幼儿对结构游戏的兴趣和探索的欲望,满足幼儿的自信心和荣誉感。

① 模仿建构。模仿建构适用于年龄偏小,建构经验不足、技能和能力不是很强的幼儿。例如,教师创建"试一试"环节,事先把搭好的作品拍成照片张贴在折叠支架上,让幼儿对照片中的建构作品进行模仿,当幼儿模仿完成一个物品后,就在照片下面张贴幼儿的姓名,并贴上一朵小红花。模仿建构降低了幼儿的操作技能要求,让幼儿尽快体验成就感,激发对结构游戏的兴趣。

② 设置挑战。中大班的幼儿已经具有竞争意识,教师设置挑战环节,可以激发幼儿对结构游戏的兴趣和需要。例如,教师提供三星级建构作品图片(一星代表"易",两星代表"中",三星代表"难"),鼓励幼儿挑战不同星级的作品内容,并记录挑战者、挑战时间、挑战情况等。

2. 拓展幼儿的游戏经验

幼儿对游戏材料进行构思、构造,表现一定物品形态时,必须具备此物品的相关经验。幼儿要深刻认识某物品,最有效的方式就是直接观察,但有些建筑物体,由于条件所限,无法亲临现场。因此,教师可以通过实物模型(如埃菲尔铁塔、伦敦桥等)、物体图片组(同一物体多个角度的图片)以及富含建筑元素的绘本(如《世界名桥》《地铁开工了》),或在日常生活中组织参观、谈话、作品展等活动,引导幼儿从事物的造型、结构、数量、用途以及与其他事物的联系等方面进行多角度、全方位、反复地观察思考,帮助幼儿全面了解物品外形特征和结构特点,拓宽幼儿的视野,丰富幼儿的知识经验。

3. 提高幼儿的结构技能

结构游戏必须具备一定的建构知识和技能才能让幼儿的想象力和创造力得以充分体现。建构技能的提高除了幼儿自己在结构游戏过程中反复操作、不断尝试,或不断在失败中总结经验外,教师还可采取一些有效策略提高幼儿的建构能力。

引导幼儿学会平铺、延长、围合、堆高、加宽、盖顶等基本的建构技能。如采用"铺路"的形式引导幼儿学习铺平和延长的技能;搭建"房子""幼儿园"等引导幼儿学习围合的技能;提供基本技能结构图示,教师可以通过简笔画的形式绘制图示,拍照并张贴在墙面展示区供幼儿观察,帮助幼儿快速提升基本建构技能。

引导幼儿整体构思构造建构计划,学会看平面图纸,设计建构图纸,能把平面结构变为立体结构。会评议结构物,能够在搭建过程中发现问题,灵活修改建构图,有目的、有计划、有步骤地进行构造活动。如幼儿要用乐高搭建鸭子走圆球时出现了难点,若只有单纯的作品图片,幼儿还是觉得有困难,如果能有鸭子走圆球的分解图,幼儿按图示一步一步建构,困难将会得到解决。

(二)结构游戏中的观察指导

1. 结构游戏的观察

观察是有效指导的前提。由于幼儿的社会经验及知识有限,在游戏时可能会出现一些困难与问题,教师不仅要善于"观",即了解幼儿结构游戏的表现,而且要善于"察",即对看到的游戏现象进行思考,分析现象背后的深层原因,并能从教育的角度及时采取有效的指导方法。在结构游戏中应重点观察以下内容:

(1)幼儿的情绪。幼儿能否感受到结构游戏的乐趣,在搭建过程中能否保持情绪积极、愉快,注意力集中,持续时间长。

(2)幼儿的游戏主题。幼儿是否能理解主题,是否有计划性、有目的性,主题是否明确并能坚持深化开展。

(3)幼儿对结构材料的使用。对结构材料的形状、颜色、大小是否有选择;是否有意义地选用材料,反复尝试;是否迅速选定材料,并能综合运用材料。

(4)幼儿的建构技能。幼儿在结构游戏中,是否使用了连接、围合、交叉、平铺、叠加、堆高、排列等基本建构技能。是否关注建构物的细节,借助其他辅助材料完成作品。物体的颜色搭配如何,幼儿能否根据表象或平面图对物体进行造型,能否组合多个物体等。

(5)幼儿的同伴交往。幼儿在游戏中是否能进行集体游戏,是否与同伴有交流,能否友好地分工合作。

(6)幼儿的学习品质。幼儿结构游戏过程中是否认真、耐心、细心、专注,是否能克服困难,并坚持不懈地完成任务。

(7)幼儿的游戏常规。幼儿是否能主动遵守游戏规则,是否能整理爱护结构材料,是否能尊重他人的劳动成果。

2. 结构游戏的现场指导

幼儿在结构游戏中可能会遇到各种情况,教师要找准时机,适时介入,以保证游戏的顺利开展。一般来说,当结构游戏出现以下情况时,教师可进行介入指导。

(1)当幼儿遇到结构技能障碍时。当幼儿在建构某个物体时,常常会因为缺乏某种结构技能而使物品无法达到预期的效果,产生挫败感而不知所措,教师要及时介入,既要帮助幼儿树立自信心,鼓励幼儿不要放弃,强化幼儿的行动目标,还应提示幼儿认真思考失败的原因,引导幼儿找到解决办法,坚持不懈地完成任务。必要时,教师还可进行平行示范,利用自身行为的榜样示范作用,通过暗示的方式对幼儿的建构活动进行指导,帮助幼儿掌握结构技能。

案例 中班幼儿正使用单元大积木建构餐厅,搭建结束后,他们发现餐厅太小了,客人根本进不去。孩子们想把餐厅变大一点,可是,情况却不那么顺利。教师见状问:"你们想搭多大的餐厅?""可以容纳十个人。"于是,教师找来了一张大纸,幼儿把纸平铺在地上,请十位小朋友在纸上站位,差不多可以容纳十个人了,就沿着纸的外围建构餐厅围墙,再把纸撤走,这样餐厅的规模就初步出来了。中班幼儿空间感知能力有限,导致餐厅的实际大小与预期出现了很大的偏差,教师及时介入,通过提供大纸张,帮助幼儿解决了问题。

(2)当游戏中产生不安全因素时。幼儿游戏时可能因为违反游戏规则或缺乏沟通而产生冲突与纠纷,教师不能简单地进行是非判断,惩罚某个幼儿,而应充分了解原因,了解幼儿的真实想法,引导幼儿自主找到解决问题的方法。

> 案例　"餐厅"建构好了,开始营业。"客人"奇奇走进来坐到建构好的"椅子"上,"哗啦"一声,"椅子"散架了,奇奇一屁股坐到了地上,"哇哇"哭了起来。"老板"田田也跟着哭了起来,指责奇奇弄坏了他的"椅子"。教师及时走过来安慰了奇奇和田田,再仔细观察。原来田田所建构的"椅子"是用两块圆柱体空心积木竖立当椅脚,上面再铺上一块正方体的空心积木当坐垫,所以导致椅子不稳定,只要客人稍不注意,就容易摔跤。于是,教师找来椅子实物图,轻轻地对田田说:"客人摔跤了,是不是你的'椅子'有什么问题呢?"田田对照图片,发现一般的椅子都是四条腿,而自己建构的是两条腿,于是主动向奇奇道歉,并宣布"餐厅"将要进行整修,关闭一段时间再营业。

(3) 当幼儿情绪低落不愿主动参与游戏时。对于情绪低落、不愿主动参与建构的幼儿,教师要及时介入,稳定幼儿情绪,以多种方式为幼儿的结构游戏提供支持,激发幼儿的兴趣和求知欲。

> 案例　小班结构游戏区,一名幼儿无所事事地东游西逛,不知道要干什么,东摸摸西看看,却没动手操作。这时教师主动邀请幼儿:"请你帮我修条马路好吗?"孩子一脸苦恼,小声说:"我不会修。"教师搬来积木块,一边给她介绍材料的搭建方法,一边给她做示范……孩子边听老师讲解边模仿老师进行建构,不一会儿,马路就铺好了,孩子兴奋得跳了起来。

(4) 教师介入指导的注意事项。虽然教师的介入指导能提高幼儿的游戏水平,保证结构游戏的顺利开展,但如果在指导的过程中,教师教的比例过重,就会扼杀幼儿参与游戏的主动性和创造性。所以,教师应根据幼儿的已有经验,采取不同的方法,在幼儿原有水平上扶一把、推一程,指导时要注意以下三点:

一是指导内容切忌整齐划一。每个幼儿的经验水平、在游戏中的需求不同,有的幼儿可能要提高结构技能,有的幼儿可能需要培养专注力,有的幼儿可能需要培养合作能力。教师要根据幼儿的个体差异,有重点地进行指导,切忌整齐划一。

二是指导策略切忌孤立单一。幼儿的游戏水平不一样,在游戏中所出现的情况也会不一样。教师应采用不同的指导策略,常见的指导策略有结构转换策略、材料支架策略、试误策略、平行示范策略、情境体验策略、多媒体演绎策略等。

三是指导要适可而止,及时退出。在结构游戏中,教师扮演的是游戏的支持者、引导者、合作者,当幼儿在游戏过程中出现困难时,教师要及时介入,提供指导与帮助,尽可能引导幼儿自主地去找到解决问题的办法,自己去尝试、探索、完善自己的作品,而不是包办、指挥、代替。

3. 把握时机结束游戏

游戏结束前,教师要认真观察幼儿的游戏状况,把握时机,给予幼儿一定的时间过渡,提醒幼儿游戏即将结束。根据幼儿对游戏不同的专注程度可以采用不同的方式进行提醒。对于在游戏中还十分专注的幼儿,可以提前告知,"游戏还有十分钟就要结束,请抓紧时间",帮助幼儿做好结束的准备;对于游戏基本完成的幼儿,或不再关注游戏的幼儿,教师可以通过播放音乐提醒幼儿结束游戏。

（三）结构游戏后的指导

1. 对材料整理的指导

结构材料具有不同的形状、大小、颜色等特征,这些特征本身就蕴含了学习的因素。在结构游戏结束后的整理阶段,教师可以利用结构材料这一独特的特征,引导幼儿将结构材料按相同的特征摆放,这不仅可以培养幼儿的良好行为习惯,同时也可发展幼儿的观察、比较、分类能力。

不同年龄阶段的幼儿其形状知觉能力有所差异,教师既要尊重幼儿的空间、形状知觉能力的发展规律,又要对幼儿的材料整理提出一定的挑战。小、中、大班幼儿材料整理的方法分别如下。

小班:小班幼儿主要采用实物对应摆放法。在每一个材料筐中,教师事先摆放好该材料的样品,幼儿只需将同类材料放置到与样品匹配的材料筐。

中班:中班幼儿主要采用等比图例摆放法。教师按 1∶1 的比例将材料转换成平面符号,并贴在每一个材料筐上,引导幼儿一一对应摆放。当幼儿不知如何进行摆放时,只要将手中的材料与图例重叠,看是否匹配即可。

大班:大班幼儿主要采用缩比图例摆放法。在等比例图的基础上,教师按一定的比例缩小原图所得到的图例张贴在材料筐上,幼儿通过观察,判断结构材料的位置。

2. 结构游戏评价

教师组织游戏的评价,评价主体应多元化,不再是只有教师单向点评,而是集幼儿自评、同伴互评、家长共评为一体,帮助幼儿收集多渠道评价信息,以完善幼儿的作品。

作品讲评后,教师要尽量对幼儿的作品加以保留:一是可以组织全体幼儿参观、欣赏,这样可以增加幼儿的自信心,使幼儿获得成功的喜悦;二是可以让幼儿进行思考,引导幼儿进一步完善作品;三是好的作品还可作为参照图示,让其他幼儿模仿借鉴,激发幼儿的创造性思维。保留作品的方式有很多,对于有条件的幼儿园可以让幼儿的作品原型放在展示区一段时间后再拆除、收拾;对于存在一定场地、材料限制的幼儿园,教师可以通过摄影、摄像等方式收集成册,保留幼儿的作品。

表 3-2　结构游戏评价

评价内容	(1) 建构形式:简单排列、堆高、铺平;能架空搭门;能围合建构;造型比较复杂,能命名但形象不逼真;按特定形象逼真建构,运用对称并装饰
	(2) 材料的使用:只拿着玩,不会搭;对积木形、色有选择,意识不强;有意识选用材料,反复尝试;迅速选定材料,并能综合运用材料,运用有特色
	(3) 主题目的性:无目的无主题;目的不明确,易附和他人;能确定建构主题,但会出现变化;主题明确,能坚持并深化开掘
	(4) 情绪专注力:注意水平低,情绪呆滞;一般情绪状态,注意力易分散;情绪良好,注意力集中;情绪积极、专注、持续时间长
	(5) 社会性水平:独自搭建;平行搭建;联合搭建;合作搭建
	(6) 常规:遵守玩积木规则;爱护玩具;能收放整齐,动作迅速
	(7) 创造力:建构主题与造型方式富于创造性
评价方式	(1) 反映式评价:教师对本次活动中的有关现象进行阐述,分享幼儿在建构中的新意和亮点
	(2) 问题式评价:由教师或幼儿提出问题,大家共同思考并提出解决的方法或改进的策略
	(3) 作品欣赏式评价:师幼共同欣赏幼儿的建构作品,学习优秀的搭建方法或摆放布局
	(4) 作品分析式评价:教师采用作品描述的方式,记录幼儿搭建时的想法和创意,每件作品都记录了幼儿的学习过程

续表

评价方式	（5）跟踪式评价：以图文结合、持续记录的方式展现幼儿的学习轨迹。从主题生成开始，教师将幼儿每一次的操作过程都以图文的形式进行记录评价，直到主题结束；最后，再进行总结性评价
	（6）自助图表式评价：借助教师预先设计的图表，由幼儿自主完成的评价

七、不同年龄段结构游戏的特点与指导

（一）小班结构游戏

1. 特点

小班处于独自游戏和平行游戏阶段，没有明确的目的和意向，只是无计划地摆弄结构材料，表现出自由建构的特点。喜欢反复操作结构元件，常常推倒重来，对搭建的动作和游戏过程比较感兴趣。在建构内容上结构简单，主题单一且不稳定。认知经验主要表现为对自然物的认知（树、花、草、太阳等）和社会经验的认知（桌、椅、床、房子、简单的交通工具等），因此建构内容往往是他们日常生活中经常接触的、熟悉的物品，如马路、房子、树、花等。手指力量不够，手眼协调能力不够完善，所拼插的作品牢固性差，操作过程缺乏耐心，随意性大。

2. 指导要点

（1）为幼儿安排游戏时间，提供游戏场地，足够数量的游戏材料，且材料要满足人手一份，避免幼儿之间相互模仿游戏而发生矛盾。

（2）在游戏中指导幼儿认识游戏材料，学习基本的结构技能，尝试搭建简单的物体。

（3）采用"平行示范"和"创设情境"的方法引导幼儿游戏。例如，幼儿长时间都在搭建火车时，教师可适时在旁边搭建"树""房子"，还可采用图示的方式呈现给幼儿，这种"平行示范"法可引导幼儿拓展其他的结构游戏主题。又如，在"建房子"的主题游戏中，教师创设"三只小猪造房子"的情境，引导幼儿自由想象，建构出不一样的房子。

（4）培养幼儿结构游戏的规则意识，如爱护结构材料、轻拿轻放、游戏结束后整理和保管好游戏材料等。

（二）中班结构游戏

1. 特点

中班处于联合游戏阶段，游戏的目的性比较明确，并有简单的计划性。他们不仅对游戏的过程有浓厚的兴趣，同时也关注游戏的结果。游戏内容较小班复杂，并且能按主题构造物品。中班幼儿与小班相比，生活经验更丰富，视野更开阔，构造内容在小班的基础上，会有小动物、塔、桥、高楼、各式房子、街道及较复杂的交通工具等。中班幼儿手部肌肉控制能力、手眼协调能力逐步加强，思维、想象、空间感知逐步发展。

2. 指导要点

（1）丰富幼儿的生活经验，引导幼儿观察生活物品外形及其结构特征。

（2）提供适宜的图册供幼儿进行自主选择，倾听幼儿的需要，并及时支持他们的想法。

（3）引导幼儿看平面结构图，培养幼儿设计构造方案的能力。

（4）重点指导幼儿掌握构造技能，并用这些技能构造物品。

（5）指导幼儿小组构造活动，教会幼儿如何讨论、如何分工，并友好地进行游戏。

(三) 大班结构游戏

1. 特点

大班幼儿处于合作游戏阶段,游戏目的性、计划性、坚持性强。游戏前有一定的设想和规划,已掌握较复杂的构造技能,在构造过程中能熟练、迅速地建构复杂物品并追求构造物的细节及逼真性、艺术性。生活经验进一步扩展,除直接观察外,还能通过图片、绘本等阅读方式认识离自己相对遥远的世界。建构内容更为复杂,如公园、长城及其他国家的特色建筑等。具有良好的肌肉控制能力,精细动作日趋完善,空间感知、想象力、创造力、思维等得到快速发展。

2. 指导要点

(1) 提供富有挑战性的构造内容,如各国富有特色的建筑物的图片或书籍。

(2) 指导幼儿进行小组合作活动,制定游戏计划,如确定主题、分工合作,商量结构步骤、方法等。

(3) 丰富幼儿的结构知识和生活印象,指导幼儿掌握新技能,不断丰富和发展结构游戏主题和内容。

(4) 在游戏中,不断支持与鼓励幼儿进行创造性思维,帮助他们克服困难,完成建构任务。

(5) 引导幼儿尊重建构成果,学会欣赏、评价自己和他人的作品。

📒 资料链接

表 3-3　角色游戏与结构游戏的比较

		角色游戏	结构游戏
相同点	主题来源	在现实生活的基础上进行想象和创造	在现实生活的基础上进行想象和创造
不同点	本质	扮演角色	结构的各种材料
	技能	要求一般	要求一定的结构技能
	物品	可以以物代物	结构材料

📒 结构游戏案例

小班结构游戏:动物朋友的家

游戏目标

1. 大胆尝试用平铺、延长、连接、围合等建构技能搭建自己喜欢的动物房子。

2. 喜欢建构活动,能用各种积木及辅助材料,按自己的意愿进行建构。

3. 懂得爱惜自己的建构作品,会合理摆放,观赏自己与同伴的建构作品。

游戏准备

1. 建构材料:各种形状的积木。

2. 辅助材料:玩具小汽车、背景树、动物头饰等。

3. 场地设置:将活动场地布置成森林动物园。

游戏过程

1. 情境导入,激发幼儿建构愿望。

(1) 配教老师扮演狮子团长躲在背景树后伤心地哭泣。

(2) 提问:小朋友,听一听这是什么声音?原来是马戏团的狮子团长在哭泣,听说它们团的房子被风吹倒了,家门口的路也是坑坑洼洼的,小动物们无家可归了。让我们想办法来给小动物建房子吧!

2. 观察图示,丰富幼儿对不同外形房子的认识。

(1) 教师出示不同形状(如三角形、圆形等)、不同高矮、大小的房子图示,了解房子的外形特征。

(2) 提问:小朋友刚刚看到的房子是什么样子的? 房子的上面是什么? 下面呢?

3. 教师示范搭建房子的技巧。

(1) 介绍建构材料。

师:看看老师为小朋友准备了哪些建构材料? 都有什么形状的积木呢?

(2) 教师示范搭建技巧。

师:孩子们,老师现在要给小动物搭建房子了,请大家仔细看看老师是怎样搭建的?(垒高、平铺、围合、架空)楼顶和楼身分别用了什么形状的积木?

(3) 请个别幼儿示范,尝试搭建。

请个别幼儿用自己的方式示范搭建,引导幼儿大胆想象,说说还可以用什么样的方法来建构。

教师小结:如何简单地运用平铺、叠高、围合等技能搭建房子造型,注意材料之间的连接。

4. 幼儿自由建构,教师观察指导。

(1) 幼儿领取游戏材料,选择帮自己喜爱的小动物建房子。

(2) 教师交代建构的要求,巡回指导。

① 不大声喧哗,同伴间交流要轻声细语。

② 选择合适的位置搭建房子,爱护自己和同伴的劳动成果。

③ 鼓励幼儿用不同形状的积木进行建构,并对房子进行装饰。

5. 成品展示,幼儿相互交流。

(1) 听音乐结束游戏。

(2) 鼓励幼儿向同伴介绍自己搭建的房子,教师予以评价和建议。

(3) 教师小结:小动物们觉得小朋友们真能干,帮它们建了既漂亮又牢固的房子。谢谢你们! 希望你们有空多来它们的新家做客。

(4) 幼儿与作品合影留念,师幼共同收拾材料。

中班结构游戏:儿童乐园

游戏目标

1. 通过观察图片,了解儿童乐园的结构特点和整体布局情况。

2. 选择不同的建构材料,运用组合、连接等技能,学习搭建较为复杂的游乐设施场景。

3. 尝试合作搭建,体验共同建构儿童乐园的成就感与喜悦感。

游戏准备

1. 儿童乐园总体图、各种游乐设施图片。

2. 各种形状的木制积木、长方形板、三角形板、拼插玩具若干。

游戏过程

1. 谈话导入。

师:小朋友,你们去过儿童乐园吗? 乐园里有什么好玩的游乐设施? 是什么样的?(幼儿自由回答)

2. 出示图片,引导幼儿选择建构场景。

师:今天老师带来了很多漂亮的儿童乐园图片,让我们仔细看一看,游乐园里都有哪些游乐设施? 它们在游乐园的什么位置? 有什么特点? 是怎样排列的? 我们选出最喜欢的三个场景,一起来搭建。

3. 介绍材料,幼儿自由选材分组进行场景搭建。

师：老师给你们准备了积木、纸盒、雪花片等材料,请小朋友们自由分成三组,每组选择一个场景进行搭建。

4. 幼儿自由建构,教师巡回指导。

(1)建构要求：

① 请幼儿大胆地邀请同伴合作建构,并在游戏中轻声商量,不大声喧哗。

② 搭建时要检查积塑、拼搭是否牢固。

③ 注意提醒幼儿在活动中珍惜他人的建构成果,不故意毁坏。

④ 听到信号后要马上收拾玩具,归类摆放整齐。

(2)指导要点：

① 在幼儿搭建过程中,教师引导幼儿合理地使用结构材料,突出游乐设施的主体特征。

② 指导幼儿掌握拼插、嵌入、转向、组合、连接等建构的方法。

③ 注意各个游乐设施的间距,不随意碰倒别人的搭建物。

5. 展示作品,整理评价。

(1)展示作品,体验获得成功的喜悦。

师：作品欣赏好了,请小朋友回位,哪一组先来介绍一下你们的作品。

(2)教师总结评价。

师：今天在游戏中你遇到了什么问题？是怎么解决的？你觉得有哪些方面做得好或需要改进？

(3)幼儿与作品合影留念,师幼共同收拾材料。

大班结构游戏：开心小区

游戏目标

1. 能根据小区任务图示,合理布局小区,建构小区的基本形态,体验动手操作的乐趣。

2. 能利用纸盒、易拉罐、积竹等材料和同伴合作搭建小区里的基本设施和建筑物。

3. 在建构过程中,能有序使用、摆放材料,养成良好的操作习惯。

游戏准备

物质准备：小区实物图片、小区任务图示；各类花、草、树、标识、路灯卡片及辅助材料；各类大小不一的积木、积竹结构材料；易拉罐、奶粉罐、纸盒、矿泉水瓶、硬纸板、纸芯筒等废旧材料。

经验准备：请家长带幼儿参观自己所居住及自己家附近的小区,熟悉小区相关设施及环境布局等。

游戏过程

1. 谈话导入,引导幼儿进入游戏主题。

师：小朋友住在哪个小区？小区里有些什么设施？(幼儿自由回答)

2. 出示图片,激发幼儿游戏兴趣。

师：老师也带来了自己所住的小区图片,请你们仔细看看,小区内有哪些设施？(幼儿自由回答)教师小结小区的基本设施和建筑物等。

3. 出示小区任务图示,引导幼儿按意愿分组。

(1)教师分析小区任务图示,引导幼儿明确建构任务。

① 基础设施组：大门、小区内主要通道(门、通道、围墙等设施)。

② 绿化组：池塘、花草树、路灯的摆放。

③ 楼房搭建组：利用废旧材料搭建房子。

(2)请幼儿按照自己的意愿寻找同伴,佩戴工作指示牌,分成3个小组。

(3)每一组推选一名幼儿任组长,和组员商量准备如何建构。

4. 教师提出建构要求,幼儿自选材料进行分组建构。

(1)建构要求如下:

① 请幼儿大胆地邀请同伴合作建构,并在游戏中轻声商量,不大声喧哗。

② 搭建时要检查积塑、拼搭是否牢固。

③ 注意提醒幼儿在活动中珍惜他人的建构成果,不故意毁坏。

④ 听到信号后要马上收拾玩具,归类摆放整齐。

(2)指导要点如下:

重点:鼓励幼儿采用不同材料搭建不同的楼房。

难点:小区内各个设施的布局。

5. 展示、欣赏与评价作品。

(1)师幼共同欣赏、评价作品,请幼儿评选自己最喜欢的建筑或设施,并简单说说理由。

(2)教师表扬认真游戏的幼儿,提出本次游戏中存在的不足及改进方法。

(3)组织幼儿有序整理相关建构材料。

(案例来源:湖南省衡阳市南岳童心幼儿园 谭丽美)

第三节 表演游戏

案例导入

在表演游戏室里,小班幼儿正在分组玩《拔萝卜》的主题游戏。孩子们兴致较高地复述着《拔萝卜》的故事内容。在孩子们选择角色进行扮演时,都争先恐后地要扮演小花猫、小狗等小动物的角色,对老公公、老婆婆的角色却不感兴趣。于是,老师在表演区增加了胡子、头巾、拐杖、篮子等饰物,并自己戴上头巾,手拄拐杖、驼着腰、颤颤巍巍地走上舞台……老师的表演激发了孩子们兴趣,安安小朋友主动系起了头巾模仿老婆婆的样子走路、说话,晨晨小朋友戴好了胡子,学着老公公的样子颠簸地走着,并用低沉的声音重复着:"哎呀,哎呀!拔不动!"扮演小花猫、小狗的幼儿也主动参与到游戏中……

点评:表演游戏《拔萝卜》符合幼儿的兴趣,适合小班幼儿进行表演。教师通过投放适宜的游戏材料,增加游戏的趣味性,并通过平行指导的方式让幼儿进行模仿学习,使幼儿认识到老公公、老婆婆角色的重要性和趣味性,鼓励幼儿大胆参与游戏,增加幼儿对角色的认同感。

一、表演游戏概述

(一)表演游戏的含义

表演游戏是幼儿根据故事、童话、儿歌、动画或幼儿自编故事等文学(艺)作品的内容,扮演角色,运用对话、独白、动作、表情等创造性地进行表演,再现文学(艺)作品内容的游戏。

(二)表演游戏的特点

1. 游戏性与表演性同时存在

表演游戏是一种创造性游戏,它与其他游戏一样,幼儿可以自主地选择游戏的主题、内容,决定游戏的难易程度,并按自己的意愿开展游戏。幼儿通过表演一个又一个文学(艺)作品,在游戏中享受着表演和成长的快乐,因此表演游戏具有游戏性。同时,表演游戏还具有区别于其他游戏的根本特征——表演性。幼儿利用语言、动作、表情、道具扮演文学(艺)作品中的角色,体验角色的情感,创造性地再现作品内容,幼儿的表演与作品紧密相连。幼儿对作品人物的理解越深,生活经验越丰富,幼儿的表演就越生动,表演水平也就越高。

2. 游戏性重于表演性

游戏性和表演性是表演游戏的双重特点,但幼儿是因为"有趣""好玩"才聚在一起"玩",他们自导自演、自娱自乐,可以没有"观众"。因此,表演游戏的本质是"游戏"而不是"表演"。幼儿进行表演时,可以根据自己的喜好与理解,对故事中的情节、角色进行增减,可以用日常对话来代替作品中的语言,可以用嬉戏、夸张的方式创造性地表演。表演性是幼儿在为自己高兴而饶有兴趣的表演过程中体现出来的,不是为了表演而表演。因此,表演游戏中,游戏性重于表演性。

(三)表演游戏的构成

表演游戏的三大基本要素是材料、角色和情节。

1. 表演游戏的材料

材料是表演游戏的物质支持,常见的表演游戏材料有舞台、布景、剧本、灯光、道具、服装等。

2. 表演游戏的角色

表演游戏的角色来自文学(艺)作品中各种各样的人物、动物或植物等,如美人鱼、白雪公主、七个小矮人、大公鸡、大灰狼、大萝卜等。幼儿通过语言、动作、表情创造性地扮演这些角色,体验角色的情绪情感。

3. 表演游戏的情节

表演游戏的情节主要来自文学(艺)作品,幼儿可以以作品中的情节为主要线索,根据自己的兴趣,结合自己的生活经验进行创编。

(四)表演游戏与角色游戏、戏剧表演的区别

1. 表演游戏与角色游戏的区别

(1)相同点:表演游戏与角色游戏都是创造性的游戏,他们都有角色,都是通过语言、表情、动作等扮演角色,在游戏中都会出现以物代物等创造性活动。

(2)不同点:①主题和内容来源不一样。角色游戏的主题与内容主要来源于幼儿的现实生活,如娃娃家、医院、超市、银行等。表演游戏的主题与内容主要来源于故事、童话、儿歌等文学(艺)作品,如《白雪公主和七个小矮人》《三只小猪》《拔萝卜》等。②角色不一样。角色游戏的角色来自现实生活中的人物,如爸爸、妈妈、服务员、警察、老师等。表演游戏中的角色来自文学(艺)作品中的人物、动物或植物,如金鱼、渔夫、公主、老太婆、小狗、小猫等。③结构性不一样。角色游戏的结构性弱,游戏情节事先没有框架与"脚本",幼儿可以自由选择游戏主题、自定游戏情节,在游戏过程中,幼儿还可根据需要切换游戏主题,丰富游戏情节,角色表现只需符合社会行为规则即可。表演游戏的结构性强,游戏的情节需以文学(艺)作品中的内容为主线,幼儿在游戏中需要以作品的情节和人物形象约束自己的言行,不能随意改动。

2. 表演游戏与戏剧表演的区别

(1)相同点:表演游戏和戏剧表演在表演上都是依托于文学(艺)作品。两者都有角色扮演,且都是运用语言、表情、动作、体态等手段再现作品的一种活动。

(2)不同点:①本质不一样。表演游戏是幼儿自娱自乐的游戏,游戏中幼儿自导自演,自我陶醉,

可以没有观众,虽然教师在幼儿表演过程中会有引导、支持,但表演游戏的本质是游戏。戏剧表演是在教师指导下按照一定的"剧本"进行表演的活动,它是一种演出,主要是演给别人看,必须有观众,其本质特点是表演性。②表演不一样。戏剧表演有一定的表演程序,要严格按照作品的情节和角色进行表演,台词、步调、表情要符合要求,不能随意改动。表演游戏是幼儿自主创造的游戏,不是专业角度的"训练"。幼儿表演时,可以加入自己的理解、喜好和社会经验,游戏中的语言、动作可以是幼儿自创的,游戏中的角色、情节甚至都可以根据幼儿的喜好进行删减和更改,孩子们的每一次表演都会呈现不一样的精彩。

(五) 表演游戏的教育价值

1. 加深幼儿对文学(艺)作品的理解

在表演前,幼儿要对作品的主题、情节、事件之间的因果关系、人物的性格特征有一定的了解。在表演中,幼儿会极力模仿作品中角色的语言、动作,表达角色的个性特征以及角色与角色之间的关系。幼儿通过一次次表演不仅熟悉了作品的内容,而且还体验作品中人物的思想感情,从而潜移默化地受到美的启迪和艺术熏陶。

2. 提高幼儿语言表达能力和动作表现能力

文学(艺)作品中的语言优美、生动,幼儿在表演游戏时要熟悉作品人物的语言,并创造性地按照所扮演角色的语言进行角色间的交流与合作,这使幼儿接触大量的艺术语言,从而丰富幼儿的词汇,发展幼儿的语言表达能力。表演游戏为幼儿提供了丰富的语言刺激环境与语言运用环境,让幼儿的语言更丰富、生动、规范。

在表演游戏中,幼儿要富有情境地塑造人物形象,除运用语言外,幼儿还要辅以动作、体态、表情才能进行生动的表演。例如,扮演大灰狼的角色,不仅需要低低的、粗粗的声音,而且还要有张牙舞爪的动作才能表现大灰狼的凶狠。表演游戏可以很好地促进幼儿动作表现力的发展。

3. 促进幼儿想象力和创造力的发展

表演游戏是充满想象力和创造力的游戏。幼儿根据作品进行表演时,需要丰富的想象力和创造力去塑造人物形象,以作品中某一特定角色的身份、语言、思想来进行角色之间的交流、合作,创造性地发展情节。幼儿的想象力越丰富,表演也就越生动、有趣、逼真。

幼儿进行表演时,除了要扮演一定的角色,还要使用一定的道具以及舞台布景。这些道具和布景要求幼儿创造性地以物代物,甚至以人代物(如幼儿扮演一棵树)。因此,表演游戏可以促进幼儿想象力和创造力的发展。

4. 丰富幼儿的情绪情感体验

表演游戏是幼儿自娱自乐的游戏,参与游戏本身就能感到快乐、有趣,放松身心。在游戏中,幼儿扮演作品中的角色,呈现角色的思想、情感、对话和动作,既可以满足幼儿成为某个人物的愿望,也可以体会到角色的高兴、愉悦、惊喜、生气、伤心、害怕、紧张、失落等情绪情感。让幼儿学会设身处地,站在他人角度思考问题,丰富幼儿的个性品质。

5. 促进幼儿社会性发展

表演游戏既可让幼儿学习各种语言,发展交往能力,同时通过表演还可学习动作、表情等非语言的交往技巧。幼儿通过表演健康、积极向上的作品能领会文学(艺)作品的思想情感,明确是非观念、知善恶美丑,学会关心友爱、互助合作,并潜移默化地用这些观念来指导自己的日常行为。

表演游戏是幼儿共同的游戏。在游戏中,幼儿要与同伴协商角色的分配,讨论表演环境的布置、情节的发展,在与幼儿交流、合作的过程中,幼儿既可以体验人际交往的快乐,也会出现分歧矛盾。幼儿进行协商处理、学习解决矛盾的过程,也是提升自己社交技能的好机会。

二、表演游戏的类型

幼儿园主要的表演游戏形式有故事表演、童话剧、歌舞剧等。根据幼儿在表演游戏中使用的辅助材料,可将表演游戏分为以下四种类型。

(一)幼儿表演

幼儿自己作为演员,扮演作品中的某个角色,以幼儿的语言、表情、动作创造性地再现作品的内容。常见的有歌舞剧表演、童话剧表演、故事绘本表演、双簧表演等(见图3-42,图3-43)。

图3-42　童话剧表演

图3-43　双簧表演

(二)桌面表演

幼儿在桌面上,以玩具材料代替文艺作品中的角色,以幼儿的语言、操纵玩具材料展现角色的动作,再现文艺作品的内容。

(三)木偶表演

木偶表演是由演员操纵木偶再现作品内容的游戏(见图3-44)。木偶形象夸张、造型生动有趣,木偶表演艺术精美绝伦,深受幼儿的喜爱。木偶表演体现"以物象人"的表演特性,即幼儿被幕布遮住,操作木偶,再现作品内容。常见的有提线木偶、布袋木偶、手指木偶、棍杖木偶。

图3-44　木偶表演

图3-45　皮影戏表演

(四)皮影戏表演

皮影戏,又称"影子戏"或"灯影戏",是指在灯光作用下,以兽皮或纸板做成的人物剪影来表演作品内容的游戏(见图3-45)。在表演时,幼儿作为演员在白色幕布后面,一边操纵皮影戏人物,一边讲述故事。皮影戏离奇有趣,变化多端,深受幼儿喜爱。

三、表演游戏的设计

(一)表演游戏设计原则

1. 综合性原则

表演游戏是一种可以整合多领域学习的理想途径。综合性原则是指在设计表演游戏时将科学、语言、艺术、社会多个领域整合于一体,同时这种整合并不是各领域内容的简单相加,而是一种自然的联系和渗透,从而使表演游戏具有更强的趣味性、系统性和发展功能,更贴近幼儿的实际生活。例如,表演游戏"昆虫怎样过冬",幼儿不仅学习了如何从不同的渠道去获得信息、了解各种昆虫过冬的知识,而且通过绘画、故事创作、表演等方式把自己的知识表现出来。幼儿在游戏的过程中,获得了关于语言、艺术、社会、科学等领域的知识经验和情感态度。

2. 游戏性原则

表演游戏是幼儿自娱自乐的活动,它的性质是"游戏"。因此,教师在设计方案时,必须把握游戏性原则,让游戏的难度与幼儿的能力相匹配,游戏的方式和方法由幼儿自主决定,注重幼儿游戏性体验,不必担心游戏外的奖惩。让幼儿在宽松、自由、愉悦的氛围中充分表现和发挥自己的主动性、积极性和创造性。

3. 自主性原则

自主性原则是指教师要确保幼儿拥有自由选择和自主决定的权利,即注重幼儿自己对文学故事的理解,角色的对话、动作、表情以幼儿理解为主。教师在设计表演游戏时,要按照表演游戏从一般性表现到发展生动性表现的规律,给予幼儿自主游戏、协商磨合的时间和空间,允许幼儿探索、讨论。教师在游戏中扮演更多的是幼儿游戏的支持者、引导者、玩伴,而不是指挥者、导演。

(二)表演游戏设计要点

1. 选择表演游戏主题

幼儿表演游戏的内容主要来源于童话、故事、儿歌、动画等文学(艺)作品,少量来自幼儿根据生活经验而进行创作的作品。这些作品并非都适合幼儿进行表演,需要教师进一步筛选。选择表演游戏主题时,内容既要健康活泼,也要有起伏的情节、较多的对话。适合进行表演游戏的作品应具有以下特征。

(1)作品内容应健康有趣,具有教育意义,易为幼儿理解。

教师要根据幼儿的年龄特征,选择思想内容健康、情节生动有趣、有教育意义并符合本班幼儿生活经验的作品。教师与幼儿一起仔细理解作品内容,分析角色,帮助幼儿发挥想象,创造性地进行表演。

(2)作品内容应具有表演性,适合幼儿进行表演。

首先,提供的作品要有一定的情境,即有一定的场面和适当的表演动作。适宜小班表演的作品最好只有一个场面且动作简单,具有重复性,如《拔萝卜》《小兔乖乖》等。中、大班表演的作品场面可略微增多,但一般不宜超过4个,要易于布置、道具简单,具有表演性,如《三只小猪》《狼和小羊》《三只蝴蝶》等。

其次,作品的情节应主线清晰、起伏明显。表演游戏的作品,情节主线要简单清晰,不能过于复杂,以便幼儿理解和记忆。但故事的情节要起伏明显,节奏发展快,重点突出,枝蔓不多,这样才能吸引幼儿进行表演,且易于表演。

最后,作品的语言应生动、有趣,并有适当重复。表演游戏的作品应有较多的对话,且对话要简明并能配备相应的动作,以便幼儿在游戏中边说边做动作,增加表演的生动性和趣味性。年龄越小的幼儿,语言的重复应越高。

2. 确定表演游戏目标

表演游戏目标要以《指南》中艺术领域的总目标为依据,力求与幼儿园主题活动目标相结合。同时,应考虑幼儿的意愿、兴趣、本班幼儿身心发展水平以及游戏活动发展的特点。幼儿的表演游戏是从一般性表现到生动性表现的提升过程,不可能在一次表演活动中完成,需要时间和重复练习。表演游戏主要分为三个阶段:一是理解和故事表现为主的阶段,二是以故事表演为主的阶段,三是游戏创作阶段。以中班表演游戏《三只小猪盖房子》为例,目标可确定如下。

第一次游戏目标:

(1) 根据角色的出场顺序出场,并能用连贯的言语大胆表演。

(2) 能逐步学习,运用表演道具装扮自己。

(3) 能按意愿尝试协商选择角色。

第二次游戏目标:

(1) 尝试用语调、动作、表情来表现人物角色的不同。

(2) 能根据自己所扮演的角色选择合适的道具装扮自己,并初步学习运用游戏材料布置游戏场景。

(3) 轮流扮演角色,并能够注意角色间的相互配合。

第三次游戏目标:

(1) 积极参与表演,尝试与同伴构思想象新情节的表演,掌握各角色的对话及动作。

(2) 能合理运用游戏材料丰富游戏场景、自制简单的道具,学会正确使用和替代游戏材料。

(3) 能与同伴协商,合作做游戏。

3. 准备表演游戏材料,创设游戏情境

准备游戏材料,创设游戏情境是幼儿进行表演的前提,同样也是幼儿表演游戏的组成部分。创设与表演主题相关的舞台、布景、服装与道具均应简单、方便、实用,且因地制宜利用废旧物品进行设计与改造。在准备的过程中,教师不能包办代替,应邀请幼儿共同参与设计,充分发挥幼儿的主动性、创造性以及动手能力。

4. 设计表演游戏过程

表演游戏的设计要循序渐进,可以以故事导入游戏,让幼儿了解表演程序,提高幼儿表演技能,最后生动自然地进行表演。

(1) 理解故事阶段。讲故事、观看与故事相关的动画或其他形式的表演。目的是让幼儿熟悉作品内容、情节,掌握角色名称,创编角色动作,感受表演游戏快乐。

(2) 表演故事阶段。学习角色表演,了解表演程序。进一步熟悉角色对话、作品情节,体验角色心理,在老师的带领下,学习角色的表演动作。与幼儿一起讨论演出程序:分配角色,选择、使用服装、道具,场景布置和出场顺序,台词表述及谢幕等一系列活动,给幼儿一定的启示,塑造出各种生动活泼的艺术形象。

幼儿自主游戏,教师观察指导。幼儿分配角色、选择服装、道具按照表演程序自主游戏。教师进行整体扫描式观察和个别重点观察,根据幼儿的需要,适时适度提供帮助。并利用幼儿的生活经验,提高幼儿的表演技能。

(3) 创新故事阶段。幼儿生动、自然地游戏。教师以观众身份,欣赏幼儿表演;用提问、建议的方式指导幼儿顺利演出;对幼儿的表演给予评价,充分肯定幼儿的演出,并针对可改进的地方,提出建议。

四、表演游戏的指导

（一）表演游戏前的指导

1. 帮助幼儿理解文学作品的内容

理解文学作品的内容是进行表演的基础。教师可采取以下策略帮助幼儿理解文学作品的内容：

（1）以声情并茂的语言和形象生动的表情动作为幼儿讲解作品，吸引幼儿进入作品情境，激发幼儿的表演欲望。

（2）重复播放音频材料、幼儿动画片，激发幼儿的视听觉，帮助幼儿熟悉作品的内容。

（3）以提问、讨论的方式加深幼儿对作品的理解。

（4）以角色预演的方式，即幼儿随着故事的讲解同步、共同表演同一个角色，进一步加深幼儿对作品角色、情节的理解，为正式表演做好铺垫。

2. 创设表演游戏环境

（1）表演游戏的舞台空间创设。幼儿园表演游戏的空间需足够大，表演舞台既可设在室内，也可设在室外。

① 室内。表演游戏常利用班级活动室的一角来开展，在进行空间规划时，应避免与其他安静区为邻，以免干扰其他区域游戏。表演游戏所需场地一般不得少于 6 平方米，它要有一定的舞台供幼儿进行表演，舞台的设置力求简单易行，可用小椅子围起来设置小舞台，或用标记分出"台上"和"台下"即可。有条件的幼儿园可以开辟专门的活动室作为表演游戏的固定场地，并把场地设置成三大块：舞台区——供幼儿进行表演；观众区——供观众进行观赏；服装道具区——用于分门别类存放表演游戏材料并进行化妆。还可为幼儿设置专门的木偶剧、皮影戏舞台，以增加表演游戏的兴趣。同时，也可以利用幼儿园的小舞台、音乐室，作为表演游戏的场所。

② 室外。室外表演游戏场地相对于室内更加宽敞、开阔，且可以充分利用幼儿园的自然景观设置表演的舞台和布景，幼儿园的过道、走廊、拐角、宽敞的绿草地等也可巧妙被利用为表演游戏的场地。

（2）表演游戏的布景设置。表演用的布景应简单经济实用，只要能起到烘托情境、渲染气氛的作用即可，过大过重过繁的舞台布景反而会过多吸引幼儿的注意力，导致幼儿思维分散，影响表演游戏的顺利开展。制作布景应根据幼儿的年龄特点，造型宜夸张、色彩要鲜明，可以结合美工区，让幼儿自己设计、制作。

（3）表演游戏的服装和道具。服装和道具是表演游戏重要的物质材料，是表现角色特征的显著标志。它不仅能激发幼儿参与表演游戏的欲望，还能影响到游戏的趣味性、戏剧性和象征性。

教师应为幼儿提供多种多样的服装和道具以满足幼儿表演游戏的需要。幼儿园表演游戏常见的服装和道具主要有：人物角色（如爸爸、妈妈、爷爷、奶奶、小孩等）的头饰、服饰、道具，动物角色（如小猫、小狗、老虎、狼、羊、鱼、鸡、鸭、狐狸等）的头饰和道具，童话故事中各种人物角色（如公主、国王、王子、七个小矮人、孙悟空、猪八戒、唐僧、渔夫等）的服装和道具。此外，还可为幼儿提供纸偶、布袋偶、桌面教具、各少数民族服装，以及角色在故事中所携带的篮子、棍子、服装和道具食品、腰带、纱巾、眼镜、包包、胡子、围裙等辅助道具。

服装和道具应力求简便，易于操作。教师可投放一些日常收集的包装袋、彩带等各种废旧材料以及幼儿平时玩的各种主题玩具，便于幼儿随时根据需要创造性地进行装扮与替代。中大班可组织幼儿利用无毒、无害的环保材料自己制作服装和道具，不一定要购买成套的高级材料或者特别逼真的面具。幼儿自己制作的表演游戏材料简单、透气、经济、实用，制作游戏材料的过程既是幼儿玩的过程，也是幼儿学习的好时机。

(4) 表演游戏材料投放的注意事项。

① 材料投放要根据幼儿的年龄特点和表演游戏的需要。不同年龄段的幼儿认知发展水平和社会性发展水平不一样,对材料的种类、数量以及操作使用要求都会不一样,教师要有针对性地投放。针对年龄小的幼儿,教师应尽量提供简单、高结构性材料,且不宜一次性投放过多、过杂的材料,以免分散幼儿的注意力,使幼儿的兴趣从表演游戏转移到有趣的游戏材料探索上,而忘记材料是用来进行表演的。针对年龄大的幼儿,教师应尽量提供半成品、原材料、废旧物品,组织幼儿参与表演游戏环境的创设。

② 材料投放应尽量简单、形象。幼儿对参与表演游戏的兴趣以及对角色塑造的形象性在一定程度上取决于所投放的游戏材料。教师应为幼儿投放简单、形象、表现角色显著特征的游戏材料,激发幼儿参与游戏的兴趣,提醒幼儿按照角色要求进行表演。例如,故事《小红帽》中的大灰狼角色,教师可提供大灰狼头饰和尾巴来表现角色的特征。头饰可用卡纸和颜料自己制作,而不一定非得花钱购买动物头饰,买来的头饰虽然形象逼真,但是只露两个眼睛,反而厚重、不透气,自己制作的头饰简单、方便佩戴。尾巴可用黑色或灰色的塑料袋编制,这样的材料简单、形象、环保,幼儿表演也会更加投入。

③ 材料投放应分门别类、合理规划。游戏材料越丰富,幼儿的表演游戏选择就越自由,但若管理不当,也很容易出现材料多、乱、杂的现象,反而给游戏的开展带来很多麻烦。因此,教师要合理规划游戏材料的摆放空间,根据游戏材料的类型进行存放。例如,可把表演游戏所需要投放的材料与道具分为三类:第一类装扮角色所需的材料与道具(人物角色的头饰、服饰、道具,动物角色的头饰和道具,童话故事中各种人物角色的服装和道具,各种少数民族的服装与道具);第二类场景布置所需的材料与道具(栏杆、花草、树、小房子、门等玩具模型);第三类视听设备的材料与道具(录音机、音乐磁带、CD 机等)。不同类别的服装可放在不同颜色的服装柜里,不同的头饰和道具可装进不同颜色的篮子里,并在每个柜子和篮子上都配上实物照片进行标示,幼儿可以根据颜色和实物照片很快找到所需材料。游戏结束后,也方便幼儿分类存放和整理。

(5) 心理环境。教师在为幼儿表演游戏创设环境时,除要创设丰富的物质环境外,还应为幼儿提供宽松、愉快的心理环境。在游戏时,幼儿对故事情节有自己的理解,会根据自己的意愿对故事情节进行任意改编,这需要教师提供宽松、自由的游戏氛围,让幼儿进行大胆想象创造;幼儿也可能会出现玩弄游戏材料,而忘记了表演的目的,这需要教师亲切地提醒;幼儿由于表演技能不高,可能出现表情平淡、语言动作简单、欠缺细节、忘记台词、表演不够生动等情况,这需要教师细心、耐心地指导。在表演中,教师要用宽容的心态对待幼儿的各种"差错"行为,切记不可用严厉的口气指导孩子,否则幼儿会觉得精神紧张,行为局促,表演无趣。

(二)表演游戏中的指导

1. 指导幼儿分配角色

幼儿在表演游戏中,往往喜欢扮演主要角色,对于配角或反面角色却不愿担任。教师应引导幼儿认识到每一个角色的重要性,任何角色在表演游戏中都是不可缺少的,只有各个角色的协调配合才能使游戏顺利进行。分配角色时,教师注意把握以下五点:

(1) 要尽量尊重幼儿的意愿,不能强迫幼儿扮演他所不愿意扮演的角色,否则,将会挫伤幼儿的积极性以及参与表演的欲望。

(2) 针对个别只想扮演主角的幼儿,教师可用说服教育,让他理解轮流担任角色的必要。

(3) 对于新的表演游戏,教师可根据幼儿表演能力的强弱,让能力强的幼儿先担任主角,再鼓励能力弱一点的幼儿担任主角。

(4) 当几个幼儿同时想扮演同一个角色时,教师可采用角色竞演的方法,即竞演前,采用 1,2,3 志愿的方式了解孩子对角色的想法,再共同竞演同一个角色,由老师、家长和幼儿投票选出人选。

（5）不同年龄段幼儿,角色分配的方法不一样,小班可由教师分配角色或幼儿自报角色以及多名幼儿共同扮演同一个角色,中、大班尽量让幼儿自己协商分配角色。

2. 指导幼儿表演的技能

（1）教师示范表演。教师经常把故事、童话、诗歌、歌舞等作品以戏剧、木偶、双簧、皮影戏等形式向幼儿做示范表演,既可以激发孩子们表演的欲望,又可以帮助他们积累丰富的表演素材,学习各种表演技巧。教师的示范表演可以在全园的娱乐活动、节日活动中进行,也可以在日常游戏活动中进行。

（2）师幼共同演。教师参与表演游戏,扮演其中某一角色,和幼儿一起演出。师幼共同表演既可以起到示范作用,给予幼儿启示,让幼儿模仿;同时还可以通过提问、建议等方法组织幼儿进行讨论,启发、帮助幼儿理解作品内容,并创造生动形象的语言和动作,表达作品内容。

（3）利用幼儿的生活经验,对幼儿进行表演技能训练。

① 指导幼儿语言表现技能。表演游戏中大部分的角色形象都是通过语言进行表现的,幼儿的语言表演技能越高,表演游戏也就越生动、有趣。教师可以从声音高低、速度快慢、音量变化以及角色特征等方面指导幼儿提高语言表现技能。例如,大灰狼可以用粗犷、低沉的声音表现,狐狸可以用又尖又细的声音表现,小兔可以用细中透着乖巧的声音表现。

② 指导幼儿歌唱表演技能。幼儿的歌唱表演技能是指在表演游戏中,用自然好听的声音进行歌唱,不大喊大叫,吐词清晰,音调准确,能根据乐曲的节奏有感情地演唱。例如,“拔萝卜”中的老奶奶、老爷爷、小花猫、小狗、小女孩都会重复同一句台词“哎呀、哎呀,拔不动!”但他们的语气、语调、声调、表演却大相径庭。教师要引导幼儿提高表演技能,才能将作品中的内容生动形象地展示出来。

③ 指导幼儿形体表演技能。幼儿的形体表演技能包括人们日常生活中的动作以及动物的典型动作。教师在指导幼儿的形体表演时应把握以下要点:第一,要充分利用幼儿的生活经验,引导幼儿把生活中的经典动作迁移到表演中;第二,要求幼儿的步态、手势、动作等比日常生活要幅度稍大些,夸张点,以充分表现角色的特点;第三,观看动画等相关视频,让幼儿模仿动画角色的相关动作;第四,教师可做适当示范,供幼儿进行模仿。

（4）指导幼儿创造性表演。表演游戏中,幼儿不是简单、机械地直接再现作品,而是运用已有的知识经验,创造性想象,通过增减作品中的角色、情节、改变人物的对话等创造性地表演。幼儿的创造性表演是建立在对作品充分理解的基础上,在表演游戏中教师要充分调动幼儿的主体性,鼓励和指导幼儿在原作品的基础上进行合理的创新,既可组织专门的创作活动,也可让幼儿根据自己的生活经验进行自编自演。例如,提供几个玩偶材料,要幼儿根据玩偶进行故事创编,并将故事表演出来。

（5）丰富幼儿的舞台经验。幼儿的舞台经验包括舞台空间认知经验、舞台表演与互动以及舞台行为情绪自我调控等。幼儿在表演之初,由于缺乏舞台经验,可能会遇到各种各样的困难,如在众人面前声音小,角色投入不够,不能认识舞台,缺乏舞台表演礼貌礼仪,紧张、胆怯、不自信、“人来疯”等。针对不同情况、不同年龄段的幼儿,教师要采用不同的方法帮助幼儿丰富舞台经验。

① 幼儿对舞台空间的认知。教师可以结合幼儿园科学领域课程,让幼儿感知物体基本的空间位置与方位,理解上下、前后、里外、中间、旁边等方位,能辨别自己的左右。针对不同的年龄班,开展不同的游戏,帮助幼儿获得舞台空间感,如小班游戏“小孩小孩真爱玩”:小孩小孩真爱玩,摸摸舞台中央(幕布等)快回来;又如中班游戏“捉迷藏”,幼儿藏在不同的位置,一个孩子找,找到后,两个幼儿再一起去找其他幼儿,直到所有幼儿全部找到,再讨论刚刚自己所藏的位置;再如大班游戏“我的地盘我做主”,每个幼儿在舞台上找到自己所在的位置,讨论如何站位。

② 舞台表演与互动。教师可以结合幼儿园语言领域课程,让幼儿能根据场合调节自己说话声音的大小,愿意与他人讨论问题,敢在众人面前说话,体会作品所表达的情绪、情感。同时,还可以结合艺

术、健康、社会领域的课程,促进幼儿与人交往、遵守规则、保持情绪愉快等社会性发展。

(三)表演游戏后的指导

表演游戏结束后,教师要组织幼儿对游戏活动进行评价。表演游戏评价应以正面评价为主,肯定幼儿的表演行为,使幼儿积累正确的游戏经验,提高游戏水平,为幼儿下一次开展表演游戏指出目标和方向。

表3-4　表演游戏评价

评价内容	1. 表演技能:动作、表情、语言等
	2. 幼儿自主性和创造性表演
	3. 幼儿品质评价:游戏中的谦让行为、合作情况、爱护材料等
评价方法	1. 以角色身份参与评价:教师以角色身份参与评价,不仅使幼儿有逼真的感觉,而且对幼儿有示范作用,有利于他们学习、模仿
	2. 自我评价法:幼儿对自己在游戏中的表现作出相应的评价
	3. 讨论式评价法:教师引导幼儿针对游戏情况开展讨论,在讨论中寻找答案,解决其中出现的问题
	4. 再现式评价法:让幼儿在游戏结束后将游戏中的重要情节或某些片段再现出来,组织幼儿认真观察后进行评议。这种方法能让幼儿更清楚地了解游戏情况及伙伴的表演情况,使其懂得应怎样玩,怎样扮演角色
	5. 现场评价法:表演游戏中,教师善于观察幼儿的表演情况,及时发现情况,并集中幼儿到现场。评议时,组织幼儿讨论、分析原因、寻找解决问题的方法

五、不同年龄班幼儿表演游戏的特点与指导重点

(一)小班表演游戏

1. 特点

小班幼儿的表演游戏主要是模仿学习,重在尝试、参与。小班幼儿的思维以感知运动为主,语言的发展还不够丰富和完善,处于简单句阶段。因此,在表演游戏中常常出现以下五个特征:

(1)表演简单,多用动作进行表达。小班幼儿在表演游戏活动中,动作表现超过语言表达,年龄越小的幼儿,越倾向于用动作来表达自己。他们会乐此不疲地一遍一遍地重复一个简单的动作,并且自得其乐。例如,表演游戏"拔萝卜",幼儿特别喜欢"拔萝卜"这一环节。

(2)交往欲望较低,处于独立游戏和平行游戏阶段。小班幼儿由于其社会性发展水平不高,在游戏中同伴合作很少,基本上是各自演各自的动作。

(3)喜欢简单、机械地重复故事中某一句有趣的语句。小班幼儿由于认知发展水平所限,他们不能完整地认知整个故事,只能对自己感兴趣的某个片段留下深刻印象。例如,表演游戏"小兔乖乖",幼儿喜欢重复里面的两句话:"小兔子乖乖,把门儿开开。快点儿开开,我要进来!""不开不开我不开,妈妈没回来,谁来也不开!"

(4)喜欢玩各种材料并用材料装扮自己。例如,幼儿喜欢扎上丝巾、戴上头饰、拿着话筒、反复照镜子等。

(5)表演游戏无目的性、无计划性,角色意识不强。

2. 指导要点

（1）教师应为幼儿选择适宜的表演作品。选择的作品内容应相对简单,情节少,语言简洁、精练且具有较多重复语言的故事,例如,《小兔乖乖》《三只羊》《小蝌蚪找妈妈》《聪明的小白兔》等。根据幼儿的年龄特点,教师应对作品进行一定的修改,如有计划性选择作品中的某一段内容,让幼儿进行分段表演,使作品更适合幼儿的发展水平。

（2）教师指定或参与角色分配。小班幼儿的角色意识差,还不能有意识地分配角色,教师可在尊重幼儿意愿的基础上指定角色。针对个别幼儿经常扮演主角的情况,教师可以采用动员、轮流的方式让幼儿变换角色,也可以与幼儿共同参与表演游戏,在游戏中担任某一角色,以解决幼儿角色分配中的困难。

（3）指导幼儿准备表演材料。教师应帮助或带领幼儿准备道具材料,但不能包办代替。

（4）游戏前教师应做示范。小班幼儿的表演游戏基本上是偶然行为、旁观行为、独自游戏和平行游戏的结合,他们还没有足够的能力开展表演游戏,但他们乐于模仿成人的动作,因此教师生动热情的示范会引发幼儿对表演游戏的兴趣。

（二）中班表演游戏

1. 特点

中班幼儿以具体形象思维为主,他们的语言、动作、认知、社会性等各方面的发展比小班有明显的进步。中班幼儿表演游戏主要有以下四个特点。

（1）表演游戏的目的性不强。中班幼儿在游戏中以愉快为游戏目的,喜欢嬉戏打闹,容易忘记游戏任务,需要教师的提醒才能坚持游戏主题。

（2）能有意识地进行角色分配,但角色更换意识不强,常常分配好角色,准备好道具、服装后,还不能立即进入表演游戏的情境。

（3）表演的意识、能力不强,主要以日常的语言、动作和表情来表现表演作品,说话的语气、语调较平淡,表情不够丰富。

（4）重视材料和装扮,表演的计划性差。

2. 指导要点

（1）为中班幼儿选择有一定情节的文学(艺)作品。如《金色的房子》《小羊和狼》《三只小猪》《三只蝴蝶》《小红帽》《白雪公主》《人参娃娃》等。

（2）指导幼儿提高表演技能。教师可以与幼儿一起分析作品情节,角色的动作、表情、心理,帮助幼儿加深对作品的理解。同时,也可以扮演游戏中的某个角色,与幼儿协同游戏,为幼儿进行适当的示范,提高幼儿的角色意识。

（3）为幼儿提供适宜的游戏空间和时间。中班幼儿表演游戏的目的性、计划性差,且花费时间较多,因此,教师要为幼儿提供一个安全、有趣的表演环境,为幼儿准备封闭或半封闭的游戏空间,每次游戏时间不得少于30分钟,给予幼儿认同感和安全感。

（4）为幼儿提供简单易搭的表演材料。为中班幼儿提供的表演材料不宜过于复杂,种类不宜过多,这样可以避免幼儿花大量时间和精力去准备材料,也可以避免对中班幼儿的表演活动造成干扰。

（三）大班表演游戏

1. 特点

大班幼儿生活经验越来越丰富,语言越来越流畅,动作越来越熟练,对周围事物的观察能力也越来越强,其表演游戏的三个特点如下。

（1）大班幼儿处于合作游戏阶段,游戏的目的性、计划性较强。与中班幼儿相比,大班幼儿在表演游戏中的嬉戏性和无所事事的行为明显减少。在游戏前,他们能对游戏进行计划,集中协商游戏的情节、出场顺序、规则、游戏材料、化妆等。在游戏中,幼儿能自觉表现故事内容,关注游戏的进展。

（2）具有一定的表演技巧,但表演水平尚待提高。大班幼儿能根据自己的理解塑造角色,在表演中他们会调整自己的语气、语调、动作、表情来再现故事内容,具有一定的表演技巧。但若没有教师的指导,大班幼儿还不能灵活、自如地运用形象逼真的动作等表演技巧来再现角色。

（3）具有一定的表演意识,能独立进行角色分配。大班幼儿能在角色分配上快速协商、达成一致,并根据角色选择服装和道具,运用相对符合角色的语调和表情进行表演。

2. 指导要点

（1）为大班幼儿提供情节比较复杂的作品进行表演。如《皇帝的新装》《渔夫和金鱼》《灰姑娘》《白雪公主和七个小矮人》《长大尾巴的兔子》等。

（2）指导幼儿进一步提高表演技巧。根据大班幼儿的年龄特点,教师要重点帮助幼儿运用夸张的语气、逼真形象的动作、生动的表情塑造角色。教师在进行指导时,不要急于插手、说教、示范,而要以幼儿自主探索为主,给予幼儿充分讨论、协商的机会,必要时以游戏者的身份提醒幼儿。

（3）鼓励幼儿创造性表演。教师要帮助大班幼儿充实游戏内容、丰富游戏情节、鼓励幼儿大胆想象、理解角色对话,从而进行创造性表演。

（4）为大班幼儿提供种类多样、低结构性的游戏材料,组织幼儿参与表演游戏环境创设,鼓励和支持他们进行多样化的探索。

📚 资料链接

表3-5 角色游戏与表演游戏的比较

	角色游戏	表演游戏
相同点	扮演角色	扮演角色
	以物代物	以物代物
不同点	主题与内容来源:幼儿的现实生活	主题与内容来源:故事,包括文学作品及幼儿想象创编的故事
	角色:现实生活中的人物	角色:故事中的角色
	结构性:弱,游戏的情节事先没有框架与"脚本"	结构性:强,游戏的情节需根据故事的内容

📚 表演游戏案例

小班表演游戏：拔萝卜

视频

拔萝卜

游戏目标

1. 了解游戏角色与任务,愿意选择自己喜欢的角色进行装扮和表演。

2. 能根据故事内容与同伴一起玩游戏,体验大家一起游戏的快乐。

3. 学会使用简单的材料装扮,结合语言、动作等表现老爷爷、老奶奶、小弟弟等角色的特点。

游戏准备

1. 经验准备:幼儿已熟悉故事《拔萝卜》。

2. 场地准备：

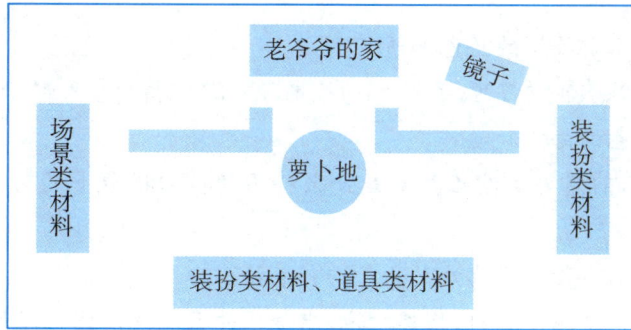

小班"拔萝卜"游戏场地布局

3. 材料准备：

场景类
①碳化积木；②塑料花；③纸砖；④草地毯。

装扮类
①衣服；②裙子/裤子；③帽子/头发；④发箍/手套/蝴蝶结/尾巴；⑤头饰；⑥鞋子。

道具类
手偶

游戏过程

1. 回忆故事,进一步了解故事的角色和情节。

指导语:小朋友们,上次我们学习了《拔萝卜》的故事,你们还记得故事里都有谁吗? 他们在做什么呀?

2. 分析角色,熟悉角色的语言和动作。

指导语:小朋友们,你们想要扮演谁? 它是什么样子的? 它拔萝卜的时候说了什么? 做了什么? 请试一试!

3. 幼儿布置游戏场地,自由选择喜欢的角色进行装扮。

指导语:请小朋友们自主选择材料,搭建场地(老爷爷的家以及周围),想好自己想要扮演的角色并进行装扮。

4. 幼儿自主游戏,教师巡回观察,适时给予支持。

播放《拔萝卜》音乐,幼儿根据旁白进行表演。

教师巡回观察重点:关注幼儿是否明确自己的角色,专注完成角色任务。如场地搭建是否合乎作品所绘;角色装扮是否契合角色形象;角色表演时的语言、动作等是否体现老爷爷、老奶奶、小弟弟、小妹妹、小花狗、小花猫等角色的特点。

5. 师幼交流,相互评价

(1) 回看视频片段,分析表演情况,提升角色表现能力。

指导语:小朋友们,刚才你们在玩游戏的时候,我们进行了记录,请大家仔细看。

(2) 幼儿回顾表演过程,教师小结。

指导语:你扮演的是谁? 是怎么扮演的?

6. 师幼收拾材料,整理场地,结束游戏。

附:故事原文

拔 萝 卜

一天早晨,传来公鸡打鸣声,老爷爷从木屋里出来,种下一棵萝卜秧。"长大呀,长大呀,萝卜啊,长得甜啊! 长大,长大呀,萝卜啊,长得结实啊!"老爷爷说完回家。

晚上,一个萝卜长出来了,很大很大。第二天早晨,传来公鸡打鸣声,老爷爷从木屋里出来。"哎呀,好大的萝卜呀,让我把它拔出来带回家。"老爷爷开始拔萝卜。"哎呦,哎呦!""哎,拔不出来呀。""老奶奶,快来帮忙啊!"

老奶奶从屋里出来。"哎,来喽!"老爷爷、老奶奶开始拔萝卜。"嘿呦,嘿呦!""拔不出来!""哎,小弟弟,快来帮忙啊!"

小弟弟从木屋里出来,"哎,来喽!"老爷爷、老奶奶、小弟弟开始拔萝卜。"哎呦,哎呦!""哎呦,哎呦!""拔不出来!""小妹妹,快来帮忙啊!"

小妹妹从木屋里出来。"哎,来喽!"老爷爷、老奶奶、小弟弟、小妹妹开始拔萝卜。"嘿呦,嘿呦!""嘿呦,嘿呦!""拔不出来!""小花狗,快来帮忙呀!"

小花狗从屋里出来。"哎,来喽!"老爷爷、老奶奶、小弟弟、小妹妹、小花狗开始拔萝卜。"嘿呦,嘿呦!""嘿呦,嘿呦!""拔不出来呀!""小花猫,快来帮忙呀。"

小花猫从木屋里出来。"哎,来喽!"老爷爷、老奶奶、小弟弟、小妹妹、小花狗、小花猫开始拔萝卜。"嘿呦,嘿呦!""哇,拔出来了,拔出来了!"大萝卜被拔出来了。老爷爷、老奶奶、小弟弟、小妹妹、小花狗、小花猫一起拍手庆祝。

"让我们把大萝卜抬回家,做成好吃的萝卜饼吧!""好的,好的。"老爷爷、老奶奶、小弟弟、小妹妹、小花狗、小花猫一起把大萝卜抬回家。

(案例来源:衡阳市政府机关一幼儿园　邓育艳　龚娴慧)

中班表演游戏：三只小鸡

游戏目标

1. 愿意表演,体验绘本故事中老牛在面对不同小鸡问路时的不快和欣喜。

2. 能运用语言、表情、动作全面表达自己对故事和角色的理解。

3. 能与同伴合作完成三只小鸡问路的表演游戏。

游戏准备

1. 物质准备:三只小鸡和老牛的头饰及纸偶一套,挂图。

2. 知识准备:幼儿已听过《三只小鸡》故事。

游戏过程

1. 回忆故事。

师:小朋友还记得《三只小鸡》的故事吗? 三只小鸡和一只老牛发生了什么事呢? 你最喜欢哪只小鸡,为什么?

2. 分析角色个性,熟悉角色之间的对话。

(1) 小黑鸡向老牛问路时,它是怎么做的? 怎么说的?

(2) 小白鸡向老牛问路时,它是怎么做的? 怎么说的?

(3) 小花鸡向老牛问路时,它是怎么做的? 怎么说的?

(4) 小花鸡为什么能找到草地? 小黑鸡和小白鸡为什么找不到?

(5) 哪只小鸡做得对? 为什么?

3. 教师示范指偶表演《三只小鸡》,激发幼儿参与游戏的兴趣。

师:老师现在要给小朋友们表演《三只小鸡》的故事,请小朋友仔细观看老师表演。(引导幼儿边听故事边观看纸偶表演,理解故事中各个角色的性格特征)

4. 师幼共同表演。

由教师扮演老牛与旁白讲述,其余幼儿分三组分别扮演小黑鸡、小白鸡、小花鸡练习对话,大胆表演。

5. 个别组示范表演。

师:经过刚刚的表演,我发现有一组小朋友表演得非常不错,我们请他们来示范表演吧。

(1) 幼儿尝试用自己的语言点评好与不好的地方。

(2) 教师点评幼儿的表情、语言、动作。

6. 结束游戏。

(1) 听音乐结束游戏。

(2) 师幼共同整理游戏材料。

(3) 教师总结表演中的相关事项。

游戏延伸

在语言角与表演角投放头饰与指偶,幼儿自主表演故事主要内容。

附:故事原文

三只小鸡

听说村子外面的一块草地有不少好吃的虫子。三只小鸡想去那里找食吃。可是草地在哪个方向呢? 它们不知道。

小黑鸡肚子饿了,"叽叽"地叫着闯进牛栏,飞到老牛身上。它大声嚷嚷:"喂,快告诉我,草地在村子哪一边?"

老牛正闭着眼睛嚼草,被小黑鸡吓了一跳,"哞"地叫了一声:"谁跳到我身上啦? 快走开!"

小黑鸡见老牛不肯告诉它,心想也许在西边,就向村西边跑去。

小白鸡扑打着翅膀跑进了牛栏,飞到拴牛的树桩上,粗声粗气地问:"老牛,快告诉我,草地在村子哪一边?"

老牛慢慢睁开眼睛,瞪了小白鸡一眼,一句话也没说。又闭上眼睛。

小白鸡没办法,心想也许在南边,就向村南跑去。

小花鸡走到牛栏边,轻轻地敲门:"可以进来吗?"

老牛忙起身回答:"请进来!"

小花鸡走进牛栏,敬了一个礼:"牛伯伯,您好! 请问草地在村子哪一边?"

老牛笑眯眯地说:"在村子东边。出了村穿过小石桥就是草地,我常在那吃草。"

"谢谢您,牛伯伯!"小花鸡高高兴兴向村东跑去。

(案例来源:湖南省衡阳幼儿师范高等专科学校附属幼儿园　杨靓)

大班双簧表演游戏:小老鼠上灯台

视频
小老鼠上灯台

游戏目标

1. 通过观察和尝试表演,能完成"前脸""后背"的角色任务,大胆表现并合作表演双簧。

2. 欣赏双簧表演,了解双簧的表演形式及"抖包袱"在双簧中的运用。

3. 感受双簧表演夸张、幽默的特点及表演双簧的快乐。

游戏准备

1. 物质准备:"智慧草"发饰、化妆白面若干。

2. 经验准备:幼儿熟悉儿歌《小老鼠上灯台》。

游戏过程

1. 情境导入,幼儿初步认识双簧。

(1)主配班教师表演好友见面、分手的情境,从有声表演到无声表演。

提问:第二次表演老师没发出声音,小朋友能不能猜出来老师说的是什么?(你好、再见!)

(2)玩对口型游戏,激发幼儿学习兴趣。

教师说词——句——儿歌,幼儿对口型,强调对口型不能出声。(你好!)(很高兴见到你!)(《小老鼠上灯台》)

2. 教师示范双簧表演,初步了解双簧中前脸和后背的任务。

师:现在老师要请出自己的搭档,给你们带来一段表演,请小朋友们仔细看。

提问:老师是做了什么动作之后开始表演的? 我们俩分别在做什么?(请出配班老师当后背蹲在凳子后面说话,主班老师当前脸坐在前面做动作和对口型)

小结:击掌开始双簧表演,蹲在后面的人叫后背,后背念儿歌;坐在前面的人叫前脸,前脸要做出后背所念儿歌的动作及口型。强调口型和动作的夸张。

3. 尝试两两合作表演双簧。

(1)教师与全体幼儿合作尝试表演双簧,强调前脸的任务。

配班教师当后背念儿歌,全体幼儿与主班教师当前脸配动作对口型。

(2)教师与个别幼儿合作尝试表演双簧,强调后背的任务。

请个别幼儿当后背念儿歌,教师当前脸配动作对口型。

(3)幼儿分角色两两合作,尝试表演双簧。

师：请小朋友找到自己的好伙伴，两个人一组，一人当前脸，一人当后背进行表演。

4. 教师示范双簧"抖包袱"，幼儿了解并尝试用"抖包袱"的方法表演双簧。

（1）教师示范升级版双簧——"抖包袱"表演。

师：现在我们的双簧升级了，变得更有趣，你们想不想看看升级版的双簧呢？（主班教师当后背，配班教师当前脸示范双簧"抖包袱"表演）

（2）讨论、梳理后背"抖包袱"的方法并自由练习。

师：刚刚我们看了表演，谁能告诉老师刚刚的双簧表演与之前有什么不同呢？（幼儿自由回答并对表演中歌词和动作的变化进行模仿练习）

小结：化妆，歌词的重复，念歌词的语速、快慢等方面不一样。

（3）师幼合作尝试用"抖包袱"的方法表演双簧。

教师当后背念儿歌，个别幼儿当前脸配动作对口型；再请另一个幼儿当后背念儿歌，教师当前脸配动作对口型。

5. 幼儿两两合作进行化妆，分组进行双簧表演。

游戏延伸

用双簧的形式，与父母表演其他的儿歌。

附：儿歌

小老鼠上灯台

小老鼠，上灯台，

偷油吃，下不来，

喵喵喵，猫来了，

叽哩咕噜滚下来。

（案例来源：湖南省衡阳幼儿师范高等专科学校附属幼儿园　杨靓）

大班表演游戏：动物职业介绍所

游戏目标

1. 在商讨出角色任务分配的基础上，能与同伴分工合作，运用动作、表情、语言等创造性地表现故事情节，表达每种动物的特点。

2. 自主使用材料有针对性地布置游戏场景，装扮猩猩所长、青蛙、猫、狗等角色。

动物职业介绍所

游戏准备

1. 经验准备：幼儿已熟悉故事《动物职业介绍所》。

2. 材料准备：

场景类材料
①椅子；②圆桌；③柜子；④纸砖；⑤塑料积木；⑥纸箱；⑦奶粉桶、海绵纸花；⑧塑料筐；⑨长尺、皱纹纸；⑩儿童车、手推车。

①	②	③

④	⑤	⑥
⑦	⑧	⑨
⑩		

装扮类材料

①小动物头饰;②环保服装1;③环保服装2;④衣服、粘球衣、围裙、跳袋;⑤扭扭棒、剪刀、双面胶、透明胶、超轻黏土;⑥几何图形海绵贴纸、毛绒球;⑦龙虾钳、剪刀、衣服、抹布、纸盒;⑧警棍;⑨领带、邮差包、邮差帽、警察帽、泳帽、泳镜。

①	②	③
④	⑤	⑥
⑦	⑧	⑨

3. 场地准备：

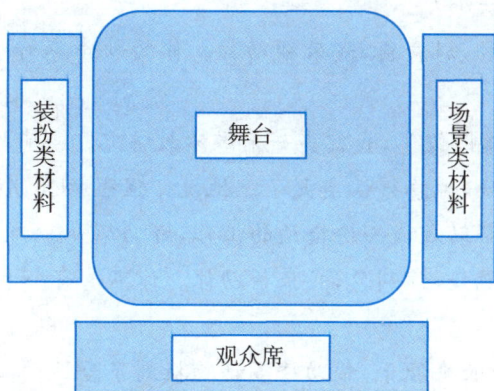

班级大型主题表演游戏"动物职业介绍所"场地布局

游戏过程

1. 谈话导入,回顾游戏,明确游戏计划及任务。

(1)师：今天我们再玩表演游戏"动物职业介绍所",需要分工完成哪些任务? 你准备做什么?

(2)明确任务,强调游戏规则。

师：① 请小导演说一说对表演游戏的要求。

② 小导演宣布游戏开始。

2. 幼儿自主游戏,教师巡回观察记录游戏行为及表现,适时指导。

(1)幼儿自选角色,小组合作,选择材料创设体现故事内容的场景,完成符合角色形象的装扮,开展游戏。

(2)教师巡回观察重点：关注幼儿是否按照计划做相应的工作,游戏是否按照故事情节进行。如"导演"能否大方大胆地协调、指挥和组织游戏;"演员"能否运用动作、表情、语言等创造性地表现故事情节和角色形象;"化妆师"能否运用适宜的材料装扮出龙虾、青蛙、小猫等角色特征;"搭建师"搭建的场景能否表现故事情境并满足表演需求。

3. 师幼交流,相互评价。

(1)师：请小朋友们告诉老师,猩猩所长和小兔助理是怎样帮助小动物们找工作的?

(2)师：如果你是猩猩所长,你会根据小动物的特点重新选择怎样的工作呢?

(3)师：希望在下次的游戏中,老师可以看到更多的新职业和新工作。

4. 收拾材料,整理场地,结束游戏。

附：故事素材

动物职业介绍所

大猩猩开了一家动物职业介绍所,他在电视上做了广告。

尊敬的各位动物,你有合适的工作吗? 你想充分发挥自己的特长吗? 请到大猩猩动物职业介绍所,它能让你如愿以偿!

广告登出不久,就有动物报名了。第一个报名的是龙虾,龙虾急匆匆地说："猩猩所长,我是粮仓管理员,可我一不小心,大钳子就戳破了米袋子,米就漏了出来。请你帮帮忙,帮助我找一份合适的工作,好吗?"

大猩猩所长笑着说："龙虾先生别着急,我想办法帮助。你的大钳子像把剪刀,裁衣服倒挺合适,你可以当个好裁缝!"

龙虾非常乐意地当上了一名裁缝。

第二个报名的是青蛙,他说:"猩猩所长,我是歌唱演员,可观众们都说我的歌声太难听,请你帮帮忙,帮助我找一份合适的工作,好吗?"

大猩猩所长笑着说:"小青蛙,别着急,我来帮助你。你的歌声不好听,可你是游泳的行家,你当游泳教练肯定行!"

小青蛙想想:对呀! 我游泳棒极了,我就当一名游泳教练吧。小青蛙非常高兴地当上了游泳教练。

第三个来报名的是袋鼠妈妈,她急得快要哭了。她说:"猩猩所长,我是一名理发员,可这个工作一点儿也不适合我,请你帮帮忙,帮助我找一份合适的工作,好吗?"

大猩猩所长笑着说:"袋鼠妈妈,你别急,我来帮助你。你不是有个大口袋吗,当快递员准合适。"

袋鼠妈妈高兴地点点头。

一天一天过去了,大猩猩所长真能干,帮助许多动物找到了合适的工作:小狗当上了警察、小猴成了路灯管理员、大象开了浴室、蚯蚓是个合格的天气预报员、松鼠当上了粮仓管理员……

动物们都找到了自己合适的工作,他们忘不了大猩猩所长的帮助,买来鲜花表示感谢。猩猩所长笑着说:"我们每个人都有自己的长处,找到自己的长处,就不愁找不到合适的工作啦!"

(案例来源:湖南省衡阳幼儿师范高等专科学校附属幼儿园　万方媛　姜习荣)

真题再现

答案及解析

一、单选题

1. 关于幼儿游戏活动区的布置,正确的说法是(　　)。
   A.以阅读为主的图书区可与娃娃家放在一起
   B.自选游戏环境的创设是由教师进行的
   C.可在积木区提供一些人偶、小动物、交通工具模型等辅助材料
   D.娃娃家应该是完全敞开式,让每个人都能看到里面有什么

2. 小班同一个"娃之家"中,常常出现许多"妈妈在烧饭,每位幼儿都感到很满足"。这反映小班幼儿游戏行为特点是(　　)。
   A.喜欢模仿　　　　　　　　B.喜欢合作
   C.协调能力差　　　　　　　D.角色意识弱

3. 当教师以"病人"身份进入小班"医院"时,有六位"小医生"同时上来询问病情,每个孩子都积极地为教师看病、打针,忙得不亦乐乎。结果教师一共被打了六针,对小班幼儿这种游戏行为最恰当的理解是(　　)。
   A.过于重视教师的身份
   B.角色游戏呈现合作游戏的特点
   C.在游戏角色的定位中出现混乱
   D.角色游戏呈现平行游戏的特点

4. 梅梅和芳芳在"娃娃家"玩,俊俊走过来说我想吃点东西,芳芳说我们正忙呢,俊俊说,我来当爸爸炒点菜吧,芳芳看了看梅梅,说好吧,你来吧。从俊俊的社会性发展来看,下列哪一选项最贴近他的最近发展区(　　)。
   A.能够找到一个自己喜欢的玩伴
   B.开始使用一定的策略成功加入游戏小组

C．在4～5名幼儿的角色游戏中进行合作性互动

D．能够在角色游戏中讨论装扮的角色行为

二、简答题

简述角色游戏活动中教师的观察要点及其目的。

三、论述题

李老师设计了一个"三只蝴蝶"的游戏活动。她选了三位幼儿扮演蝴蝶，又选了若干幼儿扮演花朵。结果，幼儿兴趣不高，表现被动。还没等游戏结束，一个幼儿就问李老师："老师，游戏完了吗？我们可以自己玩了吧？"对这种现象，请从幼儿游戏特征和游戏指导的角度进行论述。

四、材料分析题

1. 大班的洋洋想玩"开奖"游戏，他画了很多奖券，还大声叫嚷："快来摸奖呀！特等奖自行车一辆！"

童童在洋洋那里摸到了特等奖，洋洋推给她一把小椅子，告诉她："给你，自行车！"童童高兴地骑上去。

强强也来了，也在洋洋那里摸到了特等奖，洋洋还是推给他一把椅子，强强也很高兴地骑上去，两脚模仿着踩踏板的动作，蹬个不停。

老师也来了，洋洋高兴地让老师摸奖，结果老师也摸到一个特等奖。洋洋迫不及待地把一把椅子推给老师，还说道："恭喜恭喜，你摸到一辆自行车！"可是，老师却说："你这自行车一点也不像，怎么没有轮子呀，应该给它装上轮子！"洋洋低头看看自己的"自行车"，愣住了。在接下来的时间里，洋洋忙着按老师说的给他的"自行车"装上轮子，开奖活动不得不停了下来……

老师对洋洋游戏的干预合适吗？请对洋洋的游戏方式和老师的干预方式作出分析和判断。

2. 小班幼儿在角色游戏区活动，文文在邮局里无所事事，摆弄一个称重器。在此之前，孩子们没有"邮局"这个角色游戏的经验。教师看到这种情况，拿了一个盒子走过去，对文文说："我想把这个寄到超市去（旁边有超市游戏区），你能帮我称一下吗？"文文马上接过盒子，放在称重器上，看了一下，说："100克！"教师问："多少钱？""10块钱。"教师假装付了钱，文文立刻把盒子送到了隔壁的超市。接着，有几个小朋友也学着教师的样子要将一些东西寄到旁边的医院、美容院、娃娃家，邮局变得热闹起来。

请分析在这个案例中，教师是如何干预幼儿游戏的。

3. 刘老师发现幼儿园大班"理发店"的"顾客"很少，"顾客"对"理发店"不感兴趣。于是，刘老师带幼儿到理发店参观。在理发店里，刘老师引导幼儿观察理发店里的设施，理发师与顾客的活动，鼓励幼儿就感兴趣的问题询问理发师，记录幼儿的问题与发现，还拍下了许多照片，如顾客躺着洗头，梳漂亮的发型以及理发店里的各种工具等。回到幼儿园，刘老师组织幼儿讨论"怎样开好理发店"。她呈现理发店拍的照片，引发幼儿回顾，有的幼儿说："我们也想躺着洗头，可是没有躺椅呀。"有的说："我要给顾客梳漂亮的头发，可是没有发型书怎么办呢？"刘老师说："可不可以用我们身边的材料来做呢？"在老师的启发下，幼儿提出用积木搭建躺椅，自己画发型图等想法。刘老师支持幼儿的做法，并提供大型积木，收藏发型图的活页夹等材料。之后，顾客在"理发店"里能躺着洗头，能选漂亮的发型烫发，"理发店"又红火起来了。

请分析案例中教师采用了哪些策略来支持幼儿的游戏活动。

4. 大班幼儿在玩积木时，出现了自发探究行为，其探究过程与结果如图1、图2所示。

（1）图中的幼儿在搭建中可能会遇到什么问题？

（2）在解决问题的过程中幼儿能获得哪些学习经验？

（3）该游戏中的材料有什么特点？这些特点对幼儿的学习活动有什么影响？

图1

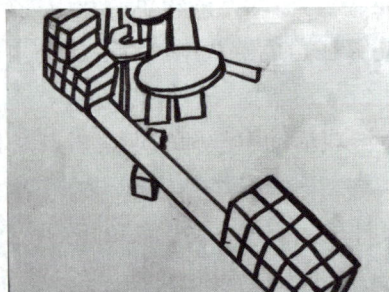

图2

5. 角色游戏中,大二班在教室里开展理发店主题游戏。教师为了提升幼儿的游戏水平,主动为幼儿制作了理发店价目表(见图3)

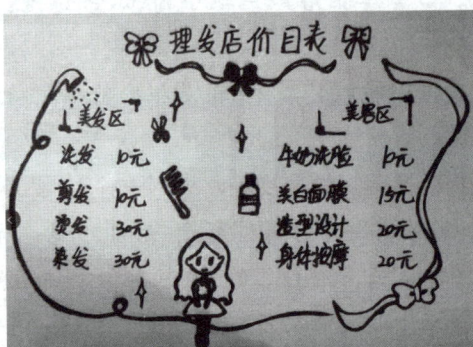

图3

问题:请结合你对角色游戏的理解,分析教师提供价目表这一做法是否适宜,并提出建议。

6. 中班角色游戏中,有的幼儿提出要玩"打仗"游戏,他们在材料柜里翻出好久不用的玩具吹风机当"手枪"、仿真型灯箱当"大炮","哒哒哒"地打起来,玩得不亦乐乎。李老师看到此情景非常着急,连忙阻止:"这是理发店的玩具,不能这样玩。"

问题:(1)李老师的阻止行为是否合适?请说明理由。

(2)如果你是李老师,你会怎么做?

7. 在开展"烧烤店"游戏前,大一班的李老师加班加点为幼儿准备了烧烤架、烧烤夹,以及各种逼真的"鱼丸""香肠"等食材;大二班王老师没有直接投放材料,而是与幼儿商量,并支持他们自己去寻找、收集所需材料,幼儿游戏情景分别见图4(大一班)和图5(大二班)

问题:(1)哪位教师的做法更恰当?

(2)请分别对两位教师的做法进行评析。

图4

图5

思考与练习

一、选择题

1. 下列不属于创造性游戏的是(　　)。

　　A．结构游戏　　　　　B．角色游戏　　　　C．表演游戏　　　　D．音乐游戏

2. 幼儿扮演爸爸、妈妈照顾娃娃属于(　　)。

　　A．感知运动游戏　　　　　　　　　　B．角色游戏

　　C．表演游戏　　　　　　　　　　　　D．规则游戏

3. 下列不属于结构游戏的是(　　)。

　　A．堆雪人　　　　　　B．打雪仗　　　　　C．玩沙　　　　　　D．堆积木

4. 幼儿操纵木偶再现作品内容的游戏属于(　　)。

　　A．幼儿表演　　　　　　　　　　　　B．桌面表演

　　C．木偶表演　　　　　　　　　　　　D．皮影戏表演

二、问答题

1. 什么是角色游戏、结构游戏、表演游戏? 请结合实例,谈谈它们各自的特点。

2. 角色游戏的教育价值有哪些?

3. 幼儿园常见的结构游戏有哪些?

4. 举例说明大、中、小班幼儿表演游戏有哪些特点。

5. 举例说明角色游戏与表演游戏的区别。

三、论述题

　　中班自选游戏时,许老师端来一小筐插片,对几个男孩子说:"我给你们分好,玩的时候每个人都要谦让,好不好?"大家都答应了。老师把插片平均分到四个孩子手中。玩了一会儿,强强的插片用完了,他拿着插了一半的玩具嘴里嘟囔着:"我要插机头,可是我没插片了。"没人理他,玩具架上也没有插塑玩具了。正正手下还有一些插片,强强伸手就去拿,正正赶紧用双手捂住,大声说:"老师,他抢我玩具!"许老师走过来,对正正说:"不是说好了要谦让吗? 两人一块玩不就行了吗。"正正说:"我要自己玩。"许老师又对强强说:"你看,玩具是大家平分的,你没有了就不能玩了,那儿不是还有书吗,去看看书!"强强说:"不嘛,我就是要插机头!"老师看了看除了正正的手下,桌上确实没有插片了,就说:"光有机头没有机身也没用,玩具既然不够,去,你们都去玩别的吧,这儿我收拾了。"说完就把孩子都安排到别的区域了。

　　请根据案例分析许老师做法的不当之处,并说明正确的做法。

四、实操题

实操一　设计一份结构游戏方案,并组织实施

【目标】

1. 能设计各年龄班结构游戏方案。

2. 能根据设计的方案,布置游戏环境,并组织实施。

3. 对结构游戏的组织与指导有进一步的认识。

【内容与要求】

学生选择一个年龄班,设计一份结构游戏的方案,并入园组织实施。

实操二　观看游戏视频《娃娃家》《星光大道》并评析

【目标】

1. 能根据视频分析角色游戏与表演游戏的区别。

2. 对角色游戏和表演游戏的组织与指导有进一步的认识。

【内容与要求】

1. 观看游戏视频,并做记录。

2. 分析角色游戏与表演游戏的区别,讨论教师是如何组织与指导幼儿开展游戏的。

实操三　请为小班角色游戏"娃娃家"进行空间布局,并投放游戏材料

【目标】

1. 能根据小班幼儿角色游戏的年龄阶段目标,对"娃娃家"进行空间布局和材料投放。

2. 对小班角色游戏环境布置有进一步的认识。

【内容与要求】

1. 分组讨论如何进行空间布局。

2. 分组准备游戏材料,并在游戏室进行布置。

实操四　搭高楼

【目标】

考核学生技能技巧及了解幼儿、交流沟通的能力。

【内容与要求】

1. 请模拟幼儿用积木搭建一座高楼。

2. 回答问题:

(1) 你认为哪个年龄段的幼儿才能搭建出这样的楼房?

(2) 积木搭建活动能带给幼儿什么经验?

(3) 请在10分钟内完成上述任务。

第四章
幼儿园规则游戏

目标导航

1. 了解规则游戏的概念、特点、种类及教育价值。
2. 熟悉不同年龄段规则游戏的特点,掌握规则游戏设计的基本要点。
3. 能进行规则游戏方案的设计、组织与指导。

第一节　智　力　游　戏

案例导入

秋天到了,天气渐渐变凉了,树上枯萎的树叶一片片飘落到地上。户外活动时,有的孩子捡起了落叶,蕾蕾捡起一片落叶送给老师,张老师说:"谢谢你!叶子真好看,像一把扇子。"孩子们听见了张老师表扬蕾蕾,也纷纷捡起了落叶,一边捡一边说"我捡到了枫叶""我捡到了银杏叶"……看到孩子们对落叶如此感兴趣,张老师就和孩子们一起捡起了落叶,一边捡一边引导孩子们说出落叶的名称、形状,数数自己捡到了多少片树叶。同时,老师还准备了几个框子作为落叶的家,让孩子们为不同的落叶宝宝找家。孩子们一个个沉浸在"捡落叶——说落叶——为落叶宝宝找家"的快乐游戏中。

点评:在不知不觉的游戏中,幼儿通过找一找、看一看、数一数、说一说、比一比等活动,调动多种感官去感知落叶,在轻松、愉快的游戏中不仅丰富了感性认识,积累了知识经验,而且在游戏中教师不断地引导幼儿拓展"落叶"的玩法,促进了幼儿的思维能力和动手操作能力的提高。

一、幼儿园智力游戏概述

(一)幼儿园智力游戏概念

幼儿园智力游戏又称益智游戏,是指以生动有趣的游戏形式,使幼儿在自愿和愉快的情绪中,增进知识、发展智力的游戏。智力游戏属于规则游戏，是依据一定的智育任务而设计的一种规则游戏。

在幼儿园中常用的智力游戏有猜谜语、编故事、图片配对、拼几何图形、走迷宫、找不同、按规律画图形、搭火柴棒、接龙、听声音、尝味道、猜一猜、摸奇妙的口袋、打数学牌及各种棋类游戏。

（二）幼儿园智力游戏的特点

1. 智力游戏目标明确

幼儿园智力游戏是幼儿园游戏的重要组成部分，以促进幼儿观察力、注意力、思维力、记忆力、言语能力等作为主要目标，从而使幼儿的智力得到全面的发展。幼儿园智力游戏目标的指向性很强，如小班智力游戏"找一找"，教师当着幼儿的面把8种不同的小物品分别藏好后，再让幼儿将这些物品一一找出来。该游戏是以增强幼儿记忆力为主要目标。

2. 智力游戏规则鲜明

幼儿园智力游戏有明确的游戏规则，通常是显性的，明确规定了游戏中幼儿应遵守的要求。智力游戏一般要求幼儿善于和同伴合作，共同遵守游戏规则，完成游戏任务，这有助于幼儿形成控制自己行为的习惯，有利于他们良好品德的形成。

如大班智力游戏"你说我猜"的游戏规则为：请一位幼儿猜，其他幼儿描述所见物体的外形特征，但不能说出名字。该游戏的规则不仅明确规定幼儿在游戏中可以做的事，也明确规定了幼儿在游戏中不可以做的事。

3. 智力游戏内容包含范围较广

幼儿园智力游戏在幼儿园中占有重要的地位，涉及的范围广，内容包括感官、语言、数学、科学、美术、创造性等方面，综合性较强，游戏任务明确，对促进幼儿某方面智力的发展更具有针对性。例如，"摸瞎子"游戏，是以发展幼儿的感知能力为目标；"打败魔咒"游戏，是以发展幼儿的语言能力为主要目标；"小熊来做客"游戏，是以促进幼儿按数取物能力的发展为目标。

（三）幼儿园智力游戏的教育作用

智力游戏以生动、新颖、有趣的游戏形式，使幼儿在轻松愉快的活动中完成增进知识、发展智力的任务。对帮助幼儿认识事物、巩固知识、发展智力、掌握解决问题的策略等有良好的作用。

1. 智力游戏促进幼儿认知发展

智力、解决问题的能力、创造力是与游戏相关的三个主要认知因素。智力游戏的价值之一就是能很好地促进幼儿的智力、解决问题的能力和创造力的发展。首先，发展幼儿智力。智力游戏由于带有明显的益智性特征，可以锻炼大脑思维能力，从而提高智力。其次，培养幼儿解决问题的能力。这在拼摆类游戏上显得尤为明显。如幼儿解九连环、摆七巧板等，都是在解决谜题，成功解开谜题即是解决问题能力的一次提升。最后，促进幼儿的创造力。智力游戏的魅力所在便是其玩法的丰富多变性。虽然智力游戏的游戏规则是统一的，但玩法却是多变的。一个谜题这种方法可以解，另一种方法也可以解开，正所谓"殊途同归"。因而，智力游戏也是促进幼儿创造力发展的途径之一。

2. 智力游戏促进幼儿情绪情感的发展

"享乐功能"是游戏的显性功能，因而智力游戏对于幼儿情感方面的影响首要的便应是娱乐性，即精神上的愉悦体验。沉浸于智力游戏中乃至所有其他游戏中的幼儿总是表现出欢快、满足、享受之感。智力游戏带有明显的"结果性"，无论是拼摆类游戏还是棋牌类游戏，当完成一件作品或取得一场胜利的时候，由此产生的成就感更能令幼儿享受到智力游戏的趣味。"发泄"是游戏的隐性功能，因而作为游戏之一的智力游戏也是幼儿情感宣泄的一个重要渠道。幼儿通过游戏发泄出负面情绪,也可以发泄剩余精力。

3. 智力游戏促进幼儿社会性的发展

智力游戏能增进幼儿的社会能力、帮助幼儿摆脱自我中心。在进行智力游戏的过程中,还能促进幼儿语言能力的发展。以棋牌类游戏为例:对弈的过程是一个社会性交往的过程,幼儿在对弈时无论是语言表达能力还是情绪智力都得到了练习,同时从对弈的情境中习得了新的词句,丰富了原有的词汇量。对弈时需要对对方的下一步走棋进行预测,需要幼儿学会换位思考,有利于去自我中心。

二、智力游戏的种类

根据划分的不同标准,可将智力游戏分为多种类型。

(一)根据游戏任务不同分类

根据游戏任务不同,可分为训练感官的游戏、练习记忆的游戏、发挥想象的游戏、发展语言的游戏、训练计算能力的游戏等。

1. 训练感官的游戏

训练感官的游戏是指通过感知觉(视觉、听觉、嗅觉、味觉、触摸觉)寻找、发现、认识事物特征的游戏。如游戏"奇妙的口袋""盲人摸象""猜猜这是谁?"等,是以发展幼儿的触摸觉、听觉为主要目的的游戏。幼儿在游戏中通过感觉器官认识外部世界,是幼儿学习的开始。

案例 　　　　　　　　　　　**找　娃　娃**

适合年龄:3～4岁。

游戏目标:发展听觉能力。

游戏准备:能发出声音的娃娃一只。

游戏方法:

请一名幼儿扮演妈妈,暂时离开集体。其余幼儿围成圆圈坐下,双手放在背后。教师将娃娃藏在一个幼儿的背后,然后请妈妈进入圈内找娃娃。藏娃娃的幼儿手按娃娃,让娃娃断断续续发出声音。妈妈根据声音寻找娃娃。找到了便更换角色,游戏继续进行。

游戏规则:

1. 妈妈找娃娃时其余幼儿不能提醒她。

2. 娃娃必须藏好,妈妈只能根据娃娃发出的声音去寻找。

---

2. 练习记忆的游戏

记忆是幼儿心理发展中非常重要的部分,有了记忆,智力才会不断地发展,知识才能不断地积累。幼儿记忆类的游戏着重发展幼儿的记忆能力,使幼儿记得快、准、牢。例如,发展形象记忆的"记住物品和位置";发展逻辑记忆的"按规律填空";发展运动记忆的"请你照我这样做"等。

案例 **请你照我这样做**

适合年龄：3~4岁。

游戏目标：发展模仿与记忆能力。

游戏玩法：

1. 先教会幼儿与教师对答："请你照我这样做。""我就照你这样做。"

2. 教师一边做幼儿熟悉的动作(如刷牙、洗脸、洗手等动作),一边说"请你照我这样做",让幼儿边模仿教师的动作,边说"我就照你这样做"。

3. 教师请幼儿做日常劳动或游戏中出现的动作,其他幼儿模仿,提高幼儿的游戏兴趣。

游戏规则：

要求在模仿过程中尽量做到动作准确,一边模仿教师的动作,一边对答。

---

3. 发挥想象、锻炼思维的游戏

想象是对头脑中已有的表象进行加工改造形成新形象的过程。幼儿的年龄特点决定了幼儿更擅长想象。想象是创造的基础,没有想象就没有创造。发展幼儿想象力的智力游戏,包括再造想象游戏和创造想象游戏。再造想象游戏如拼图游戏、七巧板等。创造想象游戏如猜谜语、走迷宫、一物多玩等。

锻炼思维的智力游戏,主要是培养幼儿的概念理解能力,发展幼儿比较、分类、排序以及一定的逻辑判断和推理能力,如分类和归类游戏、比较游戏、排列游戏等。发挥想象、锻炼思维的游戏既发展了幼儿的聚合思维,也发展了幼儿的发散思维,有利于幼儿智力的发展。

4. 发展语言的游戏

幼儿期是口头语言发展关键期,在游戏中幼儿语言发展最快。语言游戏为幼儿提供了语言和情感表达的环境和条件,如猜谜语、词语接龙、听说游戏、绕口令、讲故事等。

案例 **故 事 骰 子**

适合年龄：5~6岁。

游戏目标：根据画面内容创编故事。

游戏准备：

用纸盒做成骰子,每面贴有不同的故事画面,三个骰子为一组,其中一个骰子画面为时间、一个骰子画面为地点,还有一个骰子画面为人物。

游戏玩法：

幼儿拿一组骰子,一个一个扔,再把三个骰子并在一起,然后根据画面内容进行创编故事。(注：①一组里面可提供4~6个骰子,根据画面内容进行创编故事。②调换骰子位置,创编不同的故事。)

游戏规则：

能完整讲述画面内容,情节突出。

---

5. 训练数学能力的游戏

数学游戏即我们所谓的与数有关的、锻炼幼儿对数字敏感性的游戏。数学游戏也带有明显的锻炼思维、开发大脑智力的特征,如"扑克牌游戏""按数取物游戏""时钟游戏"等。

案例 **骰 子 游 戏**

适合年龄：5～6 岁。

游戏目标：练习 10 以内数的组成和加减。

游戏准备：硬纸板做的骰子若干,每个骰子的六个面分别画上 1～6 的圆点。

游戏玩法：

数的组成。两人一组,取骰子 1 个、数字卡片一组。事先商定数字,一人掷骰子,另一人说出一个数要与骰子朝上的一面的数合起来是商定数字。如凑 6,骰子面是 2,另一个人要立即说出 4。答对了改为掷骰者,答错了仍为凑数者。(另可做加减游戏)

游戏规则：

凑数时间规定为 10 秒,在规定时间能凑出数者为赢,否则为输。

(二) 根据游戏目标的不同分类

根据游戏目标的不同可分为发展思维能力的游戏、发展竞争能力的游戏和发展手指动作的游戏等。

1. 发展思维能力的游戏

发展思维能力的游戏是指以发展幼儿认知、评价、记忆、聚合思维、发散思维能力为核心的游戏,包括：认知游戏(通过感知觉寻找、发现认识事物特征的游戏,如"奇妙的口袋");评价游戏(按一定标准进行比较、判断的游戏,如"比高矮");记忆游戏(以发展幼儿记忆能力为主要目标,如"什么东西不见了");聚合思维游戏(从给定信息中,产生最佳解决问题方案,如"走迷宫");发散思维游戏(从给定目标出发,探索多种可能,如"一物多玩")。

2. 发展竞争能力的游戏

发展竞争能力的游戏是指以公平竞争、遵守规则、掌握技能技巧为特点,通常会有胜负为最终的游戏结果,包括：棋类游戏(如"飞行棋""五子棋"等)、纸牌游戏(如"拖板车"),还有手机、电脑等网络游戏(如"找茬""切水果"等)。

3. 发展手指动作的游戏

发展手指动作的游戏是指训练手指动作灵活性进行的造型游戏活动,包括：手指游戏(配合儿歌,边说或边唱、边用手指做动作开展的游戏);手影游戏(用双手做出各种动作,投影而成影像来开展的游戏);翻绳游戏(通过双手各种动作翻动绳子,使之呈现各种形状)。

(三) 根据游戏使用材料的不同分类

根据游戏使用材料的不同可分为操作类游戏、图片游戏、棋类游戏等。

操作类游戏是指通过手的操作进行的游戏,利用专门的玩具、教具、自然物质材料、日用品进行的智力游戏,如拼图、镶嵌板、六面画等。

图片游戏是指利用图片进行的智力游戏,如配对、接龙、纸牌游戏等。

棋类游戏是指以若干棋子或一个棋盘为工具,游戏者按一定的规则摆上或移动棋子来比输赢的游戏,如五子棋、登山棋等。

三、幼儿园智力游戏材料的选择和利用

幼儿园智力游戏材料旨在启迪幼儿智慧,帮助幼儿学习和掌握某种概念或技能。评判一个游戏活动对幼儿是否有益、是否能够促进幼儿发展,游戏材料的选择是很重要的考核指标之一。有效地选择

幼儿园智力游戏材料,是充分发挥智力游戏教育作用的保障。智力游戏材料的选择可从适宜性、层次性、可探究性等方面来考虑材料的投放有效性。

(一) 适宜性

智力游戏活动材料的适宜性主要体现在数量、种类、外在特征和呈现搭配等方面。游戏活动材料数量要做到充足,能满足幼儿的使用需要;材料种类要做到小班相对较少,一至两种就可以,中大班种类可以相对丰富;游戏材料外观形象生动,色彩鲜艳,美观大方,能很好地吸引幼儿的注意力。游戏材料的呈现方式多样,有开放式呈现、作品展示方式的呈现以及主题式和任务式呈现,这些呈现方式突出了材料的特征,有效地引发材料与幼儿的相互作用,满足幼儿学习与操作的需要(见图4-1,图4-2)。

图4-1 三只小熊

图4-2 数一数、摆一摆

(二) 层次性

智力游戏材料的层次性包括纵向和横向两个维度。

在纵向层次上主要是要求材料适应不同年龄段幼儿身心特点:小班幼儿直觉行动思维占有较多成分,注意力持续的时间较短;从社会性发展角度来看,小班幼儿处于平行游戏水平阶段,因此小班的智力游戏材料要求同类材料数量准备要多一些,材料生动形象、操作性强,如布娃娃、仿真食品等。中班幼儿从平行游戏向联合游戏过渡,因此智力游戏材料也多以既可独立完成又可合作一起完成的拼插玩具为主,游戏材料与小班相比操作性更强,结构更低,更具有探索性,如穿线板、拼图板等。到了大班,幼儿的空间知觉、数形等逻辑思维逐步发展起来,智力游戏的游戏材料结构低,对智力和逻辑思维性要求的活动材料偏多,如拼棒、皮筋构图等。

在横向层次上主要是要求材料适应不同能力水平幼儿的需要。在横向层次上主要是要求材料适应不同能力水平幼儿的需要。如同样是数学游戏,提供的戴指环材料(见图4-3)直观形象,适合小班幼儿操作。通过游戏,发展幼儿按数取物、数物对应、颜色对应的能力;提供的超市材料(见图4-4)操作难度较大,适合大班幼儿。幼儿在教师创设的超市游戏情境中,在买卖商品的过程中理解加法的含义,学习10以内的加法运算。因此,游戏材料的层次性要求教师考虑到幼儿的年龄特征和发展水平。

图4-3 戴指环(小班)

图4-4 超市(大班)

同时还应考虑到大部分幼儿的兴趣,在以多数幼儿兴趣为基础的前提下,照顾到少数幼儿的兴趣与需求,为少部分幼儿提供单独的、符合他们兴趣的游戏材料。此外,还要考虑到游戏材料的教育意义。

(三)可探究性

幼儿园智力游戏材料的探究性是能引发幼儿动手、动脑,支持幼儿与活动环境的积极互动,引导幼儿根据自己的兴趣爱好对材料进行动手操作和动脑思考。探究是幼儿在动脑思考基础上的动手操作,是动脑思考和动手操作交织进行的活动。简单的动手操作和机械训练,并不具有探究性,而要使游戏材料具有操作的多种可能性(见图4-5,图4-6)。例如,为幼儿准备的飞机模型,带给幼儿的只是单纯的操作,如果能为幼儿准备飞机的各个部件,那么幼儿在操作过程中既达到动手,也达到了动脑的效果。

图4-5　看谁钓得多

图4-6　小动物喜欢吃什么

四、幼儿园智力游戏的设计

智力游戏的设计是幼儿教师必须具备的教学技能,在设计智力游戏时,教师要根据《纲要》与《指南》中的智育任务,结合幼儿心理和生理方面的特点来设计。所设计的智力游戏既能要求幼儿在智力上付出一定的努力,又能以生动、有趣、新颖的游戏形式开展,从而在愉快的活动中发展观察、记忆、思维、想象等方面的能力,促进幼儿身心全面发展。

(一)幼儿园智力游戏的呈现形式

1. 集体游戏活动

集体游戏活动是就某一智力因素单项发展而设置的集体教学活动,如数学、科学领域中的相关课程。

2. 区域游戏活动

区域游戏活动是关注幼儿智力发展的自主活动区,幼儿可在自主探索和实践中得到智力发展。

3. 过渡环节游戏活动

在幼儿每项活动之间会有一个过渡环节,特别是餐间的过渡环节,用手指游戏或其他简短的智力游戏作为下一集体活动的过渡,幼儿能从前面的自由环节顺利地过渡到下一环节。

(二)幼儿园智力游戏设计的原则

一个好的智力游戏应该目的明确,玩法新颖、内容多变并逐步复杂化,规则简单易行,能够激起幼儿积极的心理活动。在设计智力游戏时,我们应把握以下三个原则。

1. 全面性原则

幼儿园智力游戏主要由游戏的目的、玩法、规则、结果四部分构成,每一部分在游戏设计中都起着重要的作用,在设计中必须明确每部分的任务。智力游戏的目的是根据一定的智力训练的任务提出来的。智力游戏的玩法是根据游戏的目的和特点设计的,是对幼儿在游戏中的动作和活动的要求。智力游戏的规则是对玩法的要求和约束,从属于游戏的任务,在游戏中起着指导、调节、组织幼儿行为的作用,以保证游戏的顺利进行,恰当的游戏规则可以提高游戏的趣味性与刺激性。智力游戏的结果是游戏目的的实现程度,良好的游戏结果,能使幼儿获得满足和愉悦,并能激发幼儿继续进行游戏。所以,智力游戏的设计不能缺少这四项中的任何一项,一旦缺失,将不能达到智力游戏的教育目的。

2. 科学性原则

智力游戏的种类繁多,一定要根据游戏训练的目的按类择取或设计。同时,智力游戏的针对性很强而适应面较窄,因而在设计智力游戏时,应充分考虑幼儿的年龄特点、生活经验与接受能力,既要符合幼儿智力发展的水平,又要照顾到幼儿智力发展的个体差异,使尽可能多的幼儿都能适应游戏,或有适合的游戏。

另外,在设计智力游戏时,要控制好游戏的难易程度,难度太小幼儿会失去兴趣,难度太大幼儿会望而却步,难度适中的游戏才对幼儿具有挑战性,"跳一跳能够得着的"高度,是对幼儿信心的极大鼓舞。小班幼儿主要以认知游戏、简单记忆游戏、归类游戏、实物拼图等游戏为主。中班幼儿适合开展除棋类以外的所有智力游戏。大班幼儿能够开展各种类型的智力游戏。

3. 趣味性原则

在设计智力游戏时,尽可能提高游戏本身的趣味性和吸引力,使幼儿乐意参与游戏。游戏的内容和角色必须是幼儿所熟悉的,能激发幼儿参与游戏的欲望。例如,大班"跳房子"的游戏,在地上画有数字的楼房一幢,三角形的房顶上放一只盒子,上插小红旗若干。玩时从格子"1"开始,直到"10",每个格子都要走到,可以不按顺序。走时,碰到单数单脚跳进这个格子,碰到双数则双脚跳进这个格子,最后一个若是单数则单脚站立取红旗。在此过程中,若跳错动作则主动退出。对于大班的孩子来说1~10的数字是他们所熟悉的,单双脚的交替跳既增加了游戏的趣味性,也锻炼了幼儿的反应能力。

(三) 幼儿园智力游戏设计的思路

为了幼儿园智力游戏活动能顺利地开展与指导,首先必须设计好游戏的活动方案,以利于游戏活动的顺利进行,达到良好的教育效果。

游戏的活动方案的设计首先应分析幼儿已具备哪些与该游戏有关的知识、技能、能力、兴趣,存在什么问题以及幼儿的个别差异等。其次应考虑教师开展该游戏活动所具有的经验水平,并具有能协助幼儿完成智力游戏的能力。

幼儿园智力游戏活动方案一般包括游戏名称、游戏目标、游戏准备、游戏玩法、游戏规则及游戏建议等。

1. 智力游戏名称(内容)的设计

幼儿园智力游戏名称是活动内容的反映,活动内容的选择关系到活动名称的确定。所以在选择幼儿园智力游戏活动内容时,必须遵循以下三点。

(1) 游戏内容应是幼儿感兴趣的事件。幼儿园智力游戏活动的内容大多来源于幼儿的日常生活,如"有趣的生活用品""帮动物找身体""抽牌凑数"等是幼儿生活中所熟悉的,正因为是熟悉的才是幼儿所感兴趣的。

(2) 利用现成的材料生成游戏活动。教师利用幼儿园现成的一些材料,根据幼儿发展的需要,生成一些新的游戏活动,如用班级的废旧纸箱,可以设计"箱中摸宝"。

（3）围绕幼儿园主题活动的游戏活动。教师可以设计与主题相关的游戏活动,如"国庆节"主题活动,可以衍生"国旗拼图""制作国旗"等智力游戏活动。

设计好智力游戏名称,书写时格式要完整,游戏名称一般要标明年龄班、游戏类型、游戏主题,如"小班智力游戏:大小盒子交朋友"或"智力游戏:大小盒子交朋友(小班)"。

2. 智力游戏目标的设计

幼儿园智力游戏活动目标指的是由幼儿教师自己制定的、某一次具体活动要达到的目的,且与具体的游戏内容紧密相连,它是具体的游戏活动设计与组织的出发点与归宿。

确定智力游戏活动目标,必须要做到三点:一是表述要清楚,角度要一致,尽量从幼儿角度表述游戏目标;二是游戏目标要明确、具体,具有可操作性;三是目标要适宜,符合幼儿的身心发展特点和认知水平。例如,大班智力游戏"猜左手,猜右手"的活动目标表述为:

（1）能正确地区分左手和右手,提高仔细观察和辨别事物的能力。

（2）体验与同伴游戏的快乐。

3. 智力游戏准备的设计

为确保智力游戏的顺利开展,游戏准备是活动中必不可少的环节。

（1）知识准备:一是教师要具备相关的知识、能力水平及应急的心理准备;二是幼儿已有的知识经验与能力水平等。

（2）情感准备:游戏需要情感的支持,要给幼儿提供和谐、安静的活动氛围。

（3）物质准备:玩具、材料的名称、数量等。常用到的材料可以是班级中的现成材料,如积木、废旧图书、卡片;也可以是教师制作或带领幼儿一起制作而成的材料;还可以是幼儿从家中带来的材料。

4. 智力游戏过程（玩法）的设计

智力游戏过程(玩法)的设计是开展游戏活动的中心环节。由于游戏在幼儿园教学活动中的特殊性,所以在这里将智力游戏设计分为教学游戏活动设计与单纯游戏活动设计。教学游戏设计是指在教学活动中为达成教学活动目标,以游戏的形式来完成活动,包括导入、基本部分(重点是游戏玩法)、结束。单纯游戏活动设计主要是做好游戏玩法的设计。本部分以教学游戏设计为依托,主要突出游戏玩法的设计。

（1）导入。导入的目的是在短时间内激发幼儿参与活动的兴趣,为下一步游戏的展开作铺垫。教师可以通过各种各样的方法将幼儿吸引到活动中。常用的导入形式有材料导入、语言导入、音乐导入、情景导入等。

（2）基本部分(游戏玩法)。游戏基本部分是实现游戏目标的重要环节,是对幼儿在游戏中动作和行为的要求。教师在设计时要精心选取好游戏的情节、确定好游戏的细节。

① 游戏情节选取的方法。由于幼儿理解和执行规则的能力有限,智力游戏不仅要达到幼儿智力发展的目的,也要体现游戏的趣味性,而游戏的趣味性主要依赖于游戏的情节和角色。智力游戏情节选取的方法主要有变化法、衍生法、拓展法等。

变化法是指用变化游戏结构成分的方法来创编、改变游戏。已有的智力游戏,玩法有趣,但情节可能脱离了幼儿的生活实际,教师可以根据幼儿的生活经验改编游戏情节。例如,"拼火柴盒"游戏是一个流传较久的智力游戏,但是在打火机的时代里火柴盒几乎很难找到,游戏材料的缺乏使得游戏难以开展,教师设计游戏时可用香烟盒代替火柴盒,使得游戏顺利开展。

衍生法是指幼儿的游戏情节来源于幼儿的现实生活或者来源于动画片或故事情节中。以现实生活为基础衍生的智力游戏,如"餐具配对"游戏就源自幼儿的现实生活,在游戏操作的基础上掌握一一对应关系。以动画片或故事情节为基础衍生的智力游戏,如"小猪的房子",以《三只小猪》故事为源本,为小猪建造不同类型的房子,从而发挥了幼儿的想象力与创造力。

拓展法是指从幼儿已有的游戏经验中延伸出新的问题，对现有游戏或游戏材料有了新的想法或进一步的认识，以发展幼儿的发散性思维。在"积木"拼搭游戏中，小班幼儿只是简单地垒高或垒长，而中大班幼儿可以进行更复杂的操作与探索。

② 游戏细节确定的步骤。智力游戏细节确定的步骤主要包括设定游戏任务、确定游戏方式、启动游戏、选择儿歌或音乐。

设定游戏任务：这是规则游戏共有的特征，能充分调动所有幼儿的积极性，发展他们的自信。游戏任务的设定应该要有一定的梯度，如触摸辨物游戏"百宝箱"，设定的第一层次难度为物体的相对特性，在箱中放置大小不一的球，长短不一的尺子，软硬不同的小鸭子。第二层次难度为物体的相同性，准备两个相同的箱子，里面放置一样的几种物品，要求能从两个箱中摸出相同的物品。第三层次难度为物品的相似特征，并能用语言进行描述，如"百宝箱"中的黄豆、绿豆、蚕豆等。智力游戏的任务不要整齐划一，不同梯度的任务能够让不同发展水平层次的幼儿得到不同的发展。

确定游戏方式：就是在智力游戏中该采用何种方式来进行。对于小班的幼儿来说，在游戏中主要关注游戏过程，参与是游戏的主要方式。中大班的幼儿更关注游戏的结果，竞赛是游戏的主要方式，智力游戏中常用的竞赛方式有争先、求多。争先，即比赛看谁能更快完成任务，如扑克牌谁先出完，走迷宫谁最先到达终点。求多，即在同样条件下谁能得到更多成果，如找到的动物最多，找到的不同点最多。

启动游戏：就是教师采用什么方式来示意游戏正式进行。通常采用的方式有指令法、儿歌法、情境法。指令法是指教师通过口头发令来启动游戏。儿歌法是指教师在游戏中预设好儿歌，儿歌结束作为游戏的开始。情境法是指通过设定好与游戏相关情境表演的方式来开始游戏。

选择儿歌或音乐：游戏中的儿歌或音乐起到活跃气氛、增加趣味性的目的。儿歌或音乐必须是与游戏紧密相关的，且能对游戏活动有一定的渲染作用。另外，教师也可以自己创编押韵的、符合主题的儿歌。如"木头人"游戏的儿歌创编为："山连山，水连水，我们都是木头人，不许动，不许笑，不许露出小白牙，最后只能蹦一下。"

（3）结束部分。智力游戏结束部分主要是让幼儿养成良好的行为习惯，收拾游戏物品；评价游戏的进行情况，帮助幼儿获得游戏的成功感和快乐感；启发幼儿思考，为以后的游戏做准备。

5. 游戏规则的设计

游戏规则主要是指幼儿进入游戏后应该遵守的活动规则，以及允许或禁止出现的游戏行为。新编的游戏规则需要反复考虑，或经过试玩来调整，以确保游戏规则的合理。游戏规则应做到简单明了，易于幼儿理解与执行，同时游戏规则的制订也可以让幼儿参与进来。如小班听觉游戏"听一听"的游戏规则：只通过对声音的辨别进行判断，不借助任何其他手段。

6. 游戏建议的设计

游戏建议是指在游戏中要注意的事项，或对游戏可能性的一种预设。包括：材料的使用要求及注意事项；游戏的其他玩法；游戏可能会产生的结果。如小班游戏"玩拼图"的游戏建议为：

（1）可以指导幼儿拼一些基本的图形。

（2）可以让幼儿自己创造，随意地拼。

（3）采用多种形式来进行拼图，充分发挥幼儿的想象力与创造力。

五、各年龄班智力游戏的特点与指导

（一）小班

1. 小班智力游戏的特点

小班智力游戏应符合3~4岁幼儿身心发展的特点。游戏任务易于被幼儿理解、完成，方法明确、具体,游戏规则一般只有一个,游戏的趣味性大于实际操作,注重幼儿的兴趣及参与意识的培养。所以,小班主要以认知游戏、简单的记忆游戏、归类游戏、实物拼图游戏、手指游戏为主。

2. 小班智力游戏的指导

(1)游戏的前期准备。首先,选择的游戏要突出规则简单、趣味性强、玩起来比较新奇等特点。其次,教师在游戏前应该准备好所需的各种材料和器械,并检查其是否清洁、安全。最后,在游戏组织前,教师要熟悉智力游戏的目标、重点、难点、规则及游戏中的相关知识,这样有助于游戏的顺利开展。

(2)游戏中的指导。在游戏时,小班幼儿对游戏玩法和规则的理解相对较慢,甚至有些难以理解,所以小班的智力游戏多是利用玩教具进行的。教师首先要考虑如何通过游戏玩教具的出现,来激发幼儿的游戏兴趣。在游戏中教师的讲解要生动、简单、形象,有些讲解可以和示范动作相结合,讲解的时间不宜过长,以吸引幼儿的注意力,同时要不断提醒他们遵守游戏的规则。

(二)中班

1. 中班智力游戏的特点

中班智力游戏应符合4～5岁幼儿身心发展的特点,较小班难度有所增加。注重趣味性及幼儿实际操作能力的培养,游戏方法复杂多样,游戏规则带有更多的控制性,要求相对提高,注重幼儿任务意识、规则意识的形成。中班幼儿可以开展除棋类游戏以外的所有智力游戏。

2. 中班智力游戏的指导

(1)游戏的前期准备。选择的游戏内容要难易适中,能激发幼儿参与游戏的积极性,在智力游戏中产生愉悦的情绪。游戏过程预设要突出引导幼儿思维灵活性、敏捷性及面对困难的坚持性,培养幼儿在游戏过程中勤于动脑动手的良好习惯。

(2)游戏中的指导。中班幼儿仍需教师对智力游戏的玩法与规则进行讲解与示范。游戏中教师应检查幼儿对游戏玩法的掌握和规则执行情况,使幼儿明白,只有遵守游戏规则,游戏才具有趣味。教师要鼓励幼儿关心游戏结果,并努力争取好的游戏结果。

(三)大班

1. 大班智力游戏的特点

大班智力游戏应符合5～6岁幼儿身心发展的特点,游戏整体的综合性提高,创造性增强,知识性大于娱乐性。游戏任务较为复杂,有时一个游戏多个任务。游戏方法灵活多样,幼儿可以在相互协商中制订新的游戏规则。大班幼儿能够开展各种类型的智力游戏,且难度应逐步提高。

2. 大班智力游戏的指导

(1)游戏的前期准备。游戏内容选择注重游戏本身的趣味性和吸引力,激起幼儿参与游戏的兴趣。游戏组织应有一定的难度,幼儿能在一系列的心智活动中达到游戏的目标,以培养幼儿独立思考问题的能力。

(2)游戏中的指导。大班幼儿对活动强度高的智力游戏(比如棋类游戏)更感兴趣,也喜欢参加带竞赛性的游戏,注重游戏的结果。在游戏中,教师一般只需用语言讲解游戏的玩法与规则,要求幼儿严格遵守游戏的规则,独立进行游戏,鼓励幼儿对游戏的结果进行适当的评价。

六、幼儿园智力游戏的评价

幼儿游戏的评价是教师开展游戏活动中必不可少的环节,评价能帮助教师准确把握幼儿现有游戏水平与游戏的适宜性,能让教师发现游戏中存在的问题,并能及时调整游戏难度和更换材料,更好地发挥游戏的教育作用。

智力游戏评价的内容主要包括游戏者的兴趣、游戏持续时间、材料的适宜程度、游戏难易程度、幼儿面对问题(困难)的表现、解决问题的次数及质量、游戏是否成功等。所以,在智力游戏评价时,要遵循以下要求。

(一)掌握评价时机,评价场所机动

在幼儿智力游戏中,抓住评价的时机非常重要。评价时机把握得好与坏对幼儿的教育效果会截然不同,评价时机一般可在游戏中或游戏后进行。评价时,可以针对智力游戏中存在的问题进行评价,特别是在问题难以解决或游戏难以进行下去时,教师可以抓住时机进行现场评价,组织讨论、分析原因、进行评议,能让幼儿充分参与到评价活动中。也可以就幼儿在游戏中自主性和创造性进行评价,幼儿先阐述自己在游戏中的做法,教师根据自身的观察对幼儿在游戏中的做法进行肯定与提倡,增强了幼儿的自信心与成就感,同时也丰富了幼儿个人的知识经验。评价场所不限于固定地方。

(二)做到评价形式的多元化

幼儿在智力游戏中的表现是多种多样的,所以评价方式也应该是多元化的。教师可以通过角色身份参与评价,这样不仅使幼儿有逼真的感觉,而且对幼儿有示范作用,有利于幼儿学习、模仿。教师还可以鼓励幼儿进行自我评价,教师在评价中既要面向全体,还要照顾个别幼儿,善于发现幼儿的闪光点,给予积极的肯定与鼓励。同时,对于游戏中幼儿的谦让行为、互助合作、爱护材料等方面,教师要及时给予肯定与表扬。

(三)结合幼儿年龄特点,就目标达成度进行评价

不同年龄段的幼儿,有不同的智力游戏的目标要求。所以,在评价时应就不同年龄段幼儿在智力游戏中的观察能力、注意力、记忆力、想象力、思维能力以及操作能力等通过评价看其达成程度,在智力游戏中就其表现特征及是否与该年龄阶段的幼儿相符。另外,对智力游戏的评价可以从游戏本身的角度、幼儿的兴趣角度、游戏的效果角度等方面进行。

要指出的是,对幼儿智力游戏的评价也要做到全面、具体,让幼儿参与到整个评价的过程中,自主评价、他人评价和评价他人相结合,加强游戏规则的遵守、总结出游戏中好的经验与方法。

📚 案例

小班智力游戏:小鱼游游游

游戏目标

1. 在游戏中能区分物体颜色、大小并能按物体的颜色、大小进行分类。

2. 复习巩固"5"以内的数字,能按物取数。

3. 提高分类概括能力,体验与同伴共同游戏的快乐。

游戏准备

1. 不同颜色、大小的鱼宝宝卡片若干、1~5数字模型5套。

2. 大小相同、颜色不同的纸盒做的"池塘"5个,颜色相同、大小不同的纸盒做的"池塘"5个。

3. 音乐:《小鱼游游游》。

游戏过程

1. 倾听音乐《小鱼游游游》。

师：小朋友，你们猜猜是谁来了？（鼓励幼儿用动作表现鱼游的动作）

2. 挑选鱼宝宝。

教师出示不同颜色、大小的鱼宝宝，幼儿挑选一张自己喜爱的鱼宝宝卡片。

3. 游戏：小鱼游游游。

（1）区分颜色。出示大小相同、颜色不同的"池塘"，幼儿先说出自己挑选的鱼宝宝颜色并游进相同颜色的"池塘"，然后请幼儿数一数有几条相同颜色的鱼宝宝，并找到相对应的数字。

（2）区分大小。出示颜色相同、大小不同的"池塘"，幼儿根据鱼宝宝的大小游进相对应的"池塘"，然后请幼儿数一数有多少条大鱼宝宝和小鱼宝宝，并找到相对应的数字。

（3）鱼宝宝找朋友。教师一边念儿歌一边带幼儿做鱼游的动作，当教师说"找到自己最喜欢的朋友"时，幼儿立刻找到自己的朋友并抱在一起（2人一组为朋友），在规定时间内（5秒）没找到朋友的幼儿，停玩游戏一次。

4. 游戏结束。

评价幼儿在游戏中的表现，并鼓励幼儿收拾整理好游戏物品。

游戏建议

1. 鼓励幼儿自己创新鱼宝宝游的动作。

2. 游戏"鱼宝宝找朋友"，也可以3人一组为朋友。

附儿歌：《小鱼游游游》

河里小鱼游游游，一会儿上，一会儿下，
摇摇尾巴点点头，好像快乐的小朋友。

中班智力游戏：拼拼、夹夹、穿穿、摆摆

拼拼、夹夹、穿穿、摆摆

游戏目标

1. 能按照自己的意愿选择操作材料，发展探究、解决问题的能力。

2. 遵守游戏规则，学习根据某种特征排序。

3. 体验与同伴游戏的快乐，养成有序整理游戏材料的好习惯。

游戏准备

1. 游戏区域布置：一个总卡区、一个进区卡插卡区、两个展示柜、四张桌子、十把椅子。

2. 游戏材料：夹夹乐材料、盖子棋、图形拼板、数字卡片、图形卡片等。

游戏过程

1. 引导语。

师：小朋友们，又到了我们的区域游戏活动时间，今天可供我们选择的区域有美工区和益智区，小朋友可以选择自己喜欢的区角进行操作。

2. 引导幼儿取活动卡、自行进入插卡。

3. 幼儿游戏，教师指导。

（1）幼儿选择自己喜欢的材料进行操作。教师观察幼儿能否顺利操作，如遇到难题，鼓励孩子自主探究，或与同伴合作，并适时对幼儿的思路加以引导。

① 按规律排序——夹夹乐、盖子棋。根据规定特征进行排序。

② 对应：按数物对应摆放，颜色与物体对应摆放，数量、颜色与物体对应摆放，比较两组或两组以上物体的多少。

③ 图案拼图——情境图片、几何图形填图。

提供各种拼图,学习拼图的方法,会对照原图拼出图画。

(2) 幼儿完成一项操作后,可换另一种材料进行操作。

(3) 回忆经验(鼓励幼儿表达)。

① 最喜欢哪种操作材料。

② 再现操作过程中的闪光点,获得经验。

4. 结束游戏。

(1) 请个别幼儿评价玩游戏情况,并给予肯定和鼓励。

(2) 幼儿独立地、有条理地归类摆放玩具和整理游戏场地。

游戏建议

1. 游戏中幼儿需分组进行游戏,使幼儿能有序地、更好地完成三个任务。

2. 可投放不同层次的材料,满足不同幼儿的发展需求。

(案例来源:湖南省衡阳市实验幼儿园　綦小丽)

中班智力游戏:打破魔咒

游戏目标

1. 愿意和同伴一起游戏,敢于接受挑战,不怕失败。

2. 能仔细倾听同伴的指令,根据游戏规则说出规律,感知规律的重复性、有序性的特点。

游戏准备

1. 物质准备:大灰狼头饰4个,宽敞的场地。

2. 知识经验准备:已玩过排序游戏。

游戏过程

1. 创设情境,激发幼儿参与游戏的兴趣。

在美丽大森林里面,住着一群可爱的小精灵。可是,有一天一只会魔咒的大灰狼闯进了森林,只要它一念魔咒,所有的小精灵便被魔法定住了身体,不能动了。

2. 第一次游戏,感知游戏的玩法与规则。

教师扮演大灰狼,幼儿扮演小精灵。游戏开始,小精灵紧跟大灰狼身后念儿歌"森林里面有大灰狼,大灰狼有魔咒,魔咒魔咒是什么? 听——!"念完儿歌,大灰狼转身说出咒语(魔咒是相同的字说三遍、有序排列的规律,如"花花花草、红红红花"等),小精灵被定住不能动,大灰狼依次检查。

游戏规则

游戏中,大灰狼检查小精灵时,能准确说出魔咒的小精灵则获救,成功打破魔咒。

3. 第二次游戏,熟悉游戏规则,并寻找魔咒的秘密。

(1) 教师再次带领幼儿游戏。

(2) 讨论交流:为什么你们说的咒语会跟我说的一模一样、一个字都不差,请你说说是怎么记住魔咒语的?

(3) 教师小结幼儿记住魔咒语的方法。(相同的字要说三遍)

4. 幼儿进行分组游戏,教师巡回指导。

5. 小结。

(1) 评价幼儿游戏表现:小精灵可厉害了,都能听清、记牢、说清楚魔咒。

(2) 找出幼儿游戏的不足,提升幼儿玩游戏的经验。

师:刚刚老师发现大家都想当大灰狼,大灰狼是怎么做的?

(3) 情境结束：都变成大灰狼,去森林考考其他的小动物。

游戏建议

鼓励幼儿自己创编魔咒,由"单字"的重复到"双字"的重复,丰富幼儿的语言及想象力。

(案例来源：湖南省衡阳市政府机关一幼儿园　贺兰)

大班智力游戏：各种各样的豆子

视频
各种各样的豆子

游戏目标

1. 知道红豆、黄豆、绿豆、蚕豆的名称,并能感知其不同的外形特征。

2. 在感知的基础上,能运用豆子创造性地进行游戏。

3. 乐于参与游戏活动,能大胆分享自己的经验。

游戏准备

1. 各种豆子(红豆、黄豆、绿豆、黑豆、蚕豆、青豆)若干。

2. 美工区：各种豆子(红豆、黄豆、绿豆、黑豆、蚕豆、青豆)若干,画纸10张,画笔1盒,白乳胶1瓶,棉签1包。

3. 益智区：混合在一起的豆子(红豆、黄豆、绿豆、黑豆、蚕豆)3盘,小勺子5把,筷子5双,贴有豆子名称标签的杯子10组。

4. 科学区：各种豆子食品(红豆饼、绿豆糕、豆奶、酱油、黑米粥、豆腐干、豆腐乳、怪味蚕豆、红豆奶茶、水豆腐、油豆腐等)。

游戏过程

1. 导入活动。

展示各种豆子(黄豆、黑豆、绿豆、红豆、蚕豆、青豆),唤起幼儿已有的经验,激发幼儿的学习兴趣。

提出问题：你们认识这些豆子吗？ 能说出它们的名称吗？

2. 感知不同豆子的特征。

看一看,这些豆子的颜色、形状、大小有什么不同？

摸一摸,这些豆子的表面有什么感觉？

闻一闻,这些豆子的气味一样吗？

比一比,哪种豆子大？ 哪种豆子小？ 哪种豆子长？ 哪种豆子短？

3. 分组游戏。

幼儿分组进行区角游戏。

美工区：豆子粘贴画。(利用不同的豆子进行豆子作品创作)

益智区：分豆子。(将混合在一起的豆子,按要求用勺子或筷子分到相应杯子中)

科学区：品尝豆制品。(到豆子食品屋品尝各种豆子食品,并记录自己品尝的食品是用什么豆子制作的,记录操作学习单)

4. 分享与评价。

(1) 请美工区的小朋友展示自己创作的作品,并说一说是怎么完成创作的。

(2) 请益智区的小朋友展示自己分的豆子。

(3) 请科学区的小朋友说一说自己吃了哪些豆子食品,这些食品是用什么豆子做的,展示自己记录的学习单。

小结：今天我们认识了几种豆子,也用豆子来进行了操作游戏,发现豆子原来这么好玩！ 只要我们肯动脑筋,就会发现在我们的生活中豆子是有趣、好玩、有用的。

游戏建议

1. 创新豆子的各种玩法。

2. 豆子颗粒较小,提醒幼儿在操作过程中注意安全。

(案例来源:湖南省衡阳市金色梯田幼儿园　王丽华)

大班智力游戏:来自"星星"的快乐

视频

来自"星星"的
快乐

游戏目标

1. 感知五角星的基本特征,探索五角星的拼搭方法。

2. 能用各种材料及肢体部位拼搭五角星,创造性地表现五角星。

3. 体验游戏的成就感与愉悦感,萌发爱祖国的情感。

游戏准备

1. 彩色吸管、小木棍、毛绒线条、棉签、木板、凳子、五星红旗。

2. PPT课件。

游戏过程

1. 感知体验,熟悉五角星的基本特征。

(1) 提供五角星模型,让幼儿通过触摸感知五角星的基本特征。

(2) 集体交流讨论五角星的基本特征。

(3) 教师小结:五角星是指一种有五只尖角,并以五条直线绘成的星形图形。

2. 自主探索,了解用不同材料、不同方式拼搭五角星的方法。

(1) 出示不同操作材料,提出操作任务。

(2) 幼儿自主探索。

(3) 分享交流拼五角星的经验。

3. 经验拓展,欣赏人体拼搭的五角星图片。

(1) 欣赏用身体拼出的不同造型的五角星图形。

(2) 交流讨论拼搭的过程与方法。

(3) 幼儿分组合作,探索用身体拼出五角星造型,教师巡回观察。

4. 集体合作,幼儿共同完成大五角星造型。

(1) 用辅助材料木头拼搭五角星。

(2) 用凳子集体合作拼搭五角星。

(3) 看五角星方位图,讨论怎么站成五角星队形,合作拼搭五角星。

5. 情感迁移,升华幼儿爱国情感。

组织幼儿说说在哪里见过五星红旗,积极引导幼儿学习中国突出贡献人物的精神,鼓励幼儿说出作为中国人的自豪感。

游戏建议

1. 游戏中引导幼儿了解五角星在旗面上排列的位置,知道它们所代表的意义。

2. 请家长和孩子在家利用不同的材料折五角星。

(案例来源:湖南省衡阳市蒸湘区华德福实验幼儿园　文丽琼　吴慧)

中班桌面游戏:球赛畅想曲

视频

球赛畅想曲

游戏目标

1. 能积极探索,创新多种吹乒乓球的玩法。

2. 学习制定并遵守游戏规则,能与同伴协商解决困难和问题。

3. 能专注、积极、愉快地参与游戏,具有团队合作、竞争的意识。

游戏准备

1. 幼儿有吹乒乓球活动的经验。

2. 乒乓球、积塑、长条积木、正方体积木、拱形积木、画纸、水彩笔、记录表。

3. 乒乓球比赛短视频。

游戏过程

1. 观看乒乓球比赛短视频。

(1) 观看后谈话:这是什么比赛?运动员是在哪里打乒乓球?

(2) 提问:小朋友喜欢玩乒乓球吗?你会用什么方法玩乒乓球?

2. 幼儿尝试单个乒乓球的桌面玩法。

(1) 师:今天我们用乒乓球来玩游戏,请小朋友拿一个乒乓球,试一试它可以怎么玩?

(2) 幼儿围在桌子前,自由玩乒乓球,教师鼓励幼儿探索不同玩法。

(3) 幼儿分享交流玩法。

玩法一:两两对吹乒乓球。

游戏玩法:把乒乓球放在桌面上,用嘴巴吹气的方式吹动乒乓球,手不能触碰乒乓球。根据所坐位置只要吹给对面的同伴即可,相互吹传进行游戏(见图 4-7)。

游戏规则:不能用手碰乒乓球。

玩法二:手拉手对吹乒乓球。

游戏玩法:幼儿人手一个乒乓球,手拉手在桌面上围一个大圈,把乒乓球放在用手臂围成的区域内用嘴吹球,相互吹传进行游戏(见图 4-8)。

游戏规则:游戏中不能用手碰乒乓球,球不能吹落到地面。

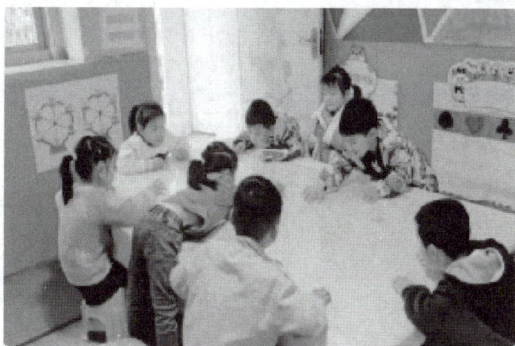

图 4-7 两两对吹乒乓球

图 4-8 手拉手对吹乒乓球

3. 幼儿尝试用积塑、积木搭建围栏,探索分组玩乒乓球的方法。

(1) 师:刚才我们玩一个乒乓球时,尝试了很多玩法。现在,积塑、积木也想和你们一起玩乒乓球,想一想,可以怎么玩呢?

(2) 将幼儿分成两组,幼儿自由探索乒乓球的不同玩法,教师巡视指导。

(3) 幼儿展示玩法,分享交流。

玩法一:围栏对吹乒乓球游戏。

游戏玩法:用积塑或积木搭建一个游戏区域,幼儿在区域内玩对吹乒乓球游戏,注意要将乒乓球吹到对方指定区域(见图 4-9,图 4-10)。

游戏规则:不能用手碰乒乓球。球不能吹落到地面。

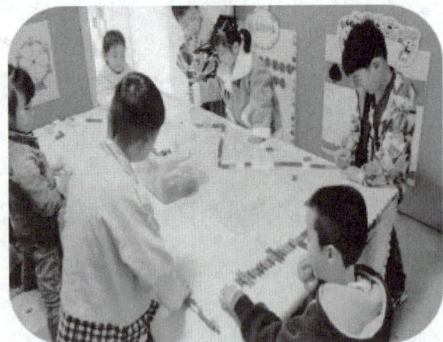

图 4-9 第一次尝试用积塑做围栏

图 4-10 第二次尝试用积木搭建围栏

玩法二:"拱门"对吹乒乓球游戏。

游戏玩法:在桌面上用积木搭建好的围栏区域内,用两个拱形积木作球门,幼儿每人拿一个乒乓球自由分成两组进行游戏,把球吹过任意一个"拱门"(见图 4-11)。

游戏规则:游戏时不能用手碰乒乓球,把球吹过任意一个"拱门",球不能吹落到地面。

图 4-11 "拱门"对吹乒乓球

4. 吹乒乓球比赛。

游戏玩法:幼儿分成两组,男孩一组,女孩一组。用一个乒乓球进行比赛,把球吹过对方"拱门"即可得分。幼儿协商游戏角色,每组一个运动员(吹球),一个守门员、一个记分员、一个裁判(见图 4-12~图 4-15)。

游戏规则:游戏时不能用手碰乒乓球,球吹过对方拱门即得 1 分,球不能吹落到地面。

图 4-12 幼儿自主协商、分配角色,
自发设计比分记录表

图 4-13 幼儿分角色进行吹乒乓球比赛

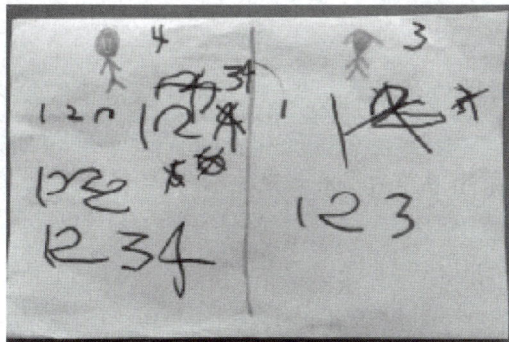

图 4‒14　幼儿绘制的比赛得分记录表

图 4‒15　幼儿绘制、粘贴的吹乒乓球游戏规则

5. 小结。

师：小朋友探索出 5 种桌面乒乓球赛游戏，从简单的分组对吹到手拉手对吹游戏，再到围栏对吹游戏、"拱门"对吹游戏，最后形成了有规则的、类似于足球竞赛的赛场对吹游戏，真的很厉害！

6. 整理活动。

(1) 把幼儿自主协商出来的"吹乒乓球赛"规则张贴在游戏区角，供幼儿继续游戏。

(2) 收拾游戏材料送回原处。游戏结束。

游戏建议

1. 吹乒乓球赛的角色和规则可以引导幼儿进行完善。如守门员的职责需要更加明确，也可以每组 2～3 个运动员……

2. 可以添加游戏辅助材料，如吸管、U 型管道等材料，让幼儿探索出更多新玩法。

3. 家长可以带幼儿在家玩球类游戏。

(案例来源：湖南省衡阳市人民政府机关第二幼儿园　刘琛　刘茗)

大班科学游戏：蜗牛的秘密

视频
蜗牛的秘密

游戏目标

1. 在看看、玩玩中了解蜗牛的外形特征、生活习性，尝试饲养蜗牛。

2. 积极用语言表达自己的发现并用适当的方式记录，体验与同伴探究的快乐。

游戏准备

1. 经验准备：幼儿阅读过有关蜗牛的绘本，对蜗牛有初步的感知。

2. 材料准备：(1)放大镜、卷心菜、生菜叶、树叶、米饭、水果。(2)小铁铲、纸盒、塑料筐、透明盒。(3)观察记录表若干。

游戏过程

1. 寻找蜗牛。

(1) 谈话：你们知道蜗牛喜欢生活在什么地方吗？怎样才能找到蜗牛？

(2) 现在，请你们按照刚才所说的方法去寻找蜗牛，看看蜗牛究竟生活在什么地方。

(3) 刚才我们寻找了小蜗牛，你能说说自己的发现吗？

2. 探究蜗牛的秘密。

(1) 观察蜗牛的外形特征。

① 幼儿分组用放大镜观察蜗牛，交流讨论观察结果。

② 教师小结：刚才小朋友们观察真仔细，知道小蜗牛体外有一个螺旋状的外壳，小蜗牛头上有两对触角，眼睛长在较长的一对触角顶端，用于寻找食物；前面一对较短的触角是小蜗牛的"鼻子"，能闻到食物味道；小蜗牛的腹部是较肥大的足，是运动器官，足内有足腺，能分泌黏液，所以小蜗牛在爬行过

的地方会留下痕迹。

(2) 探究蜗牛的生活习性。

教师提供卷心菜、生菜叶、树叶、米饭、水果等,幼儿分组尝试喂养蜗牛,探究蜗牛喜欢吃的食物,并用适当的方式记录。

第一组:把蜗牛放在透明盒子里,提供卷心菜、生菜喂养蜗牛,隔天观察盒子里蜗牛的情况,并记录。

第二组:提供树叶喂养蜗牛,隔天观察盒子里蜗牛的情况,并记录。

第三组:提供米饭、水果喂养蜗牛,隔天观察盒子里蜗牛的情况,并记录。

小结:蜗牛属于草食性动物,喜欢吃蔬菜叶和苔藓等。

3. 探究蜗牛是怎样活动的。

(1) 引导幼儿把蜗牛放在卡纸上,观察蜗牛是怎么活动的。相互探索交流蜗牛是否会在干干的卡纸上分泌黏液。

蜗牛赛跑游戏:每个幼儿选取自己喜欢的蜗牛,然后一起放在卡纸上,观察哪只蜗牛爬得快。

(2) 引导幼儿探究蜗牛碰到障碍物是否会转弯。

提问:蜗牛碰到了石头和树叶会发生什么样的现象?

(3) 小结:蜗牛蠕动时会分泌黏液,有助于辨别方向。冬眠时,黏液还起到了保温作用。蜗牛碰到障碍物会转弯。

4. 饲养蜗牛。

幼儿分组探索给蜗牛做一个"家"。

第一组:找到塑料筐淋湿,摘一筐叶子铺在筐子里,把蜗牛放在绿色的"家"里,隔天观察蜗牛饲养情况。

第二组:找到纸盒,用铁铲挖一盒湿湿的土,把蜗牛放在纸盒里,隔天观察蜗牛饲养情况。

5. 送蜗牛回家。

蜗牛喜欢比较阴暗、潮湿的地方,我们把蜗牛送回家吧。

游戏建议

1. 鼓励幼儿积极参与探索蜗牛的科学游戏中,提供游戏材料,让幼儿进行探索、发现。

2. 在自然角饲养蜗牛,便于幼儿观察与记录。

(案例来源:湖南省衡阳市格林沃顿幼儿园 刘小燕 钟慧)

资料链接

常用谜语

常用手指游戏

幼儿园区角活动
环境创设

第二节　音乐游戏

案例导入

"小老鼠,上灯台,偷油吃,下不来,喵喵喵,猫来了,叽哩咕噜滚下来。"幼儿扮演小老鼠,老师扮演大花猫,边念歌词,边进行表演。幼儿随着音乐,静悄悄地慢慢往前走,爬上小椅子,像小老鼠一样假装吃东西,听到"猫来了"时,做出在地上滚的动作……在教师的带动下,幼儿充分发挥想象,跟随音乐做游戏。

点评:音乐游戏"小老鼠上灯台"通过故事情节让幼儿理解音乐作品,将歌曲和动作完整地结合在一起,既激发了幼儿的表演兴趣,又了解了大花猫和小老鼠的生活习性,幼儿在游戏中体验快乐,学唱歌曲。

一、幼儿园音乐游戏概述

(一)幼儿园音乐游戏的含义

幼儿园音乐游戏是指在音乐伴随下,按照一定的规则和要求、以发展幼儿音乐能力为目标的游戏活动。音乐游戏深受幼儿喜爱,它将音乐活动内容融于游戏的形式中,生动有趣,让幼儿在游戏中感受音乐、理解音乐、改编歌词、创编动作,从而发展幼儿的音乐知识和音乐技能,促进幼儿积极愉快的情感体验和享受,使幼儿获得美的陶冶,愉悦身心健康。在音乐游戏中,音乐和游戏相辅相成,音乐促进和制约着游戏活动,而游戏活动又能帮助幼儿更具体、形象地感受、理解音乐。

(二)幼儿园音乐游戏的特点

1. 音乐性

音乐是音乐游戏的灵魂,没有音乐,音乐游戏将无从开展。在音乐游戏中,教师要根据幼儿的年龄特点选择适宜的音乐,让幼儿在游戏中感知音的高低、长短、强弱、快慢、人声音色、乐器音色等,从而根据音乐的变化做出相应的动作,通过游戏掌握音乐的节奏、曲调、速度、力度等基本要素。

2. 游戏性

音乐游戏属于规则性游戏的一种,它具备游戏的趣味性、自主性、创造性等相关特征。音乐游戏的材料形象生动、诙谐有趣,能引起幼儿的兴趣,并积极主动参与游戏;音乐游戏的玩法新奇多样、幽默夸张,能让幼儿在游戏中保持兴趣,感受音乐的美并表现美和创造美;在音乐游戏中,幼儿随着音乐放松自己,获得积极的情感体验。

3. 综合性

音乐游戏是集歌曲、舞蹈、律动、乐器甚至美术等多方面的内容为一体,体现了内容的综合性。幼儿在音乐游戏的过程中,感受音乐的节奏、旋律等音乐基本要素,随着音乐的变化做出相应的动作,他们既是音乐的欣赏者,同时也是音乐的表现者和创造者,体现了游戏过程的综合性。幼儿参与音乐游戏,感受音乐的美,体验愉悦、欢乐等积极情感,从而达到游戏的目的;同时,幼儿在音乐游戏中学习规则、表现音乐、创造音乐,并把音乐的美传达给身边的伙伴、朋友、老师、家长等,从而发展幼儿的动作协调能力、社会交往能力等,体现了音乐游戏目的的综合性。

（三）幼儿园音乐游戏的教育价值

1. 音乐游戏可以提升幼儿的音乐素养

匈牙利音乐教育家约瑟夫·加特说过这样一句话："幼儿在学习之前，最重要的就是培养幼儿提前具备一定的音乐基本素质。"音乐游戏是以培养幼儿音乐能力为主的游戏活动，它为幼儿提供了宽松、自主、愉悦、开放的游戏氛围，幼儿在参与音乐游戏的过程中不知不觉地学习和积累了很多的音乐素材，对音的高低、长短、强弱、音色的感受及表现能力、审美能力等都有所提升。

2. 音乐游戏可以促进幼儿的审美情趣

音乐游戏是增进幼儿美感的活动。在游戏中，幼儿感受音乐所带来的艺术美，用自己的动作、语言、表情、手势以及色彩鲜艳、造型奇特的道具反映自然界、社会生活、艺术作品中美好的事物和形象。例如，在音乐游戏"鸭子拌嘴"中，教师用五幅鸭子图片活灵活现地展现了小鸭们出门游玩、在水里嬉戏、与小鱼争吵、和好回家四个不同节奏型的场景给幼儿视觉上美的感受；接着，教师又引导幼儿创编律动表现小鸭们"出门、嬉戏、吵架、回家"的场景，每个幼儿都即兴创作，尽可能地把自己最美好的动作展示出来。最后在教师的指挥下，幼儿配上"三角铁、双响筒、铃鼓、小镲"等乐器进行演奏，带给幼儿美的体验。

3. 音乐游戏可以促进幼儿的社会性发展

音乐游戏是一种规则游戏。它可以培养幼儿的规则意识，促进幼儿养成良好的行为习惯。同时，音乐游戏提供了宽松和谐的氛围，使幼儿能积极愉悦地参与游戏，在游戏中他们能大胆尝试、敢于挑战，不断展示自我，这有利于培养幼儿的自信心。音乐游戏也为幼儿提供了人际交往的机会，满足幼儿的交往需要。在音乐游戏中，幼儿通过语言、表情、动作与人交流，能力强的幼儿带动能力弱的幼儿，使幼儿不知不觉地学会与人沟通、交流、分享、合作、协商等优秀品质。例如，音乐游戏"欢迎来我家做客"，教师通过设计"小兔家做客、小鸭家做客、蓝精灵家做客、来我们家做客"四个不同的情境，既引导幼儿在有趣的情境中愉快地学唱歌曲，同时也让幼儿尝试学做小主人，热情地招待客人，从而让幼儿在游戏中学会爱自己、爱家人、爱同伴、爱老师。

4. 音乐游戏可以促进幼儿的智力发展

音乐游戏可以促进幼儿语言、感知觉、注意力、记忆力、思维力、想象力、创造力的发展。在音乐游戏中，通过接触大量优秀的儿歌，可以丰富幼儿的词汇，增加对文学语言的理解与运用；通过听听、唱唱、跳跳可以发展幼儿各感官的敏锐性；通过自编舞蹈、自创歌曲，可以发展幼儿的想象力和创造力。音乐游戏还会对幼儿的知识经验积累产生积极影响，巩固和丰富幼儿的知识。例如，大班音乐游戏"香甜面包"中，幼儿要调动以往的生活、知识经验，思考在面包上撒什么香料，才会香甜可口，并要进一步想象，配备怎样的动作才能体现面包的制作过程，并摆出不同造型的面包。因此，音乐游戏丰富幼儿的知识，促进幼儿智力的发展。

二、幼儿园音乐游戏的种类

按照游戏的发起者和组织者来划分，音乐游戏可以分为自娱性音乐游戏和教学性音乐游戏。

（一）自娱性音乐游戏

自娱性音乐游戏是指幼儿自发生成的、没有目的和功利性的自然游戏。它具有自发性、趣味性、随机性的特点，例如，在班级音乐区，幼儿随着音乐，自发地演唱或自编舞蹈……这类游戏既包括一切由幼儿主动发起的与音乐有关的游戏，也包括由教师通过环境、气氛创设而引发出来的活动。自娱性音乐游戏的内容、玩法、规则等，基本由幼儿掌握，教师尽量避免干扰。

（二）教学性音乐游戏

教学性音乐游戏是指教师有目的、有计划地组织的专门性音乐游戏。它具有计划性、目的性、趣味性的特点，游戏的目标、内容、玩法、规则、音乐等基本由教师掌握。教学性音乐游戏能让幼儿系统地接触音乐，掌握音乐的节奏、旋律、歌词等，并能根据音乐的强弱、快慢及音色的变化等进行创造性的表演，能提炼和深化幼儿的音乐经验。教学性音乐游戏根据游戏形式不同，可划分为以下四类。

1. 听辨游戏

听辨游戏是指幼儿通过用耳朵倾听，获得对自然产生的和人创造的各种音响效果的辨别感受能力。听辨游戏丰富幼儿对声音的听觉印象，注重培养幼儿听的习惯与技巧，提高幼儿听觉的敏感性和对声音高低、长短、强弱、音色等基本特征的反应力、记忆力和整体感知力。幼儿园常见的听辨游戏类型有听辨音高、听辨力度、听辨节奏、听辨音色、听辨曲式。

2. 歌唱游戏

歌唱游戏是指以唱歌的形式开展的游戏。幼儿边玩游戏边歌唱，既享受歌唱的乐趣，陶冶身心，又可以发展幼儿运用嗓音进行艺术表现的能力以及对音乐的感受、表现和创造能力。幼儿园歌唱游戏常见的曲目类型有幼儿歌曲、传统歌谣、幼儿自己创作或即兴创编的歌谣。教师在组织歌唱游戏时，一开始应把重点放在游戏方式、游戏规则和人际关系等方面，不要刻意纠正幼儿的演唱错误，让幼儿在反复游戏中自然而然地学会歌曲。

3. 韵律游戏

韵律游戏是指幼儿在音乐的伴随下，做出有感情、有节奏的动作。幼儿园韵律游戏的动作主要包括四个方面：基本动作、模仿动作、舞蹈的单一动作以及韵律动作组合。基本动作是指幼儿在反射动作基础上发展起来的生活动作，包括走、跑、跳、拍手、点头、摆臂及其他身体动作。模仿动作是指幼儿在表现特定事物的外在形态和运动状况时所用的身体动作，它包括对各种动物形象的模仿动作，如马跑、羊走、牛走、鸟飞、兔跳、鸡走、鸭行、鱼游等；各种劳动的模仿动作，如扫地、浇花、拉锯、开火车、开汽车等；自然现象的象征性模仿动作，如小树长大、花儿开放、刮风、下雨、雪花飘等；日常生活及其他的模仿动作，如洗脸、刷牙、梳头、穿衣、弹琴、吹号、打鼓等。舞蹈动作是指已经程式化了的艺术表演动作，如跑跳步、手腕花、摆手等。韵律动作组合是指根据一首完整音乐的结构组织起来的一组韵律动作，它是某种律动或某几种律动的组合，例如，《幸福拍手歌》是基本动作的组合；《洗手绢》可把洗、搓、拧、晒等动作组合在一起；《开汽车》可以把上车、开动、行驶、到站等动作结合在一起。

4. 节奏游戏

节奏是音乐的"呼吸"与"进行"，是音乐生命的源泉，没有节奏就没有音乐。节奏游戏是指通过语言、身体动作、图片等各种方式来锻炼幼儿节奏感的游戏。节奏感是指幼儿在音乐活动中捕捉到、感受到、表现出乐曲节奏的韵律、韵味、趣味、情趣等节奏美的一种能力。幼儿节奏感的训练，可以通过游戏化的方法和手段激起幼儿的兴趣，从现实生活入手，挖掘节奏，寻找节奏，让幼儿在兴趣的前提下模仿节奏，并用语言、动作、画画、乐器等形式表现出来。常见的节奏游戏有语言节奏游戏和身体动作节奏游戏。

语言节奏游戏是指结合人名节奏、水果名称节奏、动物名称节奏、日常用品名称节奏、儿歌节奏等来创编的节奏游戏。例如，人名节奏游戏可以让幼儿根据不同的节拍，边打节奏边说出自己的名字，一个接着一个，依次类推，最后一个幼儿说出第一个幼儿的名字。这样的游戏不仅增强了幼儿的自信心、增进了幼儿的友谊，而且还培养了幼儿的节奏感、协调能力以及听觉能力、注意力等。

身体动作节奏游戏是指充分利用人体这个天然的打击乐器，发出美妙的声音，如拍手、拍肩、拍腿、踩脚等,根据歌曲、节奏模仿、节奏应答而创编的节奏游戏。例如,节奏游戏"头、肩膀、膝盖、脚趾",可以有节奏地拍身体的相应部位,熟练后,加快速度,同时还可增编歌词,如拍手、踩脚、扭扭腰,小脚小脚抬抬抬。又如,节奏模仿中,教师有节奏地说:"请你跟我这样做。"幼儿有节奏地应答:"我就跟你这样做。"随后老师做一个动作,幼儿跟着模仿一个动作。

三、幼儿园音乐游戏的环境创设

(一)物质环境

创设游戏的物质环境,提供游戏的材料,对激发幼儿的游戏欲望有着极其重要的作用。

1. 音乐游戏的空间

开展音乐游戏需要一定的游戏空间。在自娱性音乐游戏中,教师可利用活动室的区角设置音乐游戏区,并在音乐游戏区中设置小舞台,投放各种各样适合幼儿进行表演的材料。音乐游戏区属于动态区域,为不影响其他游戏区域,应避免与安静区为邻。教学性音乐游戏既可以在活动室的集体活动区开展,也可以在幼儿园多媒体活动室开展,空间应宽敞,适合全班幼儿进行集体游戏。

2. 音乐游戏的材料

自娱性音乐游戏中,教师要提供丰富的材料支持幼儿参与游戏。在音乐游戏区的墙面,教师可以用相关的图片进行装饰以渲染音乐游戏的氛围,充分利用音乐区的分隔柜或投放衣物架,用于摆放各种乐器、儿歌、乐谱、唱片、磁带、耳机、音响、话筒等,还可投放一些废旧不用的丝巾、衣服、头饰、表演物品等供幼儿进行装饰。在音乐游戏区,教师可以在活动区的墙上悬挂一些柔软的枕头或厚厚的布挂毯等,以确保幼儿的声音纯正适中。各类材料投放应安全、有趣且摆放要分门别类,在每一个盒子、柜子、衣服架上贴上不同标签,方便幼儿进行存取。

教学性音乐游戏的材料应根据游戏的主题进行投放。首先,教师可结合游戏主题,利用活动室的墙面、天花板对活动室进行布置,如放上一些树,表示森林,撒上一些绿色的纸屑,表示草地,挂上一些音符,表示音乐宫等,让幼儿从一开始就置身于音乐游戏的意境之中,激起幼儿的学习动机和欲望,引领幼儿满怀兴趣地参与音乐游戏。比如,小班音乐游戏"捉小鱼",教师提前将活动场地布置成带有一片水草的小鱼的家,并和幼儿一起戴上小鱼的装饰。在"捉小鱼"的音乐背景下,幼儿很快就被周围的氛围感染了,自然而然地进入了角色。其次,投放相应的服装、头饰、道具、乐器等供幼儿进行歌唱并表演动作。如小班的音乐游戏"魔法汤",教师就为每一个孩子准备了魔术师穿的黑色衣服和瓶盖上抹有颜料的"汤",孩子们在老师的组织下扮成魔法师,随着音乐用小棒搅"汤"、上下摇"汤",让"汤"变成五颜六色的。

(二)心理环境

心理环境看不见、摸不着,但它却实实在在地影响着幼儿的行为,良好的心理环境可促使幼儿积极向上、心理健康发展。音乐游戏的心理环境主要是指音乐游戏的氛围、音乐游戏中的师幼关系、同伴关系。

音乐游戏的氛围应宽松、自由,能让幼儿保持积极愉悦的心情,大胆尝试,勇于表现,享受游戏乐趣。

音乐游戏的师幼关系应民主、平等。教师要树立正确的幼儿观、游戏观,尊重幼儿的需要、兴趣和爱好,注重与幼儿的互动协商、注重幼儿的情感体验、注重幼儿是游戏中的主体、注重动态性的评价方式。教师在组织中充分鼓励幼儿积极参与,在过程中允许个体差异,如当幼儿大胆做出第一个动作,拍出第一个节奏时,老师赞许的目光,鼓励的微笑,肯定的口吻(如"你的动作真棒""我喜欢你这个节奏""你肯定能行""真不错"之类)等积极评价都令幼儿对自己的能力充满信心,从中获得强大的推动力,更加积极主动地参与音乐游戏,毫无拘束地表达自己的真实情感,自然、真实地表现自己并发展个性。

音乐游戏的同伴关系应友好、愉快。教师应建立良好的交往环境,提供幼儿与同伴自由交往的机会。让幼儿学习良好的交往技能,学会与同伴交往的礼貌用语,增进幼儿间的相互了解和情感。引导幼儿遵守音乐游戏规则,学习自律,尊重他人。改进教师的教育方法和评价方法,协调同伴关系,当幼儿在交往中出现问题时,教师应辩证地看待幼儿之间的冲突,不要急于批评孩子,而要采取理智又机智的对策,引导幼儿尽量自己解决问题。

四、幼儿园音乐游戏设计

（一）幼儿园音乐游戏设计的原则

1. 音乐性原则

音乐性原则是指在设计音乐游戏时,选择的音乐素材应形象生动、节奏鲜明、结构工整并能随音乐的变化想象表现游戏情节。例如,音乐游戏"喜羊羊与灰太狼"中的 A 段音乐反映了羊村里小羊们快乐玩耍的情景,音乐轻快、活泼,富有节奏感、韵律感,形象鲜明、突出,适合幼儿进行创意性地模仿;B 段音乐反映了蜗牛伯伯生病了,小羊们要去救蜗牛伯伯,它们遇到了灰太狼的情境,音乐缓慢、沉重、紧张,与 A 段音乐形成鲜明的对比;C 段音乐反映了小羊们凭智慧战胜了细菌和灰太狼,音乐欢快、激昂。幼儿可以借此清楚地区分游戏角色,顺利地变化游戏情节。

2. 游戏性原则

游戏性原则是指在设计音乐游戏时,要注重游戏的玩法和规则,突出高潮的设计与处理。游戏玩法要有趣、有起伏、有变化,教师要不断地添加一些新的刺激与挑战,保持幼儿适度的兴奋感。例如,音乐游戏"动物历险记"中,教师和幼儿分别扮演猫头鹰博士和小动物,通过进入森林、躲避火龙喷火、躲避大灰狼、营救小伙伴等情节,幼儿在游戏的氛围中积极参与活动,感知音乐的节拍和高低音,体验愉快的情绪和自主探索。

3. 生活性原则

生活性原则是指音乐游戏的素材应贴近幼儿的生活,是对幼儿生活经验的反映。例如,音乐游戏"香甜面包"中,教师扮演围裙妈妈引导幼儿创编"做面包"的游戏,教师启发幼儿"做面包要先干什么,再干什么",让幼儿根据自己的生活经验自由表现做面包的动作:和面团——撒香料——变造型——烤面包。还引导幼儿两两合作,一人扮演围裙妈妈,一人扮演面团,做出不同造型的面包,如机器猫造型、大公鸡造型、大黄狗造型、猴子造型、毛毛虫造型等,这些造型是幼儿喜爱的动植物,是幼儿生活经验的反映。

（二）音乐游戏设计的要点

1. 明确音乐游戏目标

音乐游戏目标应从情感、能力技能、知识经验三个维度来制定,注意目标的全面性、适宜性、重点性、可操作性等。情感目标可设定为:喜欢参加音乐游戏、能用自己喜欢的音乐方式大胆地表现自己的情感体验;乐于与伙伴一起游戏、表演、创造等。能力技能目标可设定为:能够感受显著变化的音乐节奏和旋律;能感知歌曲欢快、活泼或优美、舒缓的情绪,能随着音乐的变化改变动作的速度、力度、多种节奏的表现形式等。知识经验目标可设定为:掌握各种简单的音乐知识,在音乐游戏中,学习歌唱、学习表演、学习表达对外界美好事物的感受;学习用多种方式表达探索音乐活动的过程和结果。

不同类型音乐游戏的主要目标:

(1) 听辨游戏的目标。

① 享受参与听辨游戏的乐趣。

② 对音调、音高、节奏等有一定的敏感性。

③ 对音乐有热情和感受力。

(2) 歌唱游戏的目标。

① 享受参与歌唱游戏的快乐。

② 能运用嗓音进行艺术表现,并有一定的音乐感受力。

③ 积累一定的音乐语汇,遵守游戏规则,建立规则意识。

(3) 韵律游戏的目标。

① 享受参与韵律游戏的快乐。

② 能运用身体动作进行艺术表现。

③ 积累一定的音乐语汇和艺术动作语汇。

(4) 节奏游戏的目标。

① 享受参与节奏游戏的快乐。

② 对音乐节奏具有一定的感知能力和表现能力。

③ 积累一定的音乐语汇和艺术动作语汇。

📚 资料链接

幼儿园音乐游戏年龄阶段目标

小班

1. 初步感受音乐,能跟随音乐的变化做动作。
2. 理解游戏情境并懂得遵守游戏规则。
3. 能在游戏中控制自己的身体姿势。
4. 愿意与同伴一起游戏,体验音乐游戏的快乐。

中班

1. 感受乐曲的风格,能随音乐协调合拍地做动作。
2. 尝试创编新的游戏情境和动作,探索游戏规则,能根据动作和语言的提示,记忆游戏情节。
3. 尝试听音乐的信号,调控自己的位置。
4. 在音乐游戏中,能和同伴协调配合。
5. 喜欢参与音乐游戏,感受愉快的游戏氛围。

大班

1. 理解音乐的性质,能随音乐乐段、节奏、速度的变化做动作。
2. 能积极创编相关的游戏情境,并主动探索游戏新规则。
3. 能听音乐信号快速反应,并记忆空间位置,协调控制自身的动作。
4. 在音乐游戏中,能运用多种方式结伴合作游戏。
5. 积极参与音乐游戏,体验同伴间愉快交流的情感。

2. 音乐素材的选择

音乐素材是音乐游戏的灵魂,直接影响幼儿游戏的兴趣和游戏的效果。教师在选择音乐素材时要注意音乐性、游戏性、趣味性、创造性,同时还应考虑幼儿的年龄特点、音乐游戏类型等。

(1)歌唱游戏。歌唱游戏所选择的音乐素材既要注意幼儿的接受能力,同时也要考虑歌曲的教育性。

在歌词方面,歌词的内容和文字应生动有趣,易于幼儿理解;歌词要有适当重复和发展余地,易于幼儿记忆和掌握;尽可能选择第一人称歌曲,能让幼儿感到亲切,并自然、真实地表达情感;歌词的内容一般为动植物、自然现象、节日和幼儿日常生活等;歌唱形式与内容应适于用动作来表现,因为幼儿的活动总体是不分化的,无论是说话还是歌唱,都常常以动作相伴随。

在曲调方面,一是音域较狭窄,要适合幼儿的身心发展特点,不能选择过高或过低的音;二是节奏较简单,3岁以前幼儿所选歌曲的节拍最好以二拍子和四拍子为主,4~6岁的幼儿除二拍子和四拍子以外,可以较多地选择三拍子甚至六拍子歌曲;三是旋律较平稳,所选歌曲应注意多选以五声音阶为骨干的旋律;四是结构较短小工整,3~4岁的幼儿一般选择2~4个乐句为宜,4~6岁的幼儿可选含有6~8个乐句;五是词曲关系较单纯,一字一音的关系是主流。

(2)韵律游戏。韵律游戏的音乐素材应节奏鲜明,形象性强,能引起幼儿的兴趣和愿望;音乐速度不宜太快,应能让幼儿的动作合上音乐的节奏、节拍和速度。可采用"一曲多用",即曲调不变,但音区、节奏、力度、速度都加以改变以表现不同的形象。

(3)节奏游戏。节奏游戏中音乐素材多种多样。一是生活中的节奏,如钟表:滴答滴答;上楼时:嗵嗵嗵嗵;下楼时:踏踏踏踏;小朋友、老人、中青年人走路的节奏等。二是歌曲中的节奏,如二拍子音乐《进行曲》,威武雄壮,整齐有力;四拍子音乐《雪花飘》《小燕子》等;三拍子音乐圆舞曲等。三是乐器中的节奏,如各种乐器的声音,是清脆还是深厚,是长音还是短音等。

(4)听辨游戏。听辨游戏注重培养幼儿听的习惯与技巧,可以听辨音乐的音高、力度、节奏、音色和曲式。例如,听辨力度游戏选择音乐素材要体现出力度明显的强弱区别或渐变的过程;听辨节奏游戏中音乐素材要旋律规整、节奏不复杂、易于幼儿听辨及操作,以二拍子或四拍子为主,切忌游戏开始就选择三拍子的音乐,不利于幼儿进行表现。

3. 音乐游戏过程设计要点

(1)导入游戏。音乐游戏根据不同的游戏类型灵活选择导入方法。常见的导入方法有:情景导入、欣赏乐曲、谈话导入、韵律导入、故事导入等。例如,小班音乐游戏"锯木头"采用故事导入:森林里住着一只小猪,最近狡猾的大灰狼把小猪的草房子给弄坏了,小猪请我们一起帮忙重新盖一间小房子,我们每人拿一块木块出发吧!(教师和幼儿随音乐《锯木头》入场)

(2)音乐游戏的设计类型。

"示范——模仿——练习"型。其程序如下:①引出主题;②组织幼儿倾听、熟悉音乐;③演示游戏玩法;④边讲解示范边带领幼儿游戏,帮助其了解和熟悉游戏的玩法;⑤组织幼儿进行连贯游戏。

"分解——累加"型。其程序如下:①教师先将游戏中有重要作用的歌曲或韵律动作分解出来,作为歌唱游戏或韵律游戏活动的材料单独使用,使幼儿提前掌握;②在幼儿复习歌曲或韵律活动的基础上,教师向幼儿提供游戏中的玩法;③用类似第一种活动方式的方法教幼儿玩这个游戏,或者教师提供游戏中的其他材料,并以材料为线索,引导幼儿共同创编游戏的玩法,然后通过反复玩这个游戏,使幼儿逐步熟悉、掌握。

"游戏——音乐游戏"型。其程序如下:①教师将音乐游戏中的游戏部分抽取出来,先让幼儿玩这个游戏;②教师播放音乐,让幼儿集体讨论,并将游戏的过程与音乐的各个部分相匹配;③教师组织指导幼儿跟随音乐练习玩游戏。

(3)音乐游戏的规则设计。音乐游戏的规则要简单清楚,便于幼儿理解和记忆,过于复杂的规则不但难以操作,而且容易使幼儿的注意力集中在游戏的非音乐层面,影响音乐游戏目标的完成。例如,中班节奏游戏"我和小狗捉迷藏"中,规则的设计为:幼儿在倾听音乐的过程中,只有在唱到不见了的字母时才能做拍手的动作。

(4)音乐游戏结束。音乐游戏最常见的结束方式有:幼儿集体游戏结束,在愉快的氛围中自然结束,讲评结束等,根据具体的游戏活动进行选择运用。例如,小班韵律游戏"聪明的汤姆猫"采用情境式结束:今天我们班的小朋友都变成了聪明的汤姆猫,和老师一起玩了高级版的对唱游戏,你们开不开心啊?玩了这么久了,小汤姆猫们也该休息了,我们下次再一起玩吧!(教师拿出"魔法棒"将"小汤姆猫们"变回小朋友)

五、幼儿园音乐游戏的评价

(一)音乐游戏的评价注重肯定幼儿的想象力和创造力

如何针对音乐游戏活动进行科学的评价,直接关系着音乐游戏活动的价值和幼儿的发展。《3～6岁儿童学习与发展指南》指出教师要了解并倾听幼儿艺术表现的想法或感受,领会并尊重幼儿的创作意图,不简单用"像不像""好不好"等成人标准来评价。在这一理念指导下,教师应关注音乐游戏中幼儿的创造力、想象力的表现和发展。如,音乐游戏"森林狂想曲"活动中,小朋友们跟着音乐扮演着各种各样的动物来参加舞会,他们积极发挥自己的想象力和创造力:有的扮演着小青蛙跳来跳去呱呱唱歌,有的扮演鸭子跳起了欢快的舞蹈,有的扮演小孔雀展开了翅膀……有一个小朋友笔直地站在舞台的一角,手臂随着音乐轻轻摇摆,有的小朋友看着他捂着嘴巴偷笑,老师忍住强烈的好奇心没有打断他。音乐游戏结束后,老师请他解释一下自己的动作,这位小朋友说:"我扮演的是大树,正在欢迎着动物朋友们来参加舞会呢!"其他小朋友认真地听着,再次开启音乐游戏时,好几个小朋友也做起了这个动作。

在音乐游戏的评价中,教师要尊重幼儿自己的经验水平和独特见解,接纳他们独特的创造方式和表现形式。孩子不是"小大人",我们不能以成人的眼光去要求幼儿创造出完全符合我们预设的内容,他们的创作可能不尽如人意;有些可能天马行空"不着调";有些还可能与我们的意愿相违背,但这才是他们真实的想法和创作。作为教师我们要客观观察幼儿的言行,通过评价去激励幼儿积极想象和大胆创造。

(二)音乐游戏的评价应注重幼儿的学习过程

音乐游戏吸引幼儿的原因之一是幼儿在音乐游戏中可以轻松、自主地表现自己,得到身心的释放。音乐游戏的评价应将更多的目光投向幼儿,对幼儿在活动中的表现应予以仔细观察:看幼儿是否能积极参与活动;在活动中幼儿是处于被动地位还是积极主动地探索学习,幼儿在音乐游戏中的独立思考和创造能力等。如中班音乐游戏"好朋友",教师在评价时,更加注重的是幼儿感受歌曲欢快、喜悦的风格,体验与同伴一起歌唱的快乐,提升幼儿音乐游戏的积极性和品质。

(三)音乐游戏的评价应注重幼儿的情感体验

音乐游戏活动是一种有情感的活动。音乐游戏能让幼儿在整个游戏过程中充满愉悦感,并拥有充足的个性化的表现空间,获得成功感。无论何种形式的音乐,都得先通过一定的形式让幼儿去体会、感受,从身到心,从而进入音乐、进入角色进行表现。因此,教师的评价重点应放在音乐游戏活动是否给幼儿带来正面的情绪体验,抓住幼儿扮演每个角色时的情感体验。如音乐游戏"小兔和狼"中,教师应侧重评价哪些幼儿抓住了小兔子的机灵、可爱活泼以及大灰狼的可怕、凶猛,以此来帮助幼儿从角色的心理变化寻找一系列动作的感觉。

（四）音乐游戏的评价应具体化

教师对幼儿的各种表现做出的回馈应具体化，不可抽象、笼统，以便幼儿参考。例如，在音乐游戏中，通常教师对幼儿音乐表现的评价都是"唱得真好""你真棒""真不错""你比上次有进步"，而幼儿却不清楚自己的表现到底"好"在哪、"棒"在哪、"进步"在哪里？是声音更好听了？节奏更稳了？还是动作更协调了？幼儿最终无从所知。这样笼统的评价方式不但对幼儿没有启示、引导的意义，而且时间久了，反而会让幼儿觉得厌倦、乏味无趣。教师若抓住评价时机，对幼儿进行既具体又形象的评价，让幼儿明确地知道好在哪里，哪些方面还可以让自己表现得更好，幼儿就能从教师的点评中认识到自己在音乐游戏中的优点和不足，才能真正在模仿、交流、反思的过程中提升自身的音乐感受力、表现力和创造力。

六、各年龄班音乐游戏的特点与指导重点

（一）小班音乐游戏

1. 特点

小班幼儿语言表达能力和理解力较弱，喜欢独自操作，与同伴交往较少。能初步理解他们所熟悉歌曲的歌词内容和思想，能理解性质比较鲜明的音乐情绪，喜欢听节奏鲜明、欢快的音乐，能随音乐特点做动作，但由于经验不足，还不能随音乐性质换相应的动作。动作简单，变化小，喜欢模仿老师或同伴的动作，大多数幼儿已经掌握了拍手、摇头或是晃动手臂、用手指点或拍击身体的部位、点头或摇头、小幅度慢速度地运动躯干等简单的非移动动作，但腿部力量较弱，脚掌缺乏应有的弹性、身体左右摇摆大，自控力差。入园初期随乐意识较差，大多数幼儿都不能做到基本合拍地随音乐表演，而且还会有部分幼儿只顾"自我陶醉"而忘记表演的要求。3岁末期，不仅大多数幼儿能做到基本合拍地随音乐表演，而且已具备了初步的随乐意识。

2. 指导要点

（1）音乐游戏内容的选择。小班音乐游戏的内容应与幼儿的日常生活和身体动作紧密相连。应选择具有喜剧色彩、情绪热烈的歌曲。开展歌唱游戏时，歌曲的音域一般在 $d^1 \sim a^1$ 的范围。节奏型的选择上要注意由四分音符组成的节奏型、由八分音符组成的节奏型以及由二分音符组成的节奏型，是最容易让幼儿理解的。例如，《小手爬》是一首活泼、富有童趣的歌曲，通过游戏的方式能让幼儿在音乐中感知手的动作变化和手与不同身体部位接触，进一步了解身体的不同部位，从而产生愉快的情绪。歌曲速度为中速，节拍为 $\frac{2}{4}$ 拍，节奏平稳。节奏是音乐要素之一，这首歌曲正是运用了这样的节奏来表现游戏时的欢快情绪，适合小班幼儿边唱边双手有节奏地爬的音乐游戏。

（2）对游戏过程的指导。小班教师在带领幼儿参与音乐游戏时，示范动作应简单、规范，便于幼儿进行模仿；游戏过程中应保持十分的活力与热情，多一点互动，启发幼儿主动参与音乐游戏活动，让幼儿在音乐变化中体验游戏的快乐。

（二）中班音乐游戏

1. 特点

中班幼儿处于典型的游戏年龄阶段，他们的思维更加具体和形象，在认知范围、认知能力、活动能力等方面都比小班有明显进步。中班幼儿听辨音的分化能力较小班幼儿有所提高，能逐渐辨别声音的

细微变化。对不同体裁、性质、风格乐曲的分辨能力也有很大提高;在音乐的速度、力度、节奏、结构把握上,他们往往能够通过教师组织的音乐游戏,初步感受到乐曲的结构,听出乐段、乐句之间的重复以及乐曲在情绪性质上的明显差异;能基本理解音乐所表达的情绪和情感,并由此产生一定的想象、联想。音乐理解能力不断加强,幼儿已能借助歌词及已有的生活经验、音乐经验,基本理解音乐所表达的艺术表演形象。中班幼儿属于联合游戏阶段,他们较少出现与同伴合作做动作,在韵律游戏中,主要以手部动作和直线、曲线运动为主。因此,中班幼儿在音乐游戏的内容、艺术形象、音乐知识技能的学习和运用等各方面都比小班幼儿丰富。

2. 指导要点

(1) 音乐游戏内容的选择。中班音乐游戏的素材可以有更多变化,在曲式结构上可以有二段式或三段式结构,除音乐形象特点要鲜明以外,还需要在对比段落之间有明显的交接点,便于幼儿在游戏过程中随音乐的变化而变换动作。中班歌唱游戏,所选择的歌曲音域适合在 $c^1 \sim a^1$ 的范围。例如,"汽车上"这个游戏,就利用间奏部分的变化,使幼儿感受到音乐的表情变化,以此来协调动作,达到情感上的共鸣。

(2) 音乐游戏过程的指导。中班幼儿更需要的是先熟悉音乐,在教师的讲解和引导下,通过自己的理解和想象,表达出对于音乐的理解。教师的语言要生动形象,启发性要强,把幼儿的注意、情绪引导到游戏情境之中,提高学习的积极性。教师也可以随时引用幼儿已掌握的知识技能帮助提高学习质量,还可以让领悟力较强的幼儿表演示范给其他幼儿,以提高学习积极性。在游戏过程中,可分小组练习,互相观摩、评议,提高幼儿对音乐的鉴别能力和学习的自觉性。

(三) 大班音乐游戏

1. 特点

大班幼儿好学好问,有极强的求知欲望,他们喜欢问"为什么",喜欢细致深入地了解和研究身边的一切事物。合作意识和规则意识逐渐增强,他们会选择自己喜欢的玩伴开展音乐游戏,能逐渐明白公平的原则和需要,服从集体约定的意见。动作灵活、控制能力明显增强,能比较准确地按音乐节奏做各种稍微复杂的基本动作、模仿动作和舞蹈动作组合,进一步丰富舞蹈动作语汇。能用已经掌握的空间知识,进行创造性的表现,创造力和表现力比较强,且表达方式多样化,在音乐游戏中会通过歌舞、乐器、语言等方式来表达自己对音乐的理解。能为不同的舞蹈表演选择不同的道具和服装,乐于和同伴一起合作表演,体验交流的乐趣。

2. 指导要点

(1) 大班音乐游戏教学内容的选择。大班音乐游戏的内容,在情节的变化上应丰富多彩,在曲式结构和乐曲的内容上应能给予大班幼儿充分的想象空间,让他们尽情地发挥自己的想象力,用自己的方式来表现对乐曲的理解。例如音乐游戏"狩猎波尔卡",在整曲中最突出的是弦乐合奏,仿佛森林中的那些轻舞飞扬着的小动物在享受大自然赋予它们的美好生活;中间夹杂的三声枪声似乎破坏了这种和谐美好的气氛,小动物们开始四处游散,大鼓、小鼓、钹的拍击渲染了这种气氛。全曲充满精神力量,动态幅度宽广,细节描述清楚,强弱对比鲜明,展现出既平衡又饱满的动力,以及积极向上的思想意境。

(2) 帮助幼儿塑造良好的个性品质。大班幼儿非常喜欢带有竞赛性、合作性的音乐游戏,教师要教育他们在游戏高潮中不忘遵守游戏规则,培养诚实、积极进取的优良品格。在带有竞赛性的音乐游戏中,大班幼儿的集体荣誉感和责任感往往会表现得更加突出,他们知道集体的力量可以通过自己的努力来实现。教师要利用大班幼儿的年龄特点,结合音乐游戏的特征塑造幼儿良好的个性品质,促进其社会性的发展。

(3) 引导幼儿形象表演。在大班音乐游戏教学中,教师可以通过引导,帮助幼儿将他们已学过的知识技能和游戏相联系,借助简单的音乐表情用语和舞蹈动作术语,采用边示范、边提示动作要领的方法,使他们在音乐伴随下能够自觉地、有理解、有感受地进行游戏活动。同时也可以引导大班幼儿观察所要表演的对象,了解表演的内容和动作的意义(如成人的劳动、动物的动作),根据他们自己的观察再做形象表演动作,来发展他们的想象力和创造性。

音乐游戏案例

小班音乐游戏:小兔和狼

游戏目标

1. 感受小兔和狼两段音乐的不同性质,能随音乐游戏。

2. 能用动作表现小白兔和大灰狼的音乐形象。

3. 喜欢参加音乐游戏,有初步控制自己的能力。

游戏准备

1. 物质准备:大灰狼、小白兔的头饰,音乐、故事图谱,树林背景一块,花、草、蘑菇等若干。

2. 知识准备:已学会《小兔与狼》歌曲并学过兔跳。

游戏过程

1. 听音乐进入活动室,引导幼儿熟悉"森林"场景。

师:今天,兔妈妈要带你们去树林里玩,快跟上吧!(幼儿听音乐进教室,教师带幼儿在树林中随意活动,重点关注幼儿动作是否合拍)

2. 复习歌曲《兔子和狼》,引导幼儿有感情地演唱。

师:玩得真累呀,我们快来找一个小椅子休息一下。(请幼儿坐好)

师:兔宝宝们,树林里漂亮吗?你们玩得开心吗?那我们一起来唱唱歌吧!

师:一开始,我们在森林里玩得开心吗?那可以怎么唱呢?(笑眯眯地唱)用什么声音呢?(欢乐)狼来了时是什么心情?那该怎么唱?(紧张、害怕、慢)

3. 引发游戏兴趣,探索游戏玩法。

(1)整体欣赏音乐,理解音乐内容和情绪。结合故事图谱,帮助幼儿理解音乐的快和慢。

师:这个音乐里面,有快节奏音乐,也有慢节奏音乐,我们来听听吧!

(2)分段欣赏音乐,探索游戏玩法。

① 快节奏音乐是小白兔出场。引导幼儿听音乐,用动作表现小白兔快乐玩耍的样子。

② 慢节奏音乐是大灰狼出场。引导幼儿听音乐,用动作表现大灰狼的狡猾和小白兔勇敢躲避的样子。

(3)引导幼儿理解游戏规则。

游戏规则:唱完歌词"哎呀!狼来了"以后,兔宝宝才能躲起来,千万不要让大灰狼抓到或者发现,等大灰狼离开后兔宝宝才能出来。

4. 随音乐完整游戏。

(1)第一遍游戏。配班教师扮演大灰狼,主班教师扮演兔妈妈,小朋友扮演小白兔进行游戏。

重点引导幼儿分辨两种不同性质的音乐,根据音乐形象进行游戏。

(2)第二遍游戏。一名幼儿扮演大灰狼,其余幼儿扮演小白兔进行游戏。

重点加深幼儿对游戏规则的理解。

(3)第三遍游戏。改变游戏道具,增加游戏难度。

减少小白兔藏身物的数量,鼓励幼儿想出不一样的藏身方法。

5. 结束游戏。

师：噢，大灰狼走了，小白兔们快出来欢庆吧！（随兔子舞音乐做简单动作，鼓励幼儿做自己喜欢的动作，边跳边离开教室）

（案例来源：http://www.baby-edu.com/2014/1029/19050.html，有改动）

中班韵律游戏：面包之舞

游戏目标

1. 能与同伴协商合作创编动作，在合作中努力做到自控与积极回应。

2. 在观察模仿学习的基础上大胆尝试创造性地合作表演。

游戏准备

1. 面包制作过程图片6张。

2. 歌曲音频一份、面包若干。

游戏过程

1. 情境导入：围裙妈妈和孩子们，引出主题。

教师扮演围裙妈妈，小朋友扮演孩子。围裙妈妈带领孩子们听音乐进入"厨房"，左肩对圆心，随节奏逆时针走圆圈。

提问：今天，妈妈买了一大袋面粉，准备做又香又甜的面包，孩子们和妈妈一起去厨房做面包吧！

2. 熟悉A段音乐，学习做面团的基本动作。

（1）出示围裙妈妈做面团的步骤图片，围裙妈妈边讲解边示范动作，了解做面团的基本过程。

师：好了，厨房到啦，宝贝们请坐。现在我们已经有了面粉，我们要用这些面粉做出又香又甜的面包，应该怎么做呢？（出示步骤图片，围裙妈妈边讲解边示范动作）

步骤一：和面粉；步骤二：捏面团；步骤三：揉面团；步骤四：切面团。

（2）听音乐，教师完整示范动作。

师：宝宝们，妈妈再来做一次面团，请你们仔细看一看、听一听。

（3）师幼共同梳理做面团的步骤，听音乐，在教师的语言提示下学习相应的动作。

师：妈妈刚刚是怎样做面团的呢？（和面粉、捏面团、揉面团、切面团）现在请你们和妈妈一起来做面团吧！（放音乐，老师与幼儿一起做面团）

3. 熟悉B段音乐，学习做面包的动作。

（1）教师扮演面团，配班教师扮演面包师，示范做面包的相关动作。（撒香料、变造型、烤面包）

撒香料：哎呀，现在面团是做好了，可是妈妈想把它做成又香又甜的面包，那我们可以在上面撒些什么样的香料呢？（幼儿自由回答）怎么撒香料呢？现在妈妈是小面团，你们来给妈妈撒香料吧。（妈妈走到每个幼儿前面）

变造型：现在妈妈变成香喷喷的面团啦，我们请面包师来给面团做一个好看的造型吧。（强调造型摆好了，就不能动了）

烤面包：造型摆好了，我们要烤面包了。（根据节奏做相应的律动）

（2）幼儿根据妈妈的动作进行模仿表演。

（3）师幼互动表演，再次澄清并练习面包师和面团的动作。

师：宝宝们，你们喜欢吃什么味道的面包呢？原来我的宝宝喜欢吃这么多口味的面包，妈妈得赶紧全部做出来，现在妈妈想请一个大头宝宝来当妈妈的面团，谁想来当妈妈的面团呀？（请一个幼儿做面团，并悄悄告诉他，撒香料时他要抖动，但是在妈妈给他摆造型时，一定不能动）

（4）听音乐,幼儿两两合作初次互动表演,并猜猜面包造型。

师:好啦,现在每个小朋友与自己旁边的小朋友合作,一个当妈妈,一个当面团,让我们一起来做面包吧!(教师小组指导,并邀请一些有代表性的小组到场地中间展示)

师:好,现在我们来猜猜,我们的大头宝宝们摆的是什么造型?(教师与幼儿一起猜)

（5）反思评价幼儿互动表演中的相关事项。

4. 结合 A、B 段音乐幼儿完整表演。

总结:用精练的语言总结做面团和做面包的基本动作。

游戏延伸

回家后,和父母一起做面团和面包,并品尝。

大班音乐游戏:江南

江南

游戏目标

1. 感受歌曲轻快的风格,逐步掌握鱼儿与莲叶嬉戏、逗乐等游戏的玩法。

2. 能合着歌曲旋律和情节进行游戏,在集体游戏中体验鱼戏荷叶的乐趣。

游戏准备

1. 物质准备:音乐《江南》、PPT。

2. 幼儿经验准备:熟悉古诗《江南》和初级动作模型;玩过"挠痒痒""捉迷藏"和"网小鱼"的游戏。

游戏过程

1. 完整感受音乐,初步感知游戏玩法。

导入:今天我们来玩一个莲叶与小鱼的游戏,首先一起来看看莲叶是怎么玩的。

2. 探索游戏的玩法。

（1）教师示范"莲叶"动作,幼儿欣赏。

① 提问:刚刚莲叶做了哪些动作?(幼儿自由讨论)

教师梳理小结,幼儿学习"莲叶"动作。

② 探索 A 段音乐的玩法,自由表现莲花的形态和开花的位置。

引导语:荷塘里的荷花到处都有,有的开得高高的,有的开得……,有的开向……,有的开向……那我们来试一试,这次荷花可以开在身体的哪些地方?

③ 幼儿随音乐练习。

（2）探索 B 段音乐的玩法,想象并表现鱼儿逗莲叶的情景。

① 引导语:美丽的荷塘里,谁在和莲叶玩游戏?它们是怎么玩的呢?现在老师来当"小鱼",小朋友来当"莲叶",我们来试一试。

② 提问:鱼儿和莲叶是怎么玩的?做了哪些动作?莲叶做什么动作时,小鱼来逗它?小鱼是怎么逗莲叶的?谁来说一说?(幼儿讨论小鱼动作,教师梳理)

（3）探索 C 段部分音乐的玩法,想象并表现莲叶网小鱼的游戏。

讨论游戏玩法:小鱼在莲叶间游戏,莲叶们把小鱼围住,玩起了网小鱼的游戏。做什么动作的时候,莲叶们可以围成一个圈?小鱼什么时候游、什么时候不能动?

3. 随音乐完整游戏。

（1）请两个幼儿当"小鱼",其他幼儿当"荷叶",随音乐游戏。

（2）请四个幼儿当"小鱼",其他幼儿当"荷叶",集体随音乐游戏。

4. 交换角色游戏,体验轮流和互动的快乐。

（1）讨论游戏规则,尝试分角色游戏。

引导语：大家轮流当中间的小鱼,我们可以怎样交换角色? 在做什么动作时交换角色? 我们听着音乐来试一试。

(2) 学习交换角色,循环游戏。

游戏延伸

1. 在户外开展"鱼戏莲叶""网小鱼"的游戏。

2. 表演区准备道具(如纱巾等),进行角色游戏升级活动。

附古诗

江　南

汉乐府

江南可采莲,

莲叶何田田。

鱼戏莲叶间。

鱼戏莲叶东,

鱼戏莲叶西,

鱼戏莲叶南,

鱼戏莲叶北。

(案例来源:湖南省衡阳市政府机关一幼儿园　封莉莎)

第三节　体育游戏

📖 案例导入

　　体能区又添置了新玩具——布偶鼠,王老师把布偶鼠藏在不同的地方。自由活动时间,扬扬、可可、浩浩等一大群孩子来到体能区,可可在攀登架上发现了一只布偶鼠,大喊:"看,我捉到一只小老鼠!"

　　扬扬在海洋球里也找到了一只布偶鼠,说:"看,我也捉到一只小老鼠!"这时,孩子们的注意力都转移到"捉"小老鼠上,他们争先恐后,在跳绳筐、沙包堆、呼啦圈等体育器械中"捉"到了许多小老鼠。

　　可可说:"我看到猫捉到老鼠,不会马上吃掉,要先玩一会儿。"于是,玩老鼠的游戏开始了,有的用手抛、接老鼠,有的用脚踢、踩老鼠。浩浩一边摔老鼠一边喊:"坏老鼠,我要摔死你!"扬扬说:"没摔死,向远处扔,再扔远一点。"在孩子们纷纷捡起老鼠,向远处扔老鼠的过程中,突然跑出一只"大老鼠",幼儿一边大声喊"捉大老鼠",一边追逐着"大老鼠"……

　　点评:孩子们玩得多么欢快、惬意呀! 幼儿自由自在地参与游戏,在捉、抛、接、踢、踩、摔、追逐等活动中,其身体的协调性、运动机能得到发展;在与小伙伴共同游戏中,孩子们自信、乐观、开朗、勇敢,并在轻松嬉戏中增长了知识、开启了心智。这就是幼儿园体育游戏的魅力所在。

　　那么,什么是幼儿园体育游戏? 幼儿园体育游戏有何特点? 带着这些问题,我们开始本节的学习。

一、幼儿园体育游戏概述

《纲要》指出："幼儿园必须把保护幼儿的生命和促进幼儿健康放在工作的首位。"幼儿园要"开展丰富多彩的户外游戏和体育活动,培养幼儿参加体育活动的兴趣和习惯,增强体质,提高对环境的适应能力"。从中可见幼儿体育是保护和促进幼儿身心健康的重要途径和手段。而体育游戏作为体育活动的主要形式之一,在幼儿体育活动中占有很重要的地位。

（一）幼儿园体育游戏的概念

体育游戏,又称为活动性游戏或运动性游戏,是根据一定的体育任务设计的,由身体基本动作、情节、角色和规则组成的一种活动性游戏。它具有增强体质、娱乐身心、陶冶情操的作用,既有游戏的特点,又有体育的特征。

幼儿园体育游戏,是幼儿园体育活动的一种主要活动形式,也是幼儿最喜爱的体育活动之一。它是根据幼儿身心发展规律,以走、跑、跳、投、平衡等基本动作为主要内容,以游戏活动为主要形式,以发展幼儿身心为主要目的的一种锻炼活动。

（二）幼儿园体育游戏的特点

1. 体育游戏是一种趣味性体育活动

幼儿园体育游戏是深受幼儿喜欢的活动形式。其趣味性主要体现在情节性和竞赛性两方面。幼儿园体育游戏一般都带有一定的情节,有不同的角色,这非常符合幼儿爱模仿、好扮演的特点。体育游戏中的竞赛又能充分满足幼儿争强好胜的心理。体育游戏正是以它的趣味性和娱乐性,对幼儿有着巨大的吸引力,如"猫捉老鼠""踩影子"等体育游戏常让幼儿乐此不疲。

2. 体育游戏是以发展幼儿基本动作为主的体育活动

幼儿园体育游戏将基本动作技能的锻炼寓于趣味性很强的活动之中,幼儿在游戏中完成走、跑、跳跃、投掷、钻爬、攀登等基本动作。因此,体育游戏能激发幼儿对体育活动的兴趣,让幼儿掌握各种基本动作的技能技巧,促进以体能为主的各方面发展。例如,"打大灰狼"游戏能训练幼儿的投掷能力;"小青蛙捉害虫"游戏能锻炼幼儿的弹跳能力等。

3. 体育游戏是幼儿园健康教育的重要方式

《纲要》指出：幼儿园要"开展丰富多彩的户外游戏和体育活动,培养幼儿参加体育活动的兴趣和习惯,增强体质,提高对环境的适应能力"。户外体育活动是幼儿园每天的生活活动之一,体育游戏是幼儿园户外体育活动的主要形式,是完成幼儿园体育工作的主要途径之一。

幼儿园体育任务主要通过体育活动和体育游戏两条途径来完成,体育活动相对来说只有锻炼的属性,而体育游戏除锻炼之外,还具有趣味和竞技的属性。体育游戏比一般体育活动更能促进幼儿身心的全面发展,提高幼儿身心健康水平。

（三）幼儿园体育游戏的作用

1. 有助于促进幼儿的身体发育和动作的发展

体育游戏使幼儿各器官系统的生理机能都得到锻炼和改善,能更好地促进新陈代谢,增强幼儿体质。体育游戏通过反复练习走、跑、跳跃、平衡、投掷、钻爬和攀登等基本动作,可以使基本动作得到进一步发展和完善,基本活动能力得到进一步加强,速度、力量、耐力、协调等身体素质得到进一步提高。体育游戏多在户外进行,使得幼儿有机会充分地接触新鲜空气和阳光,能提高幼儿对外界环境的适应能力,增强身体的抵抗力。

2. 有助于幼儿智力的发展

体育游戏通过身体的运动加快血液循环,从而改善脑的营养供应,促进脑的发育,为幼儿智力的发展提供更好的物质基础。在张弛结合的体育游戏中,幼儿神经系统的灵活性和均衡性也得到改善,从而使幼儿精神饱满,精力充沛。在体育游戏中,要求幼儿对外界的刺激能迅速作出反应,目测人和物的空间距离,估计游戏时间,牢记游戏的规则和玩法,积极思考动作的应变等,这会有助于培养幼儿的注意力、记忆力,提高思维的敏捷性和灵活性。幼儿体育游戏一般都具有竞赛因素,不仅是体力的竞争,也是智力的竞争。如"踩影子"游戏,不仅需要幼儿快速躲闪,不让别人踩到自己的影子,还要想方设法地踩到别人的影子,才能获取游戏的胜利。这样,在游戏过程中,幼儿的注意力、思维能力、创造力等方面的能力在潜移默化中得到了发展。

3. 有助于培养幼儿的意志品质

幼儿园体育游戏有严格的规则,它贯穿于游戏的全过程。幼儿在游戏中必须学会控制自己的行为,自觉遵守游戏规则,以保证游戏的顺利进行,并达到预期的目的。如"爱的抱抱"游戏,先选一个幼儿当指挥员,其他幼儿围成一个圆圈慢跑,游戏规则是:游戏时指挥员一直喊"爱的抱抱,爱的抱抱",最后突然说一个数,如3,幼儿就3个人抱在一起;如果抱在一起的幼儿少于或多于3人,就会被淘汰出局,其余幼儿继续玩游戏,最后坚持下来的2人为获胜者。由此可见,体育游戏能增强幼儿的注意力、对信号的反应力,培养镇定克制、机智灵活、勇敢果断、克服困难等优良品质。

4. 有助于幼儿社会性行为的发展

体育游戏一般是以集体或小组的形式展开的,因此幼儿园体育游戏是一项集体性的教育活动。集体性的体育游戏需相互配合,在愉快的游戏中,幼儿逐渐积累集体生活经验,增强组织性,养成相互关心、相互谦让、团结协作的行为习惯。如"马儿跑得快"体育游戏,幼儿5人一组,两脚分开"骑"在一条平衡木上,以小组竞赛的形式进行游戏,比一比看哪组的"马"最先到达终点。这有助于培养小组成员齐心协力的合作意识,协商沟通的社会交往能力,同时对培养和增强幼儿的责任感和集体荣誉感也起到积极的作用。

形式多样、内容丰富的幼儿园体育游戏,能满足幼儿好动的需要,给幼儿带来愉悦的情感体验。良好的心境,有助于幼儿活泼开朗、乐观向上性格的形成。幼儿园体育游戏中运用的动听的音乐,感情色彩鲜明、语言优美的儿歌和对话能丰富游戏的美学知识,发展幼儿的美感。

二、幼儿园体育游戏分类

体育游戏是一种综合性的体育手段,它在活动组织形式、活动内容、活动场地、活动人数及作用上都具有综合性。体育游戏的综合性决定了它分类的多样性,以下是常见的体育游戏分类方法。

(一)按游戏组织形式分类

幼儿园体育游戏按组织形式可分为自由活动游戏和体育教学游戏两种。

自由活动游戏是以幼儿为主,幼儿自定活动形式、自选运动器械、自由组合玩伴的自主性游戏活动,如户外活动时幼儿玩的"滑滑梯""荡秋千""滚圆环""攀爬"等游戏(见图4-16,图4-17)。

体育教学游戏是以教师为主,为完成一定的教学目标而组织的教学性游戏活动,如小班"秋风与落叶"游戏,是教师为幼儿学习走跑交替动作,按照信号和要求做相关动作,提高控制身体平衡的能力等开展的游戏。

图 4-16　滚圆环游戏

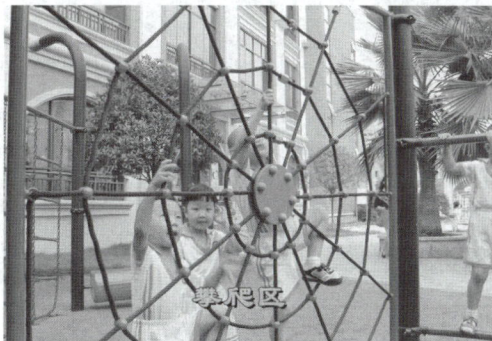

图 4-17　攀爬游戏

（二）按游戏有无情节分类

幼儿园体育游戏按其有无情节，可分为主题游戏和无主题游戏。

主题游戏是以假定的形式反映生活中的一个片段和童话故事中的情节或主题。其特点是有角色、有游戏情节。此类游戏较多，各年龄班游戏的难易程度不一。如小班"小蚂蚁运粮食""老猫睡觉醒不了"，中班的"笼中鸟""网小鱼"（见图 4-18），大班的"赶小猪"（见图 4-19）"编花篮""钻洞采花"等游戏。

无主题游戏是没有一定的情节和角色，或是包含了幼儿感兴趣的动作内容，或是包含了竞赛性因素，如"迷迷转""踩高跷""极限爬行"等游戏。

图 4-18　网小鱼游戏

图 4-19　赶小猪（竹筒）游戏

（三）按游戏活动形式分类

幼儿园体育游戏按其进行的形式可分为接力游戏、追拍游戏、争夺游戏、角力游戏和猜摸游戏。

1. 接力游戏

接力游戏是以接力的活动形式进行的分组竞赛游戏，如"骑竹马接力赛"游戏（见图 4-20）。

2. 追拍游戏

追拍游戏是游戏者追拍其他游戏者或球，训练幼儿奔跑及反应力的竞争游戏。追拍游戏常常带有一定的心理紧张因素，有的还有一定的情节和角色，如"丢手绢""老鹰捉小鸡"游戏。

3. 争夺游戏

争夺游戏是为争夺一定的物品或位置而进行的一种斗智比速的游戏。如"夺球""抢椅子"游戏。

4. 角力游戏

角力游戏是游戏者相互比较力量、斗智斗勇的对抗性游戏。游戏分为双人角力和多人分组角力，如"垫上角力""拔河"游戏。

5. 猜摸游戏

猜摸游戏是蒙住游戏者的眼睛,利用听觉、触觉和平衡觉来进行运动和猜物的游戏。如"摸鼻子""盲人与跛子""捉迷藏"游戏。

图4-20 骑"竹马"游戏

图4-21 跳竹竿游戏

(四)其他分类

1. 按游戏活动的基本动作分

按游戏活动的基本动作可分为走跑游戏、跳跃游戏、投掷游戏、攀登和钻爬游戏、平衡游戏等。

(1)走跑游戏。教师给予幼儿一定的指令要求或游戏情境,让幼儿完成沿直线走、沿曲线走、侧走、快走、慢走或大步跑、小步快跑、冲刺、追捉、躲闪等一系列动作,从而锻炼幼儿的腿部肌肉,提高幼儿走跑的能力。如"开火车""走过河石""老鼠笼""丢手绢"游戏。

(2)跳跃游戏。教师给予幼儿一定的指令要求或游戏情境,让幼儿完成并腿跳、蛙跳、单脚跳、朝某一方向跳等一系列动作,从而发展幼儿的腿部力量以及肌肉掌控能力。如"跳格游戏""健康脚跳球""袋鼠跳袋""跳竹竿"(见图4-21)游戏。

(3)投掷游戏。教师给予幼儿一定的指令要求或游戏情境,让幼儿完成尽力朝某一方向投掷的动作,从而发展幼儿的手部力量,提高幼儿投掷的准确性和力量性。如"扔沙包""彩带飞盘"游戏。

(4)钻爬游戏。教师给予幼儿一定的指令要求或游戏情境,让幼儿完成向前钻爬、向后钻爬、直线钻爬、曲线钻爬等一系列动作,从而使幼儿的腿部肌肉得到充分锻炼,提高幼儿的钻爬能力。如"钻爬隧道""钻爬桥洞""滚坦克"(见图4-22)等。

图4-22 滚坦克游戏

图4-23 过平衡桥

(5)平衡游戏。这种游戏的主要目的是锻炼幼儿的平衡能力。教师给予幼儿一定的指令要求或游戏情境,让幼儿完成走平衡木、沿直线走、单腿跳等一系列动作,从而锻炼幼儿的身体协调能力。如"踩平衡器""踩高跷""过平衡桥"(见图4-23)等。

2. 按发展身体素质的作用分

按发展身体素质的作用可分为速度游戏、力量游戏、灵敏游戏、柔韧游戏、耐力游戏、协调游戏、平衡游戏等。

3. 按使用器械分

按使用器械的不同可分为不持器械的徒手游戏,如"萝卜蹲""斗鸡""人枪虎"等;持轻器械的游戏,如利用沙包、球类、木棒、绳类、圈类等开展的游戏。

4. 按参与游戏的人数分

按参与游戏人数可分为单人游戏、双人游戏和集体游戏等。

5. 按活动性大小分

按活动性大小可分为活动量大、活动量中等、活动量小的游戏。

6. 按游戏场地分

按游戏场地的不同可分为室外游戏和室内游戏。

三、幼儿园体育游戏材料的选择和利用

体育游戏材料是幼儿开展体育游戏不可缺少的物质条件,不仅可以激发幼儿体育游戏的动机,还可以支持幼儿体育游戏的开展,幼儿正是在不断地、主动地与各种体育游戏材料交互作用的过程中获得了身心的发展,促进了身体素质和身体运动能力的提高。因此,提供能够促进幼儿走、跑、跳、钻爬、平衡、攀登、投掷等动作和运动能力发展的器械与材料,对于实现幼儿园体育游戏的任务具有重要价值。教师须结合各年龄班幼儿自身的特点和体育游戏的任务与内容选择和利用适宜的体育游戏材料,也可废物利用,自制一些体育游戏材料供幼儿玩耍(用易拉罐做哑铃、用纸箱做坦克等),从而保证幼儿体育游戏的顺利进行。

投掷类:各种球(皮球、乒乓球、吹塑球、幼儿足球、篮球)、沙包、飞盘、投掷板、投掷环、套圈等类型。

钻爬类:钻圈、钻洞等形式,钻爬通道不能完全封闭,小班高度在65~70厘米,中大班高度在50~60厘米。

平衡类:平衡木、平衡台、荡桥、梅花桩、高跷、脚踏滚筒等样式。平衡木的宽度、高度不一:中班宽20厘米,高30厘米;大班宽15厘米,高40厘米。

攀登装置:阶梯式(爬梯)、爬网式(攀登网、绳梯)、攀岩式(攀登架、攀登壁)等多种形式(见图4-24)。

图 4-24 攀登游戏

摇摆、颠簸类：秋千、跷跷板、摇马、荡船、转椅等。

各种车辆玩具：幼儿三轮车、幼儿两轮车、独轮小推车(见图4-25)、小拉车等。

跳跃类：蹦蹦床、充气床垫、橡皮筋、跳绳(长绳、短绳)、跨栏架(见图4-26)等。

滑行类：滑梯、滑竿、滑板、冰鞋等。滑梯与地面的夹角不大于35度。

图4-25　小推车

图4-26　跳跃

四、幼儿园体育游戏的设计与组织实施

幼儿园体育游戏的类型较多,本节中的幼儿园体育游戏的设计与组织实施仅仅是指幼儿园体育教学游戏的设计与组织实施。幼儿园体育游戏是实现幼儿园体育活动任务的主要途径,为确保体育游戏的顺利进行,教师除精心地选择合适游戏外,还要根据教育目标、幼儿的特点和幼儿园的体育玩具及活动设施的条件,有针对性地设计体育游戏,以达到预期的教育效果。

(一)幼儿园体育游戏设计的原则

1. 锻炼性原则

幼儿园体育游戏是以增强幼儿体质为主要目标。因此,在设计幼儿园体育游戏时,必须有某些基本动作的练习,如"小青蛙捉害虫",就是将"跳"的基本动作渗透到游戏的情节中,提高幼儿双脚并拢向前跳的运动技能。要有一定的运动负荷量,保证幼儿实际活动的时间以达到增强幼儿体质的目的。要充分利用运动器械以及草地、树林等自然环境,激发幼儿对活动的兴趣,提高幼儿使用器械的能力。

2. 趣味性原则

幼儿园体育游戏之所以深受幼儿喜爱,正是因为它的趣味性。趣味性是幼儿园体育游戏具有生命力的重要因素。教师首先应选择幼儿熟悉和喜爱的角色,安排简单有趣的情节,激发幼儿参与体育游戏的兴趣;其次,在体育游戏的设计上内容应丰富多彩、新颖有趣。

3. 教育性原则

幼儿园体育游戏在促进幼儿身体和基本动作、技能、素质的发展的同时,还具有促进幼儿认知和情感、意志等发展的任务。选择的体育游戏内容要能促使幼儿的认知能力得到发展,在开展体育游戏过程中,要不断培养幼儿的规则意识、团结协作的集体精神,以及勇敢果断、诚实自控、不怕困难等优良品质。

4. 安全性原则

由于幼儿年龄小,生活能力和自我保护能力都较差,易发生安全事故,必须遵循安全性原则。首先,在设计体育游戏时,安排的游戏内容应是安全的;其次,创设的体育游戏环境是安全的。因为只有在安全的环境里,幼儿的生命和发展才能得到保障。具体来说,就是在规划活动场地时,应保证幼儿活动范围、路线都在教师的视线以内,所提供的玩具、器械是安全无毒、无棱角的。

5. 发展性原则

在设计幼儿园体育游戏时,必须准确把握幼儿原有的身心发展水平,既考虑幼儿的成熟程度和可接受性水平,不随意拔高,也不盲目迁就幼儿原有的身心发展水平而降低标准要求,应着眼于幼儿身心的全面、整体且长远的发展,有针对性地设计体育游戏。

(二)幼儿园体育游戏设计的基本思路

要组织好每一个具体的幼儿体育游戏,首先要设计好体育游戏的具体方案。通过编写方案对游戏进行预先的设计,可以使游戏过程更顺利,以达到体育活动的最佳效果。

一个完整的幼儿体育游戏方案,一般包括游戏名称、游戏目标、游戏准备、游戏过程、游戏规则、游戏建议或注意事项六个方面。

1. 游戏名称

游戏名称体现的是一个体育游戏的主题。教师应根据幼儿生理和心理发展的不同阶段,并结合幼儿园场地器材的情况选择适合的体育游戏主题。其设计要求如下。

(1)游戏名称能反映本次体育游戏的主要内容和特点,应主题明确,简洁明了,易于幼儿理解和接受。常用的命名方法有两种:一是根据游戏动作和活动方式的特点命名,如"跳羊角球比快""运球接力赛"等;二是以游戏情节或主题特点命名,如"小刺猬背枣子""坦克兵与投弹手"等。

(2)设计名称时应尽量符合幼儿化的特点,生动有趣。如"小兔跳彩圈""捉尾巴""小火车钻山洞"等游戏名称,符合幼儿情感和认知的特点,能引起幼儿对游戏的兴趣和好奇。

(3)书写内容要完整。一个完整的体育游戏名称应包括年龄班、游戏类型、具体内容。如"小班体育游戏:捉泡泡"或"体育游戏:捉泡泡(小班)"。

2. 游戏目标

幼儿体育游戏目标对幼儿身心健康的发展与水平具有预先设定与规范的作用,也是衡量幼儿园体育成效的评价尺度。首先,要以《纲要》中健康领域的总目标为依据,不同年龄段对幼儿及动作发展有着不同的要求。同时考虑本班幼儿的身心发展状况及具体水平,应难易恰当,使目标设计具有针对性、可操作性。其次,目标的设计要全面。一方面提高幼儿走、跑、跳、投掷、钻、爬等基本活动能力,提高幼儿身体素质;另一方面应该培养幼儿遵守纪律、勇敢顽强、不怕困难等情感品质,从情感态度、知识经验、能力发展三个维度对目标进行有效整合设计。最后,目标制定应有调整空间。体育游戏中,教师要根据幼儿身体机能的适应程度,或对动作要领的掌握程度,以及幼儿自身创造性发挥的程度,使体育游戏更适合幼儿发展的需要。例如,大班体育游戏"谍战精英"的活动目标表述如下:

🔹 勇敢参加谍战游戏,愿意接受有难度的任务,体验合作与竞争的乐趣。

🔹 能够发现游戏中存在的问题,并探索穿越不同高度的"红外线"障碍物的方法。

🔹 能协调、灵活地穿越障碍,具有自我保护意识。

3. 游戏准备

一个完整的体育游戏需要进行多方面的准备。

(1)物质条件和环境创设。场地的布置与划分,教具、学具、器械、玩具的名称、数量及安排等,并检查器材是否清洁、牢固,数量是否充足,场地是否平整、干净等。

(2)教师自身的准备。教师应了解全班幼儿的体质、能力、性格、品德等情况,熟悉体育游戏的内容,领会体育游戏的教育作用,掌握体育游戏动作,明确体育游戏玩法、规则、组织方式、注意事项与要求等。

（3）幼儿的准备。幼儿学习并掌握与体育游戏有关的儿歌,佩戴好相关的头饰或标志,穿戴安全、符合体育游戏要求的服装等。

4. 游戏过程

（1）导入。导入环节的主要目的是激发幼儿游戏的兴趣,集中幼儿的注意力,为游戏的展开作铺垫。兴趣是幼儿参与活动的原动力,教师组织的体育游戏活动只有引起幼儿的兴趣,激起幼儿的好奇心与探究欲望,才能让他们积极主动地参与活动。教师可以采取三种方式导入:一是故事导入。生动有趣的故事情节容易引起幼儿的注意,使其置身于故事化的情境中,从而激发幼儿游戏的愿望。二是器材吸引。在体育游戏中,器材往往是不可缺少的,器材的变化可以引起幼儿的好奇心和探索欲望。三是情境导入。幼儿具有冒险精神,喜欢追求刺激,勇于接受挑战,教师围绕游戏主题布置的生动形象的情境往往能很好地吸引幼儿的注意,激发他们主动参与,融入游戏。此外,还有音乐导入、儿歌导入等,导入的方式因游戏内容的不同而异。

（2）展开。展开环节是实现游戏目标的主要部分,由教师引导幼儿探索、体验游戏玩法,了解游戏规则,练习基本动作等。为此,教师要精心构思游戏情节、确定游戏规则、设计游戏细节等。

① 体育游戏情节的构思方法。体育游戏情节是根据游戏的动作或活动方式的特点而构思的,在游戏中主要起增加游戏趣味性的作用。构思体育游戏情节时,应从幼儿的身心特点出发,结合现实生活中幼儿感兴趣的事件和元素,围绕一个切入点展开设计。常用的构思方法有事件提炼法、故事借鉴法、角色衍生法、器械相关法、知识模拟法和主题串联法。

事件提炼法是一种从现实生活事件中提炼游戏主题素材,构思游戏情节的方法,如"小小快递员""小伞兵"等。教师要努力培养自己的职业敏感,善于从现实生活事件中汲取有益的素材,从幼儿的兴趣热点出发,构思出相应的游戏情节。

故事借鉴法是根据故事内容来构思游戏情节,以故事表演为游戏表现形式的方法。教师可利用幼儿爱听故事、表演故事的特点,用拟人化的虚构手法来构思游戏情节。运用故事借鉴法构思体育游戏情节有两种情况:一种是直接借鉴于现有的故事,如"小蝌蚪找妈妈""三只蝴蝶"等;另一种是为设计游戏而创编的某些故事情节,如"小猫抓鱼""小动物打怪兽"等。

角色衍生法是根据游戏动作和活动方式特点,选择相关或相似的事件作为游戏角色,从而衍生出某种游戏情节的方法。例如,设计以"爬"动作为主的游戏,可以考虑选用"小蚂蚁""小乌龟""小蜗牛"作为游戏角色,不同的角色可衍生出不同的游戏情节。

器械相关法是根据游戏使用的器械的特点来构思游戏情节的方法。利用体育器械和相关的道具,可以设计出相关的游戏情节来,如"小小滑冰运动员""走钢丝""盲人击鼓"等。

知识模拟法是根据一定的社会和自然知识,用模拟知识点的手法构思游戏情节的方法。根据不同的知识点可以设计出不同的游戏情节,如"秋风与落叶""雪花飘飘""红绿灯"等。

主题串联法是围绕某一既定的主题构思游戏情节,通过与主题相关的多个活动将多种游戏动作整合在一起,从而达到促进幼儿全面发展的教育目的。如大班"小小士兵训练营",围绕"训练营"这个主题,可以设计"走木墩""过独木桥""钻山洞""爬攀登架"比赛等多个游戏情节。

在我们经常接触的体育游戏中,有接力游戏、接拍游戏、争夺游戏、角力游戏、猜摸游戏等。有游戏就有规则,不然就失去了游戏的内涵。通过讲解示范,运用最简单有效的方式让每个小朋友明白游戏规则至关重要。

② 体育游戏细节的设计。体育游戏细节的设计包括体育游戏分队和分配角色的方法,体育游戏启动信号的设计,体育游戏儿歌的编写等。

第一,体育游戏分队和分配角色常用的方法有以下五种。

指定法:即教师直接指定、暗中指定或儿歌指定的方法,也可由游戏者中的分配人指定。分配人可由教师指定,可由幼儿推选,可由上次游戏的主要角色或获胜者当,也可由小组的组长当。

随机法:有报数法、抽签法和游戏法。报数法即按分队数报数,报数相同的为一队。游戏法是借用一些能随机产生角色的小游戏作为分配游戏角色的方法。

猜拳法:通过一定形式的猜拳,按输赢结果来确定游戏角色的方法,如"石头、剪刀、布"等。

民主法:由游戏者民主推选主要角色的方法。

轮流法:由游戏人轮流当主要角色的方法。

第二,体育游戏启动信号的设计常见的方法有以下五种。

发令法:由教师或主要角色发起启动信号的方法。启动信号可以是声音信号,如语言、口哨、铃鼓等;也可以是动作信号,如做手势、挥动小旗等。

问答法:由游戏者之间的问答来产生启动信号的方法,一般是接收信号人问,发出信号人答。例如"老狼老狼几点了",幼儿问,"老狼"答,当"老狼"回答"天黑了",就发出了启动信号。

儿歌法:游戏者一起念儿歌,儿歌结束就是启动信号。

猜拳法:通过猜拳确定角色,猜拳的结束也是启动的信号,如胜者跑、负者追。猜拳法既包括分配角色活动又包括启动信号活动。常用的有手势猜拳法、双脚跳跃猜拳法、模拟动作猜拳法。

乐曲法:以某种乐曲的出现、停止或变调作为游戏者开始或变化活动内容的启动信号。

第三,体育游戏儿歌的编写。

体育游戏的儿歌要能体现体育游戏的特点,内容包括游戏动作方法、游戏活动内容以及对游戏情节和游戏活动本身的描述等。编写儿歌要求内容健康、具体形象、浅显易懂、节奏明快、合辙押韵。同时也要体现体育游戏的特点,有反映游戏动作和活动内容的成分。游戏中运用儿歌一般是在游戏启动阶段说儿歌,如《小花猫学本领》等,或在游戏中伴随着练习说儿歌,如《人枪虎》等。

小花猫学本领

小花猫、本领高,
从高处、往下跳。
落地轻、声音小,
捉住老鼠不轻饶。

人　枪　虎

做个游戏人枪虎,
角色关系要清楚。
人举枪、枪打虎、虎吃人,
看谁反应最迅速。

(3)结束。以何种方式在何时结束游戏,对一个好的体育游戏活动来说也是必要的组成要素,值得教师认真考虑。结束部分的目的是降低幼儿大脑的兴奋程度,消除疲劳,让幼儿由兴奋状态逐渐恢复到相对安静状态,通过不同放松方式调节心肺功能,如做一些身体放松的动作或较安静的游戏。然后,对本次游戏进行简单评价,评价时应肯定和表扬幼儿的努力与成功,让幼儿在愉快的情绪中自然而然地结束活动。最后,积极鼓励幼儿参与器材的收拾与整理,让幼儿养成做事有始有终的习惯。

5. 游戏规则

体育游戏规则是关于动作的顺序以及在游戏中被允许或被禁止的动作的规定。规则是体育游戏顺利开展的重要保障,而规则的恰当性是游戏者遵守规则的重要前提,因此,制定体育游戏规则要考虑幼儿身心发展水平和特点,要考虑幼儿在游戏中身体需达到的一定运动负荷。所制定的规则应力求恰当合理、简单明确,奖励措施恰当,并明确合理与犯规的界限以及对犯规的处理方法,从而有利于游戏

的顺利开展与进行。例如,"老狼老狼几点了"的游戏规则是:

🐾 当老狼回答"天黑了"的时候,老狼才能转身追捕小羊。

🐾 小羊跑到圆圈外,老狼不能再追捕。

🐾 小羊如果被老狼捉住,小羊与老狼互换角色。

6. 游戏建议

游戏建议可从以下三个方面进行:一是说明游戏的适用范围,即游戏适用的活动场地、所需用的材料等;二是考虑游戏中可能出现的问题,针对这些问题提出注意事项;三是提出游戏的其他玩法。例如,"老狼老狼几点了"的游戏建议是:

🐾 游戏时扮演老狼的幼儿需戴上老狼头饰,其他幼儿戴上小羊头饰。

🐾 游戏最好在室外进行,在场地上画一个大圆圈。

🐾 小羊与老狼问答时必须往前走,不能停留,老狼回答几点钟时不能回头看。

🐾 场地上的大圆圈也可改成横线等。

(三) 幼儿园体育游戏的组织实施

1. 选择适宜、富有趣味的内容与形式

幼儿由于天性好奇、好动、好模仿,如果只是采取简单、呆板的游戏形式,难以激发幼儿参与的兴趣与热情。在组织体育游戏时,要遵循幼儿的年龄和身心发展特点,把握好运动量,保证场地和器材的适宜性。同时,还要注重体育游戏情节的构思,使游戏情节不仅符合身体锻炼的要求,而且符合幼儿的兴趣和知识经验,能够为幼儿留下想象和创造的空间,并具有教育意义。

2. 重视活动前的热身运动

热身运动是开展体育游戏之前必备的环节。热身运动可以活动肢体,润滑关节,促进循环,舒畅肌肉,使身体更好地适应接下来的主要活动。幼儿身体机能不及大人完善,因此对他们来说,热身运动环节更加重要,一般的热身运动包括头部、肩部、臂部、腰部、腿部、胯部、踝关节、腕关节的活动,有时根据需要还可以加入高抬腿、原地小跑步等动作。在具体的体育游戏中,幼儿哪个部位的关节使用频率较高、较强,在游戏开始之前就应增加这一部位的热身程度。如"小蚂蚁运粮食"的游戏对手腕的支撑力要求较大,因此必须对手腕关节做较多的热身,以免造成伤害。此外,热身运动最好能配以节奏明显且轻快的音乐,并由教师创编一些与游戏情节和内容相关的简单动作,能更好地吸引幼儿的积极参与。

3. 游戏时应注意的事项

在游戏过程中,教师除依据目标,运用生动有趣的方式开展之外,还要注意以下三个方面。

(1) 讲解应精炼、恰当、准确。在开展新的包含若干情节与场景的游戏时,教师要重点讲解游戏动作和规则。对于竞赛性、躲闪性、器械类、球类等无主题游戏,教师对动作和规则的讲解则应简短、精炼、准确,有时可适当示范。同时,教师的讲解还要充分考虑幼儿的年龄特征与接受能力:对小班幼儿,教师要用富有感情的语调在游戏进行中讲解,以引导小班幼儿特别注意某一动作和规则;对中大班幼儿,教师应多组织主题游戏和模仿性游戏,教师讲解的语言要生动、形象,以激起幼儿的想象与情感,让他们身临其境,从而能更逼真、有效地做好各种动作,完成游戏的任务。

(2) 注意培养幼儿的自主性和规则意识。幼儿活泼好动,易兴奋,自觉性、自制力及坚持性都比较差,教师要时刻注意采用多种方法帮助幼儿在游戏过程中控制自己的行为,养成良好的规则意识。对幼儿出现的违规行为,教师可用简单的语言引导幼儿发现问题并改正,也可使用事先规定的一些惩罚(如暂时取消游戏资格、表演节目等)。对中、大班幼儿,教师还可以根据游戏中幼儿表现出来的典型问题,大胆放手,引导幼儿自己思考应该建立怎样的规则,并在游戏中认真执行,互相监督,以有效增强幼

儿的自主性和规则意识。

（3）注意观察幼儿的游戏行为。在体育游戏中,教师要通过认真观察了解这项活动是否适合本班幼儿的发展水平;了解这项活动的器械、场景布置、规则等是否便于幼儿锻炼,并根据观察的结果及时调整活动的目标和方向,选择适当的器械与场景,以使幼儿能积极主动地参与活动,得到有效的锻炼。根据幼儿喜欢冒险,对有一定难度的活动较感兴趣的心理特点,教师在观察中还要注意发现和及时捕捉幼儿的兴趣点,让它生成下去,并让幼儿在活动中挑战自我,得到进一步发展。此外,教师还要对本班幼儿进行个别化观察,对发展水平、能力不同的幼儿提出不同的要求,并有针对性地对幼儿进行个别化的指导,在幼儿有需要时能给予必要的保护和帮助。

4. 在愉快的气氛中结束游戏

以何种方式在何时结束游戏,对一个好的体育游戏活动来说也是必要的组成要素。一般来说,在全班幼儿情绪较为高涨,还未感到很累的时候结束游戏最为合适。此时结束游戏,能让幼儿回味游戏的过程,期待下次游戏的到来。此外,游戏结束时,教师还应引导幼儿参与器材的收拾与整理,养成有始有终的好习惯。

总之,在体育游戏中,教师始终扮演着观察者、支持者、合作者、引导者的角色。在尊重幼儿的前提下,应能适时、适当地提供帮助与指导,能有效地鼓励幼儿运用已有的经验,不断寻求新的游戏方法,在提高幼儿基本运动能力的同时,促进其智力因素和非智力因素的协调发展,使幼儿喜欢运动,乐于参加运动。

五、各年龄班体育游戏的特点与指导

（一）小班

1. 小班体育游戏的特点

3～4岁幼儿身心发展水平有限,理解能力较弱,行为控制能力不足,规则意识淡薄。注意力易分散,行为受情绪影响大,集体观念、相互配合的能力较差。基本动作技能处于形成初级阶段,体力较小,动作的协调性、准确性、稳定性及耐力差,速度意识和竞争意识缺乏,活动不够自如。满足于游戏的趣味性和娱乐性,不完全理解输赢的意义,对游戏的结果不太在意。

小班应选择内容和情节简单短小、身体动作技能要求低且具有趣味性、娱乐性的体育游戏。游戏中排除无关刺激的干扰,运用故事角色、有趣的游戏过程提高幼儿参与兴趣,发展动作技能。如"小蚂蚁运粮食""小兔种萝卜",让幼儿模仿蚂蚁爬、小兔跳的动作,能激发小班幼儿参与体育游戏的积极性。借助音乐、指令等辅助手段提醒幼儿理解、遵守游戏规则。在体育游戏"网小鱼"中,幼儿满足于自己拿着网去网"小鱼"的过程,至于自己是否网住了"小鱼"或被网住不在乎,有的"小鱼"被网住,还很高兴地从网中跑出来继续游戏。这时教师应提醒幼儿遵守游戏规则:被网住的"小鱼"要站到旁边,不能再参加本次游戏,让幼儿在享受游戏乐趣的过程中,理解游戏规则。

2. 小班体育游戏的指导要点

（1）走。

① 双脚交替自然走:挺胸,躯干正直,眼看正前方,摆臂自然协调,步幅大而均匀,落地较轻,脚尖向前。

② 向指定方向走:设定比较感兴趣的标志物。

③ 持(拖)物走、沿圆圈走、模仿动物走、在指定范围内四散走。

④ 一个跟着一个走:排队走注意保持队形,不掉队,和同伴玩走步游戏。

（2）跑。

① 双脚交替自然地跑,能快跑 15 米左右：步子迈开,落地轻柔,躯干正直稍前倾,两手握拳屈肘前后自然摆动。

② 向指定方向跑：设立标志物,身体前倾向前跑动,体会腾空感,两臂自然前后摆动。

③ 走、跑交替 100 米：听到跑的指令,下肢迅速蹬摆做出跑的动作,同时两臂屈臂前后摆动,身体稍向前倾;听到走的指令,迅速由跑转变为走,并调节呼吸。

④ 一个跟着一个跑、持物跑、在指定范围内四散跑、追逐跑：强调跑的限制条件,追逐跑时追者要求其讲究方法,逃者要求其有躲闪能力。

（3）跳跃。

① 纵跳：轻松自然双脚同时向上跳,屈膝预摆,蹬伸充分,落地缓冲。

② 能单脚连续向前跳 2 米左右：轻松自然双脚同时向前跳、屈膝预摆,身体前倾,两脚同时起跳,同时落地。

③ 从 25 厘米高处往下跳：注意身体平衡,落地缓冲。

（4）投掷。

① 单手自然向前投物,屈臂肩上投掷,能单手将沙包向前投掷 2 米左右。

② 双手向上、前、后方抛球,双手滚、接、拍球：手腕放松,五指自然分开,用伸肘屈腕、屈指力量抛、滚、接、拍球。

（5）钻爬。

① 手、膝着地自然协调往前爬,倒退爬：爬时侧重点在两手、两膝的离地顺序上。

② 在 65～70 厘米高的障碍物下钻来钻去：钻时低头、弯腰、屈膝,做到钻时先屈腿,边钻边移重心,身体不触及障碍物。

（6）平衡。

双手张开调节身体平衡,走窄道(平行线)、走平衡木、走低矮的斜坡,走时不害怕、不紧张,步幅小,抬腿低,眼看正前方。

案例　　　　　　　　　　　　　　**藏　猫　猫**

教师和幼儿站在圆圈中,请配班老师扮演"老猫",幼儿当"小猫",教师说："老猫睡觉醒不了,小猫偷偷往外瞧,小猫小猫爱游戏,悄悄走到外面去。"当说到"去"字后,"小猫"轻轻地走到圆圈外躲藏起来。"老猫"醒来了,说："我的孩子不见了,喵、喵、喵,我的小猫快回来!"当说到"来"字后,"小猫"迅速跑回圆圈,回到"老猫"身边。游戏重新开始。

（二）中班

1. 中班体育游戏的特点

4～5 岁幼儿注意力和自我控制能力较小班有明显的发展,对规则的理解能力增强,有一定的规则执行能力。能理解输赢的意义,开始注重游戏结果。体力逐渐增强,动作的协调性、准确性、灵活性有一定的提高,平衡能力和独立活动能力也有明显发展。比较喜欢有情节、有角色、有追逐性的游戏,对游戏的结果开始有所关注,希望自己能获胜。

中班可以开展一些无故事情景的体育游戏,增设一些竞赛性体育游戏。在游戏中鼓励、表扬遵守规则的良好行为,强化规则意识。不过分表扬赢的幼儿,保护游戏失败幼儿的自尊心和对游戏的兴趣、积极性,减少游戏失败带来的不良影响。

2. 中班体育游戏的指导要点

（1）走。

① 按节奏上下肢协调地走：侧重左、右脚落地时机（老师必须有口令提示），强调摆臂为对侧臂前后摆动。

② 听信号有节奏地走、变速走、变方向走：游戏前让每一个幼儿都能了解设定的信号,以便在游戏中作出相应的速度、方向变化,加速走时,要求步子比慢走时要小,但频率要快,手臂的摆臂速度也加快。

③ 跨过障碍物走,掌握蹲着走、倒退走、上下坡走的方法。

（2）跑。

① 按节奏上下肢协调地跑、绕过障碍物跑：强调脚的蹬伸和摆动的协调,以及两臂的摆动和躯干转动的协调,如步子大些,落地轻些,摆臂用力些。

② 走、跑交替：走、跑交替 200 米。

③ 在一定范围内四散追逐跑：强调限制条件——在指定范围的基础上,再提出更高的要求。

④ 追逐跑：快跑 20 米,强调下肢的蹬、摆充分,步幅要大,步频要快,摆臂要用力,上体稍前倾,目视前方。

（3）跳跃。

① 纵跳：自然摆臂原地纵跳触物（物体离幼儿举手指尖 20 厘米）,强调落地时要屈膝缓冲,突出纵跳触物的特点,要求垂直上跳,掌握手触物的时机。

② 能单脚连续向前跳 5 米左右：直线两侧行进跳,强调髋的预摆,改变运动方向。

③ 从高处往下跳：从 30 厘米高处往下跳,屈膝预摆,身体稍前倾,落地轻,注意身体平衡。

④ 立定跳远：跳距不少于 30 厘米,预备——腿稍屈,臂后摆,上体稍前倾;起跳——腿蹬直,臂向前摆,展体,使身体向前上方跳起;落地——屈膝全蹲。

⑤ 助跑跨跳：跳距不少于 40 厘米,向前跑动中单脚起跳,蹬地用力,方向要正,在空中瞬间滞留前弓步,摆腿落地后,不要骤停,应继续向前跑几步。

（4）投掷。

① 肩上挥臂投远：预备时能转体引臂,投时能转体挥大臂带动小臂将投掷物向前上方投出。能单手将沙包向前投掷 4 米左右。

② 抛传球：两手握球的两侧,持球于腹前,两腿稍屈,上体稍前倾,抛出时,蹬腿、展体,挥臂屈腕将球抛出。

③ 双手接球：正确判断球的方位、速度、距离,及时向来球方向伸臂迎球,做好接球手势,各种接球动作的手心都应正对来球,球触手后,双手要及时后移以缓冲来球。

④ 自抛自接球：抛球方向要正,高度要符合自己的接球能力;接球时手张开掌心向上,接高球时球触手后要缓冲;左右手拍球。

（5）钻爬。

① 手、脚着地爬：蹬伸腿时,膝部边蹬伸边靠臂的推撑力量前进,爬时仰头前看。

② 能侧面钻过较低的障碍：钻爬过较长的障碍（洞）,低头、弯腰、屈膝。

（6）平衡。

① 走平衡木：在宽 20 厘米、高 30 厘米的平衡木上走,走时双手侧手举调节身体平衡,走步时步幅小,摆腿低,单腿支撑的时间短,上体直,眼看正前方。

② 自转：原地自转 3 圈不跌倒,以前脚掌为轴旋转,脚跟提起,脚腕用力挺直,上体正直,头正,以

髋、腰转动带动上体,双臂自然摆动帮助身体转动。

③ 闭目向前走:闭目向前走10步,闭目前应先对准目标正面站立,并记住目标的方位,走时身体正、颈直,出脚后方向要正,向前移动步幅小。

案例

老鼠笼

户外活动开始了,两组幼儿手拉手一边走成一个圆圈做一个大大的"老鼠笼",一边念儿歌:"老鼠老鼠坏东西,偷吃粮食偷吃米,我们搭个老鼠笼,咔嚓一声抓住它。"一组幼儿扮作"老鼠"不停地从"笼子"里钻进钻出,当儿歌念到"咔嚓"时,扮演"老鼠笼"的幼儿赶紧蹲下,"小老鼠"赶紧钻出"笼子"。没有钻出去的"小老鼠"就被捉到了。被捉到的幼儿就去做"老鼠笼",没有被捉到的幼儿继续扮"小老鼠"进行游戏。

(三)大班

1. 大班体育游戏的特点

5～6岁幼儿伴随着知识经验的不断增加,理解能力、注意力和行为控制能力有了进一步提高,规则意识和自主游戏能力增强。基本活动能力已有较好的发展,能较熟练地掌握各基本动作要领,体力更充沛,动作更加协调、灵活、准确,动作技能水平进一步提高。喜欢有胜负结果的游戏,对游戏的结果十分关注。

大班幼儿可增加体育游戏难度,鼓励幼儿创造性地开展游戏。竞赛性的追捕游戏可增多,游戏的动作、难度可加大,游戏中的情节和角色之间的关系可更复杂些。例如,在游戏"炸碉堡"中,幼儿扮演解放军爬过"铁丝网",跳过"小沟",攀过"围墙",来到"碉堡"前,当教师扮演的"敌军"出现时,幼儿趴着不动,"敌军"走了,幼儿才能把"炸弹"投向"碉堡",这就要求幼儿具有敏锐的观察力与快速的反应力,并能与"敌军"巧妙斡旋,引开"敌军"的视线,找到投"炸弹"的机会。在这个游戏中,幼儿需随游戏的故事内容、情节变化而创造性地开展游戏。

大班体育游戏中的规则不一定需要教师的完整示范讲解,但可以有重点、有针对性地借助图表、符号等方式讲解,也可鼓励幼儿自创游戏规则。

2. 大班体育游戏的指导要点

(1)走。

绕障碍曲线走,强调限制条件——绕障碍,步幅大而稳定、均匀,落地轻柔、姿态端正,摆臂自然协调。

(2)跑。

① 绕障碍曲线跑:以弧形跑为例,类似弯道跑,要求在跑动中身体重心稍向内倾;以折线跑为例,在跑动中要注意变换方向,所以应控制身体的重心,在快接近改变方位的时候,应放慢速度,注重急停和起动。

② 走、跑交替:走、跑交替300米。

③ 快速跑:快速跑25米。

④ 接力跑:有圆圈和直线接力跑,强调小组成员之间的协调与配合,对胜负的关心。

(3)跳。

① 纵跳:能用力蹬地纵跳触物(物体离幼儿举手指尖25厘米),起跳前蹬地要用力,手臂要求预摆,这样可以增加纵跳的高度。

② 能单脚连续向前跳 8 米左右。

③ 立定跳远：跳距不少于 40 厘米。

④ 助跑跨跳：跳距不少于 50 厘米。

⑤ 助跑跳远：跳距不少于 40 厘米,单脚起跳,双脚同时落地。

⑥ 助跑屈膝跳垂直障碍：能连续向前跳跃多个高 40 厘米、宽 15 厘米的障碍,跳垂直障碍时前上方的方向应侧重于"上"。

(4) 投掷。

① 投远：半侧面能单手将沙包等掷过 5 米左右,预备时能侧向站立,重心落于后腿,引臂向后,投时能全身协调用力将沙包向前上方投出,能控制出手的方向和角度。

② 投准：投准(篮)练习,套物,运球、踢球、肩上挥臂投准靶心。侧重于手腕用力控制方向。

(5) 钻爬。

① 匍匐爬：蹬伸腿时,膝部应边蹬边转,防止臀部隆起。爬时应仰头前看,用鼻呼吸。

② 钻：能侧身、缩身钻过 50 厘米高的拱形门,侧对拱形门,离拱形门远的腿蹲,近的腿向拱形门下伸出,低头,弯腰,然后伸后腿,屈前腿前移重心,同时转体钻过。

(6) 平衡。

① 在平衡木上走：在宽 15 厘米、高 40 厘米的平衡木上变换手臂动作(叉腰、平举、上举等)走。

② 自转：两臂侧平举闭目起踵自转,两手侧平举控制身体在起踵后的平衡,两前脚掌依次为轴心进行转动,头正,闭目,以髋、腰转动带动上体进行旋转。

③ 单脚站立：两臂侧平举单脚站立时间不少于 5 秒钟,重心落在支撑脚上,上体要收紧(挺胸收腹头要正,眼看前方),两手侧平举,保持身体平衡。

案例

走 大 鞋

在《踏浪》乐声的伴奏下,幼儿玩"走大鞋"(用硬纸板和宽牛筋自制"大鞋")比赛。比赛开始,幼儿两人一组穿一双大鞋,后一名小朋友扶着前一名小朋友的肩膀,走的时候先出有数字 1 的鞋,再出有数字 2 的鞋,同时两人一起喊"1,2,1,2,……"的口号,协调一致地向前走,哪一组最先到达终点,抢到红旗为赢。

游戏继续进行,第二轮比赛,幼儿提出三人一组。游戏又开始了,三个幼儿自由组合为一组,方法同两人组,三人密切配合、步调一致向终点走去……加油声、跌倒时的欢笑声在场地上回荡。

体育游戏案例

小班体育游戏：小蚂蚁和大豆豆

游戏目标

1. 练习手膝着地自然协调地向前爬,提高上、下肢动作的协调性和灵活性。

2. 尝试探索靠枕的不同玩法,体验与同伴游戏的乐趣。

游戏准备

1. 音乐准备：《小蚂蚁》《甩葱歌》。

2. 材料准备：小蚂蚁头饰、不同颜色的靠枕(大豆豆)、松紧带圈若干、蚂蚁妈妈头饰 1 个、圆形大盆子(锅子)1 个。

视频
小蚂蚁和大豆豆

3. 场地布置:小草卡片若干分放在场地中间做草地,鞋盒、树叶卡片布置成6个小山坡,分成两竖排摆放,塑料小树2棵。

游戏过程

1. 热身活动。

指导语:蚂蚁宝宝们,请跟着妈妈一起来运动吧! 蚂蚁妈妈带小蚂蚁爬行入场,伴随着音乐做《小蚂蚁》韵律操。

2. 找豆豆。

指导语:蚂蚁宝宝,肚子饿了吗? 我们去找食物吧! 看,草地上有许多美味的大豆豆,我们快到草地上去找大豆豆吧!

小蚂蚁到场地四周找一个自己喜欢的大豆豆。

3. 自由探索豆豆的多种玩法。

(1) 蚂蚁妈妈示范大豆豆的玩法。

指导语:大家都找到了大豆豆,想不想跟豆豆做游戏呢? 先看看妈妈是怎么玩的。(蚂蚁妈妈示范把大豆豆顶在头上行走)

(2) 小蚂蚁自由玩大豆豆。

指导语:你们想和大豆豆怎么玩呢? 你们试一试,玩一玩吧!

(3) 请小蚂蚁展示自己探索出的豆豆玩法,与其他小蚂蚁一起玩。

① 指导语:宝宝们,妈妈很想知道你们是怎样玩大豆豆的? 请你们来玩一玩,好吗?

② 展示玩法:小蚂蚁展示自己的玩法,如把大豆豆变成小马骑、变成足球踢、变成方向盘开车、变成大萝卜表演《拔萝卜》等。蚂蚁妈妈和小蚂蚁们跟着模仿。

③ 规则:玩大豆豆时小蚂蚁要分散开活动,大豆豆不能碰到小蚂蚁。

4. 蚂蚁妈妈带领小蚂蚁玩"运豆豆"游戏。

(1) 蚂蚁妈妈介绍游戏玩法及规则。

玩法:蚂蚁宝宝用松紧带圈把大豆豆捆绑在后背,依次爬行绕过两个小山坡,到达目的地后,把大豆豆放进锅里。

规则:运豆豆时要把大豆豆捆绑好放在后背,不能掉下来,驮着大豆豆爬行绕过障碍物,并按照指定路线手膝着地一个接着一个向前爬行。

(2) 小蚂蚁运豆豆。

① 指导语:现在蚂蚁宝宝们要运豆豆啦! 先看看妈妈是怎么做的。

蚂蚁妈妈示范用松紧带圈把大豆豆捆绑在后背的方法,并爬行运大豆豆。

② 小蚂蚁们互相合作,自己想办法或请老师帮忙捆绑大豆豆。

③ 播放音乐《甩葱歌》,蚂蚁宝宝分两组依次运送大豆豆,爬行绕过两个小山坡,最后到达目的地,把大豆豆放进锅里。

5. 游戏:煮豆豆汤。

(1) 指导语:蚂蚁宝宝们把大豆豆运回来了,真开心! 我们一起来煮豆豆汤吧!

玩法:蚂蚁妈妈和小蚂蚁围在大锅旁,蚂蚁妈妈一边说一边引导小蚂蚁做相应的动作。如:"先添水,火烧起来了;水开了,豆豆浮起来了;豆豆熟了。"小蚂蚁跟随妈妈的语言提示做伸臂、抖动手臂和手腕、转圈、踮脚尖等放松动作。

(2) 捞出大豆豆,蚂蚁宝宝和好朋友一起分享煮熟的大豆豆。

游戏建议

1. 游戏应循序渐进,按照"找豆豆——玩豆豆——运豆豆——煮豆豆汤"四个环节展开,在运动量的安排上注意动静交替。

2. 大豆豆可选用红、黄、蓝色的靠枕,大豆豆的两端也可缝上子母扣。运豆豆时先让幼儿将单个豆豆连成大豆荚,在运豆豆回家的过程中,教师要指导幼儿合作完成运送任务。

（案例来源:湖南省衡阳市青少年宫艺术幼儿园　刘娟池）

中班体育游戏:解救小花猫

游戏目标

1. 勇于克服困难,乐意和同伴接受挑战,体验挑战成功后的快乐。

2. 能创新小椅子的多种玩法,巩固练习平衡、钻爬、跳跃等动作技能。

3. 能遵守规则并和同伴积极合作完成闯关任务。

游戏准备

1. 材料准备:小椅子若干(与幼儿人数相等)、沙包(炸弹)、荣誉勇士贴纸若干,大野狼面具一个、小花猫服饰一套。

2. 音乐准备:欢快的背景音乐《森林狂想曲》。

3. 场地布置:两座小山、一棵大树背景图。

游戏玩法

1. 热身活动。

(1) 幼儿列队,听教师的口哨声踏步进入活动区。

(2) 播放背景音乐,教师带幼儿一起做自编的椅子操。如提椅子、举椅子按音乐节奏转圈、跳跃等。

2. 游戏:解救小花猫。

指导语:有一只可爱的小花猫想来和我们玩,可是它在来的路上不小心被可恶的大野狼抓走了。但是大家都不用担心,我知道大野狼住在很远的森林里。想找到大野狼,解救出小花猫,我们需要闯过四道难关,你们有没有信心? 对,我们都是小勇士,一定能解救出小花猫。

(1) 第一道难关:第一关是要我们过一条小河,这里没有船,我们怎么过河呢?

① 幼儿自主探索,教师启发幼儿利用小椅子搭独木桥。

② 请2~3个幼儿展示自己搭桥的方法,教师和幼儿一起评价,推选出最好的方法。

③ 每个幼儿搬一把小椅子连接起来搭桥,教师提醒幼儿搭桥时椅子要摆放整齐。

④ 教师讲解过河的注意事项:过河时要注意安全,不要掉到桥下去。两手侧平举,眼看前方,脚步平稳向前走。

(2) 第二道难关:第二关是要我们用小椅子搭一个山洞,用最快的速度钻过去。

① 幼儿讨论搭山洞的方法,教师请一个幼儿尝试搭山洞,并试试能否钻过去。

② 幼儿分成两组,一组幼儿身体倾斜,双手搭在小椅子上组合成山洞,另一组幼儿快速钻爬过山洞。第二轮两组幼儿交换角色。

(3) 第三道难关:第三关是要我们跳过一座跳跳桥,你们能跳过去吗?

幼儿互相鼓励双脚并拢跳过跳跳桥。

(4) 第四道难关:我们闯过了三道难关,终于来到了大野狼的家门口,大野狼就躲在山的后面,你们看,大野狼! 地上有炸弹,快拿起炸弹打大野狼吧!

3. 分享交流。

(1) 教师表扬幼儿闯关成功,打倒了大野狼,救出了小花猫,并颁发荣誉勇士贴纸。

(2) 表扬对游戏进行创新的幼儿。

4. 播放音乐《森林狂想曲》,大家围着小花猫高兴地跳舞,庆祝胜利。

游戏规则

1. 幼儿要有秩序地参与游戏,如搭独木桥时凳子要摆放整齐,过桥时重心要保持平稳,一个跟着一个走。

2. 需在特定的情境中完成闯关任务,游戏时不要推挤,注意安全。

3. 闯关成功的幼儿才能得到荣誉勇士贴纸。

游戏建议

1. 小椅子最好是木制的,便于幼儿在椅子上行走。沙包尽量用柔软的彩色尼龙布或薄绒布制作,内塞高弹腈纶棉,使沙包手感柔软。

2. 游戏参与人数不宜太多,最好以小组为单位进行。

3. 可进一步激发幼儿探索椅子的玩法,如"抢椅子游戏";也可运用其他材料与椅子组合玩创造性游戏,如把梯子搁在椅子上过"独木桥"等。

附闯关示意图:

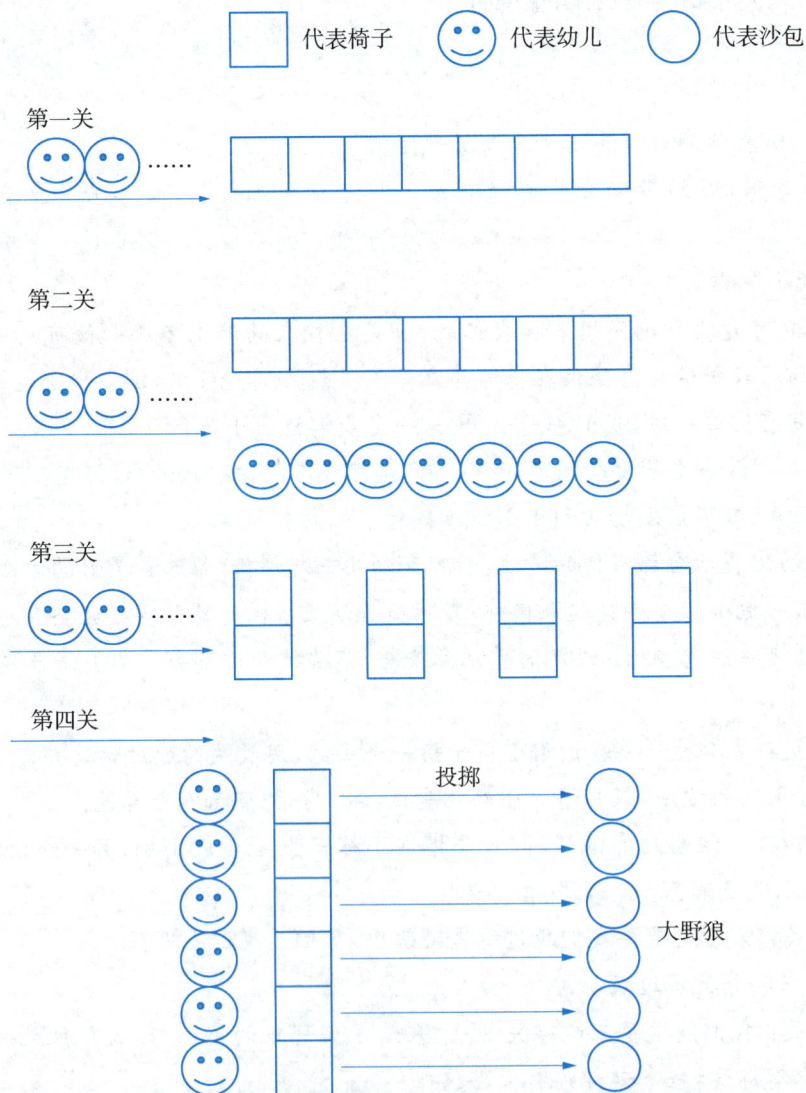

附场地布置示意图：

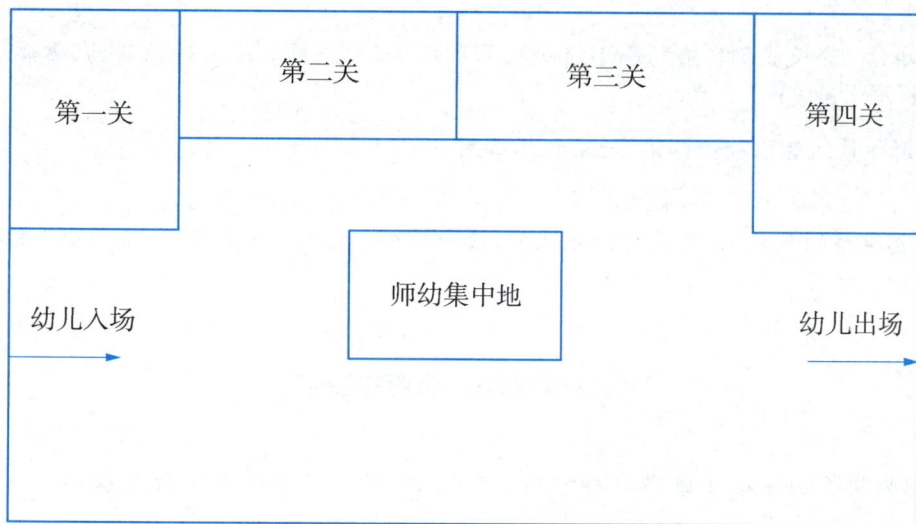

第一关	第二关	第三关	
			第四关

师幼集中地

幼儿入场 →

幼儿出场 →

（案例来源：湖南省衡阳市实验幼儿园　李春兰）

大班体育游戏：小小消防员

小小消防员

游戏目标

1. 初步了解消防员的职责，训练钻爬、跨跳、攀登等动作技能。

2. 提高身体的协调性和平衡性，具有不怕困难、勇敢的品质。

游戏准备

1. 大型户外体育器械：平衡桥、多层双向阶梯（梅花桩）、时空隧道、魔方攀登架。

2. 布娃娃、背包各 2 个。

游戏过程

1. 教师介绍有关消防员的知识。

（1）提问：小朋友知道消防员叔叔是做什么工作的吗？

小结：消防员叔叔主要负责消灭火灾、抢救灾害、消防安全设施稽查与消防安全知识宣传等工作。

（2）消防员叔叔每天都要经过非常严格的训练才能练出一身过硬本领。今天，让我们也来学习消防员叔叔训练吧！

2. 幼儿自由选择运动器械，练习钻爬、跨跳、攀登等动作，教师及时提醒幼儿注意运动时的安全，掌握运动节奏的快慢。

3. 利用户外组合大型器械，分别训练幼儿钻爬、跨跳、攀登等动作技能，并进行闯关的练习。

第一关：走爬过平衡桥；

第二关：跨跳过梅花桩；

第三关：钻爬过时空隧道；

第四关：爬攀登架，解救出"被困人员"。

（1）幼儿讨论闯关的方法。

（2）教师请 2 名幼儿示范闯关，解救"被困人员"（布娃娃）。

4. 游戏：小小消防员。

游戏玩法：教师扮作消防队长，幼儿 4 人为一组，2 名幼儿扮作"被困人员"站在攀登架里，2 名幼儿扮作"消防队员"以最快的速度分别闯过四道关卡，救出"被困人员"。

游戏规则："消防队员"必须闯过四道关卡才能解救出"被困人员"。一组幼儿游戏完后须站在出发地等待,等其他组幼儿游戏完后才开始第二轮游戏,第二轮交换角色继续游戏。

5. 结束。

(1)教师小结:今天我们所有的小小消防队员都很勇敢,能勇敢地跨过障碍物,攀爬过攀登架,解救出了"被困人员",真棒!

(2)小小消防员随音乐放松身体,活动自然结束。

游戏建议

在幼儿熟悉游戏的基础上,可进行分组比赛,比一比哪一组"消防队员"完成解救"被困人员"的任务时间最短。

(案例来源:湖南省衡阳市实验幼儿园　肖俊)

大班体育游戏:躲避螺旋桨

游戏目标

1. 学习用脚背或脚弓把足球踢出对方的防守区域,提高身体的灵敏性及躲闪能力。

2. 在充满情趣的游戏情境中积极探索、尝试,掌握躲闪与追逐的方法。

3. 善于思考与观察,遵守游戏规则,体验团队合作游戏的快乐。

游戏准备

1. 经验准备:幼儿已了解踢足球的基本动作。

2. 物质准备:高台3个、波塑料棒3根、标志筒5个、足球若干、标志盘若干、《贪吃的小蛇》《快乐拍手歌》音乐。

游戏过程

1. 热身活动。

(1)游戏:贪吃蛇大作战。

游戏玩法:幼儿随机站立,教师指定一名幼儿扮演蛇,其余幼儿扮演小豆子,听到音乐开始时,,蛇迅速出发去吃小豆子。游戏时注意避开活动场地中间的障碍物,直至所有小豆子被蛇吃掉。

游戏规则:游戏时要避开活动场地中的障碍物,如若碰到障碍物则要从头开始。

(2)游戏:贪吃蛇对抗赛。

游戏玩法:两名幼儿扮演蛇,听到音乐开始时,两条蛇同时出发,比一比哪条贪吃蛇吃的小豆子最多,吃的小豆子最多的贪吃蛇即为胜利。

游戏规则:游戏时要避开活动场地中的障碍物,两条蛇不能相互推诿。

2. 回忆生活经验,了解螺旋桨。

(1)提问:小朋友看见过直升机吗?直升机顶上有什么?螺旋桨是什么样子的?

(2)幼儿自由讨论交流,师幼共同总结螺旋桨的特点。

3. 游戏:躲避螺旋桨。

(1)教师示范讲解游戏玩法和规则。

教师站在高台上模拟螺旋桨,随机甩动波塑料棒,幼儿观察波塑料棒甩动的方向、空间位置,利用距离差或者时间差完成游戏任务。注意在完成游戏任务的过程中要躲避波塑料棒。

(2)幼儿集体游戏。

教师将幼儿平均分为两组,两组轮流游戏。

① 幼儿初步感知游戏玩法。

游戏玩法:把标志盘摆放在高台周围,教师指导并鼓励幼儿利用波塑料棒甩动的时间间隔、空间距离,迅速靠近高台捡起地上的标志盘跑回起点处。

游戏规则:被波塑料棒击中的幼儿需站立在原处不动,直到下一轮游戏开始。

② 游戏难度升级。

游戏玩法:将足球放在标志盘上,三名幼儿站在圆圈中心高台上甩动螺旋桨,教师指导幼儿判断螺旋桨甩动的轨迹,抓住时机把场地上的足球踢走。

游戏规则:幼儿只能用脚把球踢走,被波塑料棒击中后需站立在原处不动,直到下一轮游戏开始。

③ 游戏难度进一步提升。

游戏玩法:三名幼儿站在圆圈中心高台上甩动螺旋桨,其他幼儿抓住时机跑到圈内用脚背或者脚弓把球踢回到起点,注意躲避螺旋桨,不要被螺旋桨击到。比一比,哪一组踢回的足球多,多者获胜。

游戏规则:幼儿只能用脚背或者脚弓把球踢走,被波塑料棒击中后需站立在原处不动。

4. 放松整理。

(1)播放音乐《快乐拍手歌》,教师带领幼儿原地轻踏步,跟随歌曲拍拍手,踩踩脚,调整呼吸、调节情绪。

(2)收拾器械。幼儿将球收入足球框中,其他器械归位放好,在收纳的过程中注意安全。

游戏建议

在日常体育活动中踢足球,掌握足球的基本动作,提高动作的连贯性、准确性及灵活性。

(案例来源:湖南省衡阳幼儿师范高等专科学校附属幼儿园　杨靓)

大班体育游戏:玩转线圈

游戏目标

1. 尝试线圈的多种玩法,练习在线圈上平衡走、绕障碍曲线跑、躲闪跑的技能,提高身体的协调性和灵活性。

2. 积极参与玩线圈的游戏,遵守游戏规则,体验与同伴合作游戏的快乐。

玩转线圈

游戏准备

1. 经验准备:玩过"赶小猪""老狼老狼几点了"的游戏,玩过滚轮胎。

2. 材料准备:自制线圈若干、塑料小杆,音乐《唱唱跳跳健康操》《冰淇淋》。

3. 场地准备:宽敞、安全的户外游戏场地。

游戏过程

1. 热身活动。

(1)教师带领幼儿慢跑进入活动场地,幼儿听口令列队站好。

(2)播放音乐《唱唱跳跳健康操》,师幼随音乐做律动,分别活动脚腕、手腕、膝盖,前后压腿、左右压腿。

2. 幼儿尝试单个线圈的玩法。

(1)出示自制线圈。

师:今天我们一起和线圈玩游戏,请每位小朋友拿一个线圈,试一试它可以怎么玩,看看谁想的玩法多。

(2)幼儿自取线圈、塑料小杆,自由玩耍,鼓励幼儿探索不同玩法。教师巡视,发现新的玩法及时肯定。

(3)展示个别幼儿自创的玩法,分享与交流。

第一种——手推线圈:将线圈平放在起点,幼儿双手放置线圈中间,跟随线圈的滚动往前推至终点。锻炼幼儿手脚协调能力,注意控制推的力量。

第二种——前推线圈：将线圈平放在起点，幼儿蹲在线圈后方，用力将线圈往前推出，人在起点不动，观察线圈的距离。锻炼幼儿手臂力量。

第三种——赶线圈：类似"赶小猪"的玩法，幼儿将线圈平放，利用塑料小杆赶动线圈，注意控制行进速度和方向。锻炼幼儿手掌关节灵活性和手眼协调能力。

3. 幼儿与同伴合作，探索组合玩线圈的方法。

（1）师：刚才小朋友自己玩线圈时，尝试了很多方法。现在请你们一起合作玩线圈，想一想，可以怎么玩呢？

（2）将幼儿分成三组，幼儿自主讨论，探索不同玩法，教师巡视并给予相应指导。

（3）各小组展示玩法，分享与交流。

第一组：过小桥比赛（见图4-27）

准备：将线圈排成两条直线做小桥。

玩法：幼儿分成两队分别站在两座小桥起点处，听到出发的口令后，第一个幼儿走上小桥，直到走完小桥再跑回，拍下一个幼儿的手，第二个幼儿出发，依次进行，速度最快的队伍获胜。

规则：过小桥时将双手张开保持平衡，眼睛看着小桥，脚踏实踩稳。如果中途从桥上掉下来，要回到起点重新开始。

图4-27 过小桥比赛

第二组：小蛇绕桩（见图4-28）

准备：两个线圈一组叠高摆放做障碍物，每组之间相隔1～1.5米的距离。

玩法：幼儿排成一队站在起跑线后面，听到口令后，一个接一个呈"S"形绕过障碍物，再直线跑回终点。

规则：不能撞到障碍物，小蛇身体不可断裂，要一个跟着一个。绕障碍和往回跑的小朋友要保持一定的距离，以免碰撞。

图4-28 小蛇绕桩

第三组：老狼老狼几点了(见图 4 – 29)

准备：幼儿用线圈合作搭建城堡。

玩法：① 请一名幼儿扮演老狼，其他幼儿扮演小羊，玩"老狼老狼几点了"的游戏。当听到老狼回答说"天黑了"的时候，小羊赶紧往回跑，躲进城堡里，被抓住的小羊当下一轮游戏的老狼。

② 第一轮游戏中如果老狼没抓到小羊，老狼就到城堡外敲门，故意提问让小羊回答，如果小羊发出声音，回答了老狼的问题，那他就当下一轮的老狼。游戏继续进行。

规则：小羊躲进城堡中不撞倒城堡，不发出声音，不回答老狼的问题，否则算违规。

图 4 – 29　老狼老狼几点了

(4) 各小组交换游戏玩法，并鼓励创新玩法。

4. 小结。

今天，小朋友尝试了线圈的多种玩法，有一个人玩的"滚线圈""赶小猪"，也有和同伴一起合作玩的"小蛇绕桩""老狼老狼几点了"，这些是我们以前玩过的游戏，但是小朋友在原来的基础上大胆创新了玩法。

5. 放松、整理活动。

(1) 播放音乐《冰淇淋》，做"冰淇淋融化"放松运动。双手举高做一个"冰淇淋"，从上到下融化，跟着音乐抖动全身进行放松。

(2) 幼儿收拾线圈等器材，送回原处。

游戏建议

1. "玩转线圈"的重点是在游戏过程中练习走、平衡、绕障碍跑、躲闪跑的动作。难点是自主探索线圈的多种玩法，并设计不同的小游戏。

2. 活动后把线圈放到班级建构区和体育区，让幼儿在开展区域活动时玩建构游戏和继续探索新的玩法。

3. 请家长带孩子在家练习绕道跑，玩躲闪跑的游戏。

(案例来源：湖南省衡阳市蒸湘区衡钢幼儿园　倪晓连　胡丹)

大班体育游戏：瓶瓶大玩家

视频
瓶瓶大玩家

游戏目标

1. 积极参与玩水瓶的游戏，体验与同伴挑战成功后的快乐。

2. 能自主建构水瓶的多种玩法并勇于尝试，提高身体的协调性和灵活性。

游戏准备

1. 经验准备：幼儿已有玩水瓶、运动大循环的经验。

2. 物质准备：

(1) 不同类型的水瓶若干、透明胶带、剪刀、白纸、彩笔等。

(2)《妞妞体操》音乐。

3. 场地准备:宽敞、安全的户外活动场地或多功能厅。

游戏过程

1. 热身运动。

播放音乐《妞妞体操》,教师带领幼儿进行热身运动。

2. 幼儿自由探索水瓶的玩法。

(1) 幼儿第一次自由玩水瓶。

① 自主探索。指导语:小朋友们收集了这么多水瓶,现在请你们玩一玩水瓶,看哪个小朋友玩的方法最多。

② 分享玩法。指导语:请小朋友说一说,你是怎么玩水瓶的?(敲击瓶子;抛接瓶子;夹瓶子跳;用瓶子围成一个圆圈玩跳圈圈等)

③ 模仿玩法。小朋友们模仿用不同的方法玩水瓶(见图4-30,图4-31)。

图4-30 踢瓶子

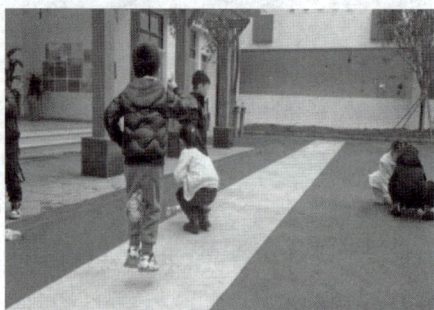

图4-31 夹瓶子跳

(2) 幼儿第二次自由玩水瓶,尝试合作玩。

3. 合作游戏:花样玩水瓶。

(1) 游戏:打"保龄球"比赛。

游戏玩法:幼儿分组练习,每组人数5～6人为宜。幼儿先往瓶子中灌水(见图4-32),然后摆放好瓶子当"保龄球",幼儿排队站在距"保龄球"5米线外,抛掷水瓶去击打"保龄球"。比一比,谁击倒的"保龄球"最多为胜。

游戏规则:每组幼儿必须站在5米线外依次排队打"保龄球",每个幼儿抛掷5个水瓶,抛掷完后,记录击倒的"保龄球"数量。把"保龄球"重新摆放好,下一个幼儿才能开始游戏(见图4-33)。

图4-32 往瓶子里灌水

图4-33 水瓶"保龄球"

(2) 游戏:水瓶"梅花桩"。

游戏玩法:幼儿分工合作,将单个的瓶子捆绑成"梅花桩"(见图4-34,图4-35)。尝试"梅花桩"的多种玩法,如蹲走、跨跳等。

游戏规则:制作的"梅花桩"要稳固、结实。走"梅花桩"时,应注意有序、安全,不推挤。

图 4-34 瓶子"梅花桩"

图 4-35 瓶子"凳子"

4. 收拾整理,评价小结。

(1) 播放轻音乐,师幼共同收拾瓶子,分类摆放。

(2) 评价游戏情况,表扬在游戏中能尝试创新、遵守游戏规则的幼儿。

游戏建议

1. 游戏前,可让幼儿观看打保龄球、走梅花桩的相关视频,丰富幼儿的相关知识,尝试保龄球、梅花桩的创新玩法。

2. 把瓶子放在体能区,供幼儿继续探索瓶子的新玩法。如用瓶子搭建瓶子运动场(见图 4-36),开展运动循环游戏——跨栏、过独木桥、投掷保龄球、走梅花桩(见图 4-37)。

图 4-36 运动循环游戏场地

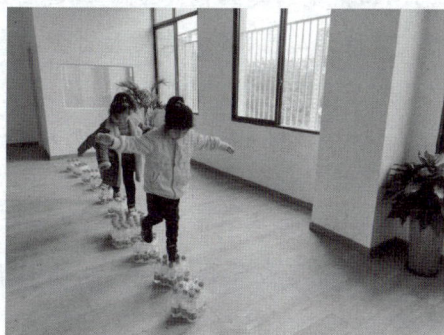

图 4-37 运动循环游戏

3. 亲子活动:家长可利用生活中的一些物品,和孩子一起玩体育游戏。

(案例来源:湖南省衡阳市石鼓区实验幼儿园 颜芬 邓耀华)

大班体育游戏:好玩的棉棍

游戏目标

1. 尝试用多种方法玩棉棍,发展四散躲闪跑、追逐跑的能力。

2. 乐于参加体育游戏,训练动作的灵活性和反应的敏捷性。

游戏准备

1. 材料准备:花布制成的棉棍(直径为 7～8 厘米,长为 1 米左右,内塞高弹棉,两端缝上粘刺布)若干(与幼儿人数相等),猫头鹰头饰 3 个。

2. 音乐准备:背景音乐《运动员进行曲》。

3. 经验准备:幼儿已学习儿歌《小田鼠》。

4. 场地布置:大树背景图,地面上画两个圆圈(小圈直径 6 米左右,大圈直径 7 米左右)。

游戏玩法

1. 器械操《棉棍操》。

听音乐《运动员进行曲》,教师带领幼儿做自编的《棉棍操》,活动脖子、腰、背、手臂、腿部等各部位。

2. 自由探索棉棍的玩法。

(1) 师:请小朋友拿一根棉棍玩一玩,想一想,你玩的方法与别人的方法一样吗?有什么不一样?

(2) 集中交流:说一说,你(你们)是用什么方法玩棉棍的?

(3) 请个别幼儿展示玩法,集体模仿。例如,幼儿将棉棍围成圆圈放在地上,单、双脚跳进、跳出或跳过圈等。

3. 合作玩棉棍。

(1) 踩"尾巴"。

游戏玩法:①幼儿两人一组,将棉棍一端塞进后裤腰,露出大半截当作田鼠"尾巴",互相追逐跑,幼儿一边保护好自己的"尾巴",一边用脚踩对方的"尾巴",踩中者为胜。②幼儿集体玩踩"尾巴",被踩中"尾巴"的幼儿停止游戏,坚持到最后的幼儿为胜。

游戏规则:游戏时,扮演田鼠的幼儿必须将棉棍一端塞进后裤腰,露出大半截当作尾巴,游戏中不碰撞,注意安全。

(2) 捉田鼠。

游戏玩法:请三名幼儿扮猫头鹰,躲在大树后,请四对幼儿手拉手在小圈内扮地洞,其他幼儿将棉棍一端塞进后裤腰扮田鼠,在场地内钻洞、吃粮,自由想象搞破坏的动作。全体幼儿说儿歌:"小田鼠,真正坏,偷吃粮食搞破坏。猫头鹰,快快来,捉住田鼠别放开!"说完最后一句儿歌后,猫头鹰迅速跑到场地内捉田鼠,田鼠则四处躲闪逃跑。田鼠蹲到洞里可免遭猫头鹰捕捉,一个洞口只能钻两只田鼠。田鼠若被猫头鹰捉到尾巴,必须站在大树旁,停止游戏。猫头鹰捉到6～10只田鼠后,互换角色,游戏重新开始。

游戏规则:捉田鼠时,田鼠钻进洞,猫头鹰不能再捉田鼠。每个地洞只能钻进两只田鼠,如多钻一只,则算被猫头鹰捉住,停止游戏一次。

4. 放松活动。

今天小朋友玩得有些累了,我们互相捶一捶、拍一拍,放松一下吧!

游戏建议

1. 棉棍尽量用柔软的彩色尼龙布或薄绒布制作,内塞高弹腈纶棉,使棉棍手感柔软,变形自如,便于洗涤。

2. 捉田鼠游戏时,幼儿不宜过多,以免奔跑时碰撞。

3. 棉棍变形简单,还原自如而玩法多样,教师要积极启发幼儿自己创新玩法,增加活动的兴趣。如用棉棍玩套圈、跳圈等游戏。

附场地布置示意图:

(案例来源:湖南省衡阳市实验幼儿园　宁霞)

📖 **资料链接**

《3～6 岁儿童学习与发展指南》中提出的各年龄班幼儿动作发展方面"阶梯"式具体目标。

表 4-1 目标 1 具有一定的平衡能力，动作协调、灵敏

3～4 岁	4～5 岁	5～6 岁
1. 能沿地面直线或在较窄的低矮物体上走一段距离 2. 能双脚灵活交替上下楼梯 3. 能身体平稳地双脚连续向前跳 4. 分散跑时能躲避他人的碰撞 5. 能双手向上抛球	1. 能在较窄的低矮物体上平稳地走一段距离 2. 能以匍匐、膝盖悬空等多种方式钻爬 3. 能助跑跨跳过一定距离，或助跑跨跳过一定高度的物体 4. 能与他人玩追逐、躲闪跑的游戏 5. 能连续自抛自接球	1. 能在斜坡、荡桥和有一定间隔的物体上较平稳地行走 2. 能以手脚并用的方式安全地爬攀登架、网等 3. 能连续跳绳 4. 能躲避他人滚过来的球或扔过来的沙包 5. 能连续拍球

表 4-2 目标 2 具有一定的力量和耐力

3～4 岁	4～5 岁	5～6 岁
1. 能双手抓杠悬空吊起 10 秒左右 2. 能单手将沙包向前投掷 2 米左右 3. 能单脚连续向前跳 2 米左右 4. 能快跑 15 米左右 5. 能行走 1 公里左右（途中可适当停歇）	1. 能双手抓杠悬空吊起 15 秒左右 2. 能单手将沙包向前投掷 4 米左右 3. 能单脚连续向前跳 5 米左右 4. 能快跑 20 米左右 5. 能连续行走 1.5 公里左右（途中可适当停歇）	1. 能双手抓杠悬空吊起 20 秒左右 2. 能单手将沙包向前投掷 5 米左右 3. 能单脚连续向前跳 8 米左右 4. 能快跑 25 米左右 5. 能连续行走 1.5 公里以上（途中可适当停歇）

表 4-3 目标 3 手的动作灵活协调

3～4 岁	4～5 岁	5～6 岁
1. 能用笔涂涂画画 2. 能熟练地用勺子吃饭 3. 能用剪刀沿直线剪，边线基本吻合	1. 能沿边线较直地画出简单图形，或能沿边线基本对齐地折纸 2. 会用筷子吃饭 3. 能沿轮廓线剪出由直线构成的简单图形，边线吻合	1. 能根据需要画出图形，线条基本平滑 2. 能熟练使用筷子 3. 能沿轮廓线剪出由曲线构成的简单图形，边线吻合且平滑 4. 能使用简单的劳动工具或用具

🚀 **真题再现**

答案及解析

一、单选题

幼儿赛跑、下棋一般属于（   ）。

A. 表演游戏　　　　　　　　　　B. 建构游戏

C. 角色游戏　　　　　　　　　　D. 规则游戏

二、简答题

如何确保充足的游戏时间和良好的户外环境？

三、材料分析题

操场上新安装了一个投篮架。幼儿经常在这里玩投篮游戏。一天，几个幼儿带着笔刷和水桶来到这里，他们先是快乐地粉刷投篮架，之后开始往篮筐里灌水，有的从上面灌，有的在下面灌，再灌，再接……相互配合，反反复复，忙得不亦乐乎。

问题：是否应支持这些幼儿的行为？请说明理由。

四、面试真题再现

1. 题目：手指游戏

内容：(1)根据儿歌配动作。(2)模拟对幼儿进行示范讲解。

手 指 歌

伸出拇指开汽车,滴滴滴,滴滴滴;

伸出食指织毛衣,织织织,织织织;

伸出小指交朋友,钩一钩,钩一钩。

基本要求：

(1) 根据儿歌内容演示动作,能表现出儿歌的内容。

(2) 语言讲解与动作示范互相配合,易于幼儿理解,语速适当,有条理。

2. 题目：喝白开水好

内容：一些小班幼儿不喜欢喝白开水,喜欢喝饮料,请设计一个情景表演活动,启发小班幼儿常喝白开水,不贪喝饮料。

要求：

(1) 根据上述内容,创编一个简单的情境表演故事。①有 1～2 个角色,有简单的情节。②故事有针对性,易于幼儿理解。

(2) 选择或制作道具。①利用信封或纸杯等材料,根据情境表演需要,制作简单的角色人物。②道具适合于表演。

思考与练习

一、选择题

1. 户外活动时幼儿自选运动器械、自由组合玩伴玩的"滑滑梯""荡秋千"等游戏,这类游戏属于 ( )。

　A．主题游戏　　　　　　　　　　　B．无主题游戏

　C．自由活动游戏　　　　　　　　　D．体育教学游戏

2. 大班幼儿喜欢玩的"抢椅子""夺红旗"等游戏属于( )。

　A．追拍游戏　　　　　　　　　　　B．争夺游戏

　C．角力游戏　　　　　　　　　　　D．猜摸游戏

3. 皮球、乒乓球、吹塑球、沙包、飞盘、套圈等属于( )运动器械。

　A．钻爬类　　　　　　　　　　　　B．平衡类

　C．投掷类　　　　　　　　　　　　D．摇摆、颠簸类

4. 不受气候条件的影响,玩跳绳、套圈、捉迷藏等游戏,被称为( )。

　A．活动性游戏　　　　　　　　　　B．智力游戏

　C．室外游戏　　　　　　　　　　　D．室内游戏

5. 以下不属于智力游戏的是( )。

　A．打数字牌　　　B．七巧板　　　　C．猜一猜　　　　D．好玩的椅子

6. 下列不属于音乐游戏的是( )。

　A．歌唱游戏　　　B．韵律游戏　　　C．听辨游戏　　　D．音乐欣赏

二、简答题

1. 什么是智力游戏？智力游戏有哪些结构？

2. 简述智力游戏的教育作用。

3. 什么是音乐游戏？音乐游戏的特点和内容有哪些？

4. 简述各年龄班音乐游戏该如何组织与指导。

5. 什么是幼儿园体育游戏？简述幼儿园体育游戏的特点。

6. 设计幼儿园体育游戏应遵循的基本原则是什么？

三、材料分析题

大班的王老师为了激发幼儿参加智力游戏的兴趣,在益智区准备了很多材料,如拼图、积木、七巧板、数字牌等,但在游戏过程中,幼儿的兴致不是很高,有些幼儿摆弄了一下材料就无所事事,整个过程幼儿较混乱,王老师也束手无策,十分困惑:我已经做好了充分的准备,为什么会这样呢?

请从智力游戏材料选择的角度分析造成这种现象的原因。

四、论述题

举例试述幼儿园体育游戏的教育价值。

五、实操题

实操一　观看大班户外体育游戏视频《我运动、我快乐》并评析

【目标】

1. 能对幼儿园体育游戏的组织与指导有直观的认识。

2. 提高学生的观察、分析能力,能运用所学知识对游戏活动进行评析。

【内容与要求】

1. 学生观摩户外体育游戏视频,并做详细记录。

2. 评析体育游戏的活动内容、组织形式及教师的指导技巧。

实操二　体育游戏:勇敢的小兔子

【目标】

1. 进一步理解各年龄班体育游戏的特点,能设计与实施幼儿体育游戏。

2. 提高学生运用理论知识指导实践的能力。

【内容与要求】

1. 学生按自己设计的方案进行分组试教。

2. 小组成员互评,对游戏目标的达成、游戏环境及材料的创设、游戏环节的展开、游戏规则的制定与调整等方面进行评析。

3. 推选优秀游戏案例,到幼儿园实施幼儿体育游戏。

实操三　体育游戏:自选游戏演示

【目标】

1. 能根据各年龄班体育游戏的特点组织与实施幼儿体育游戏。

2. 提高学生运用理论知识指导实践的能力。

【内容与要求】

1. 从"捕鱼""跳房子""小孩小孩真爱玩"游戏中任选一个演示。

要求:结合动作示范讲解游戏玩法,动作演示到位,语言讲解生动浅显,有条理,易于幼儿理解。

2. 模拟面对幼儿讲解游戏的规则。

要求:规则讲解简洁清楚,语速适当,有条理。

实操四　创编幼儿体育游戏儿歌

【目标】

1. 改编、创编幼儿体育游戏儿歌。

2. 提高学生对所学知识的综合运用能力。

【内容与要求】

1. 根据幼儿体育游戏的特点,改编、创编以发展幼儿基本动作为主的儿歌,大中小班各编一个。

2. 在教师的指导下,以小组为单位互评后修改,并推荐优秀作品上传到校园网或汇编到《儿歌创编集》。

第五章 幼儿园其他游戏

目标导航

1. 理解民间游戏、亲子游戏的概念、特征。
2. 了解民间游戏、亲子游戏的类型与教育价值。
3. 掌握民间游戏改编及亲子游戏设计的方法,能组织与实施民间游戏、亲子游戏。

第一节　民间游戏

案例导入

　　一次户外自由游戏活动,孩子们有玩滑梯的、玩球的、荡秋千的、走梅花桩的……贝贝和妮妮两个人在一旁商量着什么,然后两人面对面站着,手牵手,边念儿歌边有节奏地向左右协调地摆手(炒、炒、炒黄豆,炒好黄豆翻跟头),儿歌念到最后一句时,两人举起一侧的手臂来共同钻过翻转身体180度,还原姿势。反复进行着。虽然看起来简单的一个游戏,但是两个孩子玩得非常开心。看她们玩得开心,有些孩子被吸引了过来,也想试着玩,贝贝和妮妮指导着怎么玩,参与的孩子越来越多。回到活动室,我组织孩子们说说在户外活动都玩了些什么游戏,孩子们说得兴致最高的就是"炒黄豆"游戏。我说:"老师小时候也玩过这游戏,还有很多有趣的类似游戏。它们叫民间游戏。"然后,我还发动孩子们回家后收集其他民间游戏的玩法。很长的一段时间,孩子们对民间游戏的兴趣一直不减。

　　点评:在不经意间的游戏活动中,激起了幼儿对民间游戏的喜爱,孩子们玩民间游戏、说民间游戏、收集民间游戏,热情一直不减,这正是因为民间游戏的独特性。那么,什么是民间游戏? 幼儿园如何选用民间游戏? 如何在幼儿园组织与指导民间游戏? 这是本节我们要探讨的问题。

一、民间游戏概述

(一)民间游戏的概念

　　民间游戏是一种产生流传于民间,由劳动人民在日常生活劳动过程中自发创编的,多以儿童为游戏主体的,具有中华特色、浓厚地方性和趣味性的嬉戏活动。

(二)民间游戏的特征

1. 随机性

民间游戏题材来源广泛,内容丰富,具有很大的随机性;规则及与之相伴的歌谣具有随机性;形式多样,具有随机性;运用的材料丰富多彩,具有随机性;对场地的要求不高,具有随机性;在时间上具有随机性等。

2. 玩具材料的简便性

民间游戏的材料、玩具大多数是来自生活、来自自然,如水、石、沙、废旧物品等,这些材料源于生活,易于准备,便于制作。例如,"拈石子"又称"抓子",是民间的一种传统游戏,其游戏材料来源于自然的石子。

3. 浓厚的趣味性与民间文化特色

趣味性是游戏固有的特征,有些民间游戏能够流传是因为它浓厚的趣味性,符合游戏的特点,如跳皮筋,儿童边念儿歌边跳皮筋,在多变的玩法中感受到了无与伦比的欢乐,成了一代又一代人美好的童年回忆。民间游戏的儿歌具有一定的文化特色,儿歌的内容常常是诙谐逗趣或者具有当地的文化特色。如"跳皮筋"吟唱的童谣:"小皮球,香蕉梨,马兰花开二十一,二五六,二五七……"朗朗上口、诙谐有趣;又如苏州民间游戏"蚊子叮"的儿歌体现了本地区的特色:"阿亦划,啥物事? 蚊子叮,爬上来。没有梯,借拔你。谢谢你,忽眼间。"

(三)民间游戏的类型

1. 根据游戏功能分类

可分为体育类、智力类、语言娱乐类、表演类。

体育类民间游戏主要以发展身体动作为主,练习走、跑、跳、钻爬、投掷、攀登等,发展幼儿的基本动作,如"拍人""踢瓦片""猫和麻雀"等。智力类民间游戏是以发展幼儿智力,以动手动脑为主,能提高幼儿的思维能力,激发幼儿的潜能,这类游戏要求幼儿思维敏捷、反应快,如"翻花绳""七巧板""孵小鸡"等。语言娱乐类是伴有儿歌的,主要以一唱一和或一问一答为主要形式的游戏,这类游戏能促进幼儿语言表达和创编能力,提高幼儿在游戏中学习语言和运用语言的兴趣,如"金苹果、银苹果"。表演类民间游戏是感知民间艺术内容,促进幼儿的主体性发展的游戏,这类游戏具有艺术性、娱乐性及表演性。如"皮影戏""舞龙""舞狮"等。

2. 根据游戏组织形式分类

可分为个体游戏、小组游戏和集体游戏。

个体游戏如"踢毽子""跳短绳""抓石子"等;小组游戏如"打弹珠""跳房子""斗鸡""翻花绳"等;集体游戏如"挤油渣""跳长绳"等。

3. 根据游戏材料需要分类

可分为需要材料游戏和徒手材料游戏。

需要材料游戏如"抽陀螺""放风筝""舞龙"等。徒手材料游戏如"捉迷藏""老鹰抓小鸡""拍人"等。

(四)民间游戏对幼儿发展的作用

1. 民间游戏有利于幼儿的身体发展

幼儿期是幼儿身体发展最为迅速的时期。幼儿民间游戏特别是民间体育游戏,符合幼儿好动的特点,能激发幼儿参加游戏的兴趣,发展幼儿的基本动作,为幼儿运动能力的提高和身体的发展奠定良好的基础。许多的民间游戏里离不开跑、跳、钻、爬,如"跳皮筋""网鱼"等,能促进幼儿大肌肉动作发展;又如"翻花绳""打弹珠"等,能锻炼幼儿的小肌肉动作和手眼协调能力。民间游戏还能促进幼儿力量、速度和耐力的发展,如"斗鸡""抬轿子"等可锻炼幼儿的腿部力量和手臂力量;"丢手绢""贴烧饼"等可锻炼幼儿的奔跑速度和反应能力;"跳绳""踢毽子"等能锻炼幼儿下肢的爆发力和身体的耐力。此外,民间游戏能发展幼儿的灵敏性、平衡性和协调性,如"打手背""老鹰抓小鸡"等躲闪游戏,使幼儿的反应速度和灵敏性得到很好的发展;"编花篮""跳房子"等则使幼儿的平衡、跳跃、协调能力得到综合发展。

2. 民间游戏有利于幼儿智力的发展

集各种动作、有趣的语言和开放的思维等各个方面于一体的传统民间游戏在幼儿智力发展方面有积极的作用和影响。

(1)民间游戏的开展有利于促进幼儿综合感知能力的发展。很多民间游戏需要调动幼儿的多种感官才能完成,如"丢手绢"游戏,在外圈丢手绢的幼儿既要注意丢手绢时动作的轻和慢,又要注意跑的敏捷性,蹲成圆圈的幼儿既要时刻感受手绢有没有丢在自己身后,又要反应敏捷去追丢手绢的同伴。这就要求幼儿时刻集中注意力,充分调动感知、观察、思维等各种能力。

(2)民间游戏的开展有利于幼儿的语言能力的发展与提高。许多民间游戏伴随着歌谣一起进行,如"炒黄豆""荷花荷花几月开?"幼儿与同伴在游戏过程中,互相交流,不仅丰富了词汇,也练习了口语,语言表达能力得到了极大的提高。

(3)民间游戏的开展有利于幼儿空间想象力、动手能力和创造力的发展。如"翻花绳""七巧板"等,幼儿在不断操作的过程中,经验不断得到积累,还能创造出很多新奇的玩法。

3. 民间游戏有利于幼儿社会性的发展

许多民间游戏带有一定的规则性,带有竞争的性质,这使得幼儿在游戏中有可能成功也有可能失败,幼儿在游戏的过程中学会了自我控制,提升了自我评价的能力。在民间游戏中借助玩具或材料等,幼儿学会与其他幼儿协商解决问题,培养和发展了协作精神和合作能力。民间游戏一般需要至少两名幼儿合作才能顺利进行,如"老鹰捉小鸡""捉迷藏"等满足幼儿合群需要的游戏都需要多人参加和互动。幼儿在共同游戏的过程中,通过相互模仿,学着协调各种矛盾和关系,学会如何控制自己的情绪、调整自己的行为以及如何解决人际关系争端,学会如何与别人友好相处等,良好的心理品质得到发展,如乐于助人、分享和合作等一些亲社会行为。

4. 民间游戏有利于幼儿文化认同感的培养

民间游戏反映了当地人民对生活和社会的认识,承载着本民族的历史与文化。民间游戏开展过程中,幼儿不但获得了轻松愉悦的体验,而且接触到和学习了本民族文化,无形中受到了自身民族文化的感染熏陶,如"扭秧歌""踩高跷""划旱船""舞龙"等。

二、幼儿园民间游戏的选编

(一)民间游戏的收集

民间游戏产生于人们的日常生活中,随着时代的变迁以及人们生活方式的改变,很多的传统民间游戏远离了人们的生活,所以幼儿园对民间游戏的收集必须深入到民间,不仅要依靠老一辈及幼儿家长的回忆,也要借助文献资料。收集的途径主要有以下五种。

1. 通过网络查找、收集民间游戏

网络信息技术发达的时代,通过网络收集民间游戏是比较快捷的方式。可以通过中国知网、电子图书、百度等平台进行查找,可以搜索到更为广泛的民间游戏信息,具体、直接地为幼儿园游戏提供资源。

2. 通过问卷调查与访谈向家长以及社区人员征集民间游戏

为了促进幼儿全面发展,深入了解本民族及本地区的文化,民间游戏是幼儿对文化传承的一种方式。对幼儿家长及社区人员来说,他们的孩童时期是在民间游戏的陪伴下长大的,对幼儿民间游戏有很多亲切的回忆。通过问卷调查与访谈的方式,从教育的角度来阐释民间游戏对幼儿身心发展的作用,以取得家长及社区人员的支持。

3. 查阅民间游戏相关的文献和书籍

对儿童民间游戏的研究主要集中在两个领域:一是民俗学的学者对民间游戏的收集与整理;二是幼儿教育工作者对儿童民间游戏的相关研究时所做的整理与分析。相关的书籍有《中国民间游戏》《民间游戏》等,也可以通过中国知网、维普数据资源、万方数据资源等网站进行查阅,进行多方面的搜集,使民间游戏得以传承与发展,发挥民间游戏对幼儿的教育作用。

4. 寻求社会相关部门与人士的支持

幼儿教师也可以深入有关研究民俗文化和收集民间游戏的专门机构,如当地的文化馆、群艺馆、教育协会、老年艺术活动中心等,去收集相关的游戏素材、玩具材料、影像等。同时,也对其工作人员进行询问,以期得到更多更专业和更准确的民间游戏资料。

5. 组织教职员工积极搜集

幼儿园教职工的搜集工作主要从四个方面进行:一是平时注意观察幼儿自发的游戏,发现有属于民间游戏的内容马上记录;二是要求教职员工深入生活实践、深入民间去学习与挖掘民间游戏的内容;三是要求每位教职员工利用身边的关系网,发动自己的亲戚、朋友、邻居等帮助搜集;四是利用教研活动时间组织教职工集体回忆记录。每个人都有过童年的游戏生活,玩过许多民间游戏,大家坐在一起,边回忆边记录边相互补充。采用这种形式不仅能搜集到许多有趣的游戏,而且把老师带回美好的童年生活,使他们获得了愉快的情绪体验。

(二)幼儿园民间游戏选用的原则

1. "本土化"原则

民间游戏是为幼儿园所用,游戏的选用要符合幼儿园的教育特色,所以在游戏选用时,尽量搜集、挖掘、整合本地区的民间游戏资源,更容易深刻体会本地区的文化内涵,能使民间游戏得以更好地传承。

2. 适用性原则

民间游戏的选用要与幼儿的年龄特点、经验水平及幼儿的兴趣相符合。符合幼儿年龄特点的游戏才能真正走进幼儿的生活,激起幼儿的兴趣,幼儿才能真正投入民间游戏活动,享受其中的乐趣,进而得到能力的提升,也能使民间游戏在幼儿园中真正发挥作用。

3. 教育性原则

民间游戏能否有利于促进幼儿身心健康发展、丰富幼儿园课程建设是作为民间游戏选用的重要依据。民间游戏蕴含着祖先以及前辈在生产生活过程中所积累的智慧,对幼儿有很大的教育意义和价值,如在增强幼儿体质、提升幼儿的认知能力、促进幼儿社会性发展等方面的价值。由于社会的发展与变迁,有些民间游戏对当今的幼儿已没有实际的教育价值,甚至有些还有负面的影响。所以,在选用民间游戏时,有必要对其教育价值进行深入的分析,发挥民间游戏应有的教育作用。

4. 地域特色性原则

从地域的自然、文化和社会特点,选用地域特色的民间游戏,是传统文化传承的一种方式,开发适合幼儿学习的民间游戏素材和活动,以加深幼儿对自己生活环境的认识和了解,培养幼儿对地域的感情。

（三）幼儿园民间游戏的传承

1. 整体性传承

民间游戏是传统文化的积淀,充分体现了民族的智慧、灵感和创造力。有的民间游戏本身具有良好的教育价值和对幼儿的发展潜质,游戏内容、规则和材料都比较科学合理,幼儿百玩不厌,可以直接进行整体性继承,整合到幼儿园课程中。在整体传承时必须考虑以下三个方面。

（1）时间上的适宜性。有些民间游戏受季节的影响,在幼儿园进行传承时,必须考虑游戏的季节性,如在寒冷的冬天,"扎壁脚"(挤墙壁)、"脚尖脚跟脚尖跳""跳绳"等是即时热身的好游戏。在炎热的夏天,运动量较小些的"翻花绳""炒黄豆""跨步子"等是较理想的游戏选择。

（2）游戏内容的适宜性。幼儿园民间游戏内容的选取要符合幼儿的年龄特点,做到难易适中,在选择民间游戏时要充分考虑幼儿的年龄特点。

（3）与地域文化的相宜性。民间游戏承载着本民族、本地域的文化。幼儿园宜选用适合幼儿学习的地域素材和活动,以加深幼儿对所处地域和自己生活的认识与了解。中国是一个大民族国家,每个民族会有他们各具特色的民间游戏,如土家族的民间音乐游戏"冬冬奎",幼儿能在游戏中感受土家族的民族特色音乐。

2. 改造式传承

部分民间游戏经过长时间的演变和流传,在内容、形式、玩法、规则、材料等某些方面不太适宜于当今的幼儿,但蕴含着优良的教育价值,根据现时代的发展和幼儿的需要稍作调整改良就可成为符合现代教育理念的游戏。

（1）改编游戏内容。有些民间游戏所展现的生活背景和内容离现在幼儿有些距离,或在思想上有些局限性,已不符合时代发展的需要,幼儿难以理解其时代根源;或在游戏的趣味性上还不够生动;或相配的儿歌、童谣有些生硬。这就要求教师改编游戏的内容,与幼儿的实际生活相联系。如民间游戏"拉大锯"中的童谣为:"拉大锯,扯大锯,姥姥家,唱大戏,接闺女,请女婿,小外孙也要去。今儿搭棚,明儿挂彩,羊肉包子往上摆,不吃不吃吃二百,二百不够加一百六。"对于小班的幼儿来说,内容长不容易记住,且不符合幼儿的实际生活。可以改编成:"拉大锯,扯大锯,我们一起去游戏,你一句,我一句,合在一起似戏剧。"改编之后的童谣朗朗上口,利用简单的童谣进行有节奏的动作,体验着游戏的快乐。

（2）改编游戏玩法。民间游戏的玩法是人为创造的,并不是一成不变的。因此也给教师和幼儿提供了自由探索、大胆想象的机会,如可以是一物多玩,也可以是多物多玩,还可以是几种游戏组合混搭,使一种游戏玩出不同的花样,激发幼儿对游戏的兴趣,使其创新能力得到培养。如"老鹰抓小鸡"传统的玩法:念完儿歌,老鹰就设法跑来跑去抓小鸡,鸡妈妈左挡右跑保护身后的小鸡。当老鹰抓到一只小鸡后,换角色继续游戏。经过改编后的玩法:画一个大圈,小鸡们站在圈内。念完儿歌,老鹰立即跑到圈里抓小鸡,小鸡以最快的速度跑出圈外,只要小鸡跑出圈外,老鹰就不能到圈外去抓,若老鹰在圈内抓到小鸡,就换角色继续游戏。经过改编后的游戏情节更简单,趣味性更强,安全性更高。

（3）改变游戏材料。民间游戏经历过时间的沉淀,有些游戏材料已经不符合现今的幼儿,如在卫生、安全等方面不适合幼儿操作,但游戏本身的趣味性及教育价值仍然很好,所以要适当地调整民间游戏的材料,以有利于幼儿的发展。例如,在"抬轿子"民间游戏中,原本是两名幼儿相对,两人双手相互交叉,让另一名幼儿坐上去,然后由这两名幼儿架着坐上去的幼儿走。由于此游戏存在一定的危险性(幼儿会摔下来),可以做一些调整,如自制一顶轿子(可用大纸盒来做),让幼儿"坐"在里面,另两名幼儿就可以抬着玩,游戏材料的改变既保障了幼儿游戏的安全,又保存了民间游戏原有的趣味性。

（4）改编游戏规则。规则与玩法是密不可分的,游戏规则是民间体育游戏不可缺少的重要元素。民间体育游戏的规则不仅规定了游戏动作的顺序,还规定了被允许和禁止的动作。有时候将民间体育游戏的规则进行更改,也会形成一种新的游戏。如改编后的"老鹰抓小鸡"的规则是儿歌结束之后老鹰才能开始抓小鸡,且只能在圈内抓小鸡,而不能跑出圈外抓小鸡,否则算犯规,停玩一次游戏。改编后的游戏规则对幼儿的约束力更强,让幼儿学会进行自我控制。

3. 派生式传承

继承原来民间传统游戏的内容、材料、规则、玩法、形式,在继承的基础上进行迁移,根据一个游戏项目发散想象出不同的游戏内容,或者进行适宜的拓展,使之一生二、二生三,生成适宜于幼儿玩的新游戏。

（1）组合运用。把两个或两个以上的游戏或动作技巧,根据本班幼儿的实际发展水平有机地组合在一起。例如,把"石头、剪刀、布""抛纸球""跳房子"这三个游戏组合在一起,以"石头、剪刀、布"来决定谁先游戏,与另两个游戏组合起来,依次进入游戏环节,促进幼儿游戏的连续性。

（2）拓展延伸。根据具体的游戏内容,在保持原有游戏结构完整的基础上,对其游戏的整个内容进行适宜的拓展。如有的民间游戏的材料还可进一步延伸。例如,游戏"滚铁环"中的"铁环"可延伸为按不同材料、宽窄、大小、颜色制作,让幼儿在游戏中体验不同材料带来的不同感受:铁环重滚动平稳、塑料环轻滚动速度快但容易脱钩。这样不仅丰富了幼儿对不同游戏材料特性的认识,还培养了幼儿的观察力、动手能力和语言表达能力。

（3）发散引导。根据幼儿在游戏中的状况,引发其根据一个游戏项目发散想象出不同的游戏内容,如在"滚铁环"的游戏中,教师就可以积极鼓励和引导幼儿探索出铁环的不同玩法,教师为幼儿提供环钩和绳子等一些材料,提示幼儿探索铁环的多种玩法。这些方法的运用,使幼儿民间游戏的内容更为丰富和灵活。

三、民间游戏与幼儿园教育活动的融合

丰富多彩的民间游戏是民族传统文化不可或缺的组成部分,它蕴含着教育智慧,幼儿园将民间传统游戏作为一种有益的教学资源灵活地、创新地融合于幼儿园的教育活动之中,在一定程度上调整和改善了幼儿园的游戏结构,丰富了游戏内容。同时,能让幼儿保持天生的自然状态,满足了幼儿对游戏的需要,充实了现代幼儿的生活。

（一）民间游戏与幼儿一日生活的融合

在幼儿园一日生活各环节中,有许多零散时间,如来园后、离园前、饭前饭后、活动后休息、各环节过渡等,这些时间较短,很难开展大型或耗时长的活动。如果不组织活动,坐着等待,幼儿就会无所事事,喧闹追打,容易发生安全意外事故,且也给教师的管理带来难度。一些小型、简单、无需太大游戏场地、玩具材料携带方便且便于收拾的民间传统游戏,适合在这些短的、零散的时间中开展。如"石头、剪刀、布""翻花绳""金苹果、银苹果""炒黄豆"等。如果在这些零散时间引导幼儿开展这些小型的游戏活动,就可以将无序转为有序。幼儿可以三三两两合作,不仅使一日生活的各个环节平稳过渡,衔接紧密,管而不死,放而不乱,减少排队、等待时间,体现动静交替的原则。

（二）民间游戏与区域活动的融合

民间传统游戏种类丰富、题材很广,在幼儿园各区域活动中,教师根据教育目标,有目的、有计划地投放相应的材料,支持幼儿开展民间传统游戏。民间游戏在幼儿园区域活动的融合,主要有语言区、体能区、科学区、美术区、益智区、音乐区等。幼儿园在游戏区域投放相应的民间游戏材料,开展相应的民间游戏活动,如在语言区投放有关民间童谣的绘本,在美术区投放橡皮泥、蜡笔、水彩颜料等,在科学区

投放一些和大自然相关的材料(如泥、沙、石子等)。这样幼儿可以自主选择游戏内容,自由选择玩伴,进行个别化或合作探究学习,从而发展幼儿的自主能力和社会交往能力。同时,民间游戏能让幼儿了解一些独特的富有内涵的历史和人文知识,起到了传递民间优秀文化的作用。

(三)民间游戏与户外活动的融合

民间传统游戏在户外活动中开展主要有两种形式。一种是由班级组织开展的户外活动。户外活动对促进幼儿身心发展有着重大意义,特别是民间体育游戏。民间体育游戏是由民间创编,并在民间代代相传的幼儿喜闻乐见的活动。在幼儿户外活动的时间安排一些大型的、需要有较大空间场地且能促进幼儿大肌肉动作发展的民间体育游戏,如"跳皮筋""跳房子""斗鸡"等,能使班级户外活动更加激情、活泼,对加强幼儿身体锻炼、提高身体素质有明显效果。另一种是由幼儿园组织的、打破班级界限的全园活动。根据幼儿园场地情况以及不同年龄幼儿运动发展的需求,合理规划走、跑、跳、攀爬、平衡等游戏区域,将"跳皮筋""跳绳""走梅花桩""踩高跷""丢沙包""滚铁环"等不同类型的民间传统游戏纳入全园户外活动中,设计同一游戏,在难度的设置上以梯度呈现,以满足小、中、大各年龄班幼儿的需要,全园幼儿可根据自身的能力自由选择,自主探索。

这两种方式结合开展,在游戏中可打破游戏单一、形式单一、游戏玩伴单一的局面,丰富户外活动的内容与组织形式,打破年龄界限和班级界限,扩大幼儿的交往面,促进幼儿人际交往的发展。

(四)民间游戏与集体教学活动的融合

选择适合幼儿年龄特点、班级实际情况的民间传统游戏,将其融入健康、社会、语言、科学、艺术五大领域,使之与学习活动巧妙结合。民间游戏融合集体教学的方式有三种:一是单个民间游戏整体运用到集体教学活动中,如发展幼儿的"躲闪跑"的能力,选用了"老鹰抓小鸡",在健康领域中很好地融入民间游戏,效果较好;二是单个民间游戏部分运用到集体教学活动中,如在科学领域的数学教育中,由于数学知识的抽象性,对于具体形象思维水平阶段的幼儿难以理解抽象的数字,将抽象单调的数字变成有趣的民间传统游戏,幼儿可以很快在游戏中认识学习数学概念。如让幼儿掌握"数的组合与分解",可以选用"跳房子"中的部分内容;三是多个民间游戏组合运用到集体教学活动中,如在社会领域中,发展幼儿自主性及良好的社会交往能力,在活动中可选用"石头、剪刀、布""抬轿子""警察抓小偷"等多个游戏,让幼儿既能自己确定角色,又能在活动中进行合作,弄清楚不同社会角色的技能。

(五)民间游戏与幼儿园大型活动的融合

幼儿园的大型活动主要有运动会、晨会、节日庆典等。在大型活动中融入民间传统游戏,可使活动更加丰富、更加质朴,增加活动的趣味性,增强幼儿对中国传统游戏的认识。

在幼儿园运动会中,以发展幼儿体能为主要目的,活动形式以竞赛、游戏为主,发展幼儿跑、跳、钻、爬、抬、拉等基本动作,幼儿积极参与,在游戏中锻炼自己,展示自我。根据年龄班融入民间游戏,小班可选用"赶小猪""骑高马"等,中班可选用"丢沙包""斗鸡"等,大班可选用"两人三足""踩高跷"等。在幼儿园晨会中,加入一些有趣、好玩、带有一定技能性、具有一定观赏价值的民间传统游戏,如"舞龙""花样跳皮筋""跳竹竿",幼儿在游戏中能充分地展现自我,获得充分的认同感。在幼儿园节日庆典中,有些民间传统游戏带有较强的民族习俗,反映当地的风土人情,能在各种节日庆典活动中经久传承,或被加工改良后创新运用,既能活跃节日气氛,又能促进幼儿的学习与发展。例如,元宵节"猜谜语""做汤圆""夹汤圆";中秋节"击鼓传月饼""水果拼盘"。幼儿动手参与,学会一些民俗技艺,在节日里玩民间传统游戏,在体验中加深对传统节日和民族传统文化的感性认识。

（六）民间游戏与亲子活动的融合

民间传统游戏是促进和改善亲子关系很好的载体，是一座架起孩子和家长之间心灵的桥梁，可唤起家长们的童心和童年美好的回忆，产生"陪玩""同乐"的极大兴致。在此情况下，将民间传统游戏引入幼儿园亲子活动中，无疑是改善亲子关系、实施家园共育的良策。幼儿园开展系列亲子活动，明确游戏角色分工，如"丢手绢""踢毽子"游戏，家长与幼儿同玩同乐，仿佛回到了孩提时候，可以增进亲子之间的交流，而且还能加强家长与教师之间的沟通交流，促进幼儿身心健康发展。

四、幼儿园民间游戏的设计与指导

（一）幼儿园民间游戏设计的原则

1. 适宜性原则

民间游戏相对于其他教学游戏，主要特点是简单易懂、趣味性强，幼儿参与的积极性高。民间游戏是人们长期积淀的结果，随着时代的发展，社会文化在不断地更新与发展，有些内容、形式也不适合现今的幼儿，有些游戏材料在现今也难以找到，所以在设计幼儿民间游戏时，必须考虑幼儿的实际需要和兴趣。

2. 教育性原则

民间游戏具有丰厚的文化底蕴，有些能体现当时民间的优良传统美德，一个好的民间游戏既能表现个人价值，又能体现集体智慧。为此，教师在设计民间游戏时应有意识地采用个别活动、小组活动、集体活动相结合的形式，这样既能显示个人的价值，又能体现集体的力量，使幼儿在获得成就感（或产生失落感）的同时又能切实感受到集体的温暖和强大，感受到团结协作的重要性，以利于互助观念和集体荣誉感的形成。

（二）幼儿园民间游戏的实施与指导

1. 创设和营造良好的民间游戏环境

（1）为幼儿创设丰富的物理环境。游戏物理环境是引发和支持幼儿游戏行为的必备条件。民间游戏物理环境的创设主要体现在时间、场地、材料等。在游戏的时间方面，要切实保证幼儿园一日生活制度规定的游戏时间，灵活地根据每位在游戏中选择的材料、玩伴及游戏形式，对游戏时间进行相应的调整。在游戏的场地方面，民间游戏依据游戏的需要进行选择，可以在室内和室外进行。在游戏材料方面要保持一定的新颖性和连续性，建立民间游戏材料角进行展示，指导幼儿一起制作民间游戏材料，引发对制作的新材料的多种玩法。

（2）为幼儿营造良好的心理环境。心理环境对幼儿学习、认知发展会产生一定的影响。良好的师幼关系、同伴关系，为幼儿游戏提供了情绪上的安全基地，使得幼儿能大胆、自信、积极地探索周围世界。

2. 做好游戏的前期准备

首先，教师应有针对性地选编游戏的内容，明确游戏的规则，并根据幼儿年龄差异，因地制宜地开展游戏，注意调节游戏的难易程度与活动量的大小，以符合幼儿个体水平。其次，在选编、运用民间游戏时，对游戏动作的设计、场地的选择、玩具的使用与制作等方面应加强安全管理，保证活动的安全性。

3. 根据幼儿特点进行有针对性的指导与介入

（1）讲解要细致、到位。受知识经验的影响，幼儿对事情的领悟能力还不是很好，再加上幼儿注意的时间短,这就要求给幼儿讲解游戏玩法与规则时,要具体详细。在讲解时要做到直观形象,如图解、视频等方式,只有在幼儿充分理解游戏方法与规则的基础上,游戏才能得以顺利开展。

（2）善于运用儿歌或童谣。民间游戏区别于其他游戏不同的是民间游戏有特有的儿歌或童谣,很多民间游戏的诞生都伴随着它自身的儿歌或童谣。民间童谣形式丰富,内容有趣,符合儿童的口味,深受幼儿喜欢,是现代文学作品所不能比拟的。有选择地将一些优秀民间儿歌或童谣引入幼儿园教育中,对培养孩子活动的兴趣、思维、口语表达、操作、合作等能力及良好道德品质起着不可低估的作用。再加上多数民间游戏都是经过千百年流传下来的,这些儿歌或童谣反映了其游戏的精髓,在游戏中传唱既增加游戏的趣味性,同时也是对文化的一种传承。

（3）指导与介入要具有针对性。民间游戏的开展应从幼儿的兴趣点出发,做到预设与生成相结合,教师应根据不同年龄阶段幼儿的特点采用不同的指导方法,如小班幼儿的民间游戏教师可采用直接指导为主,而中大班以间接指导为主,以发挥幼儿的自主性与想象力。幼儿之间存在个别差异,应在游戏中采取有针对性的指导方法。同时,应根据游戏本身的特点选择指导方式,如民间体育游戏,教师在指导时要特别防止人为的伤害,因为有时在比赛的过程中幼儿之间难免会发生一些矛盾冲突,教师应及时进行疏导、调解,简要地说出正确的行为方式,让他们及时化解矛盾,继续游戏,直至完成。

民间游戏案例

小班民间游戏：丢手绢

游戏目标

1. 发展快速奔跑的能力,锻炼身体动作的灵活性。
2. 提高应变反应能力和观察的敏锐性。

游戏准备

1. 小手绢一块,宽阔平坦的活动场地。
2. 幼儿熟悉儿歌《丢手绢》。

游戏玩法

1. 幼儿围坐成一个大圆圈,大家边拍手边唱歌。（丢、丢、丢手绢,轻轻地放在小朋友的后面,大家不要告诉他,快点快点捉住他,快点快点捉住他。）
2. 一个幼儿拿手绢顺时针绕圆圈转一圈,并轻轻地把手绢放在任意一个幼儿的身后。
3. 转一圈后,如果那个幼儿还没发觉,丢手绢的幼儿便抓住他,让他为大家表演一个节目。
4. 若被发现了,丢手绢的幼儿就要按顺时针方向跑,发现手绢的幼儿拿起手绢在后面追赶,追上了便由丢手绢的人表演节目,并互换角色。没追上,就自己表演节目。

游戏规则

1. 游戏开始时可由教师扮丢手绢的人,坐在地上的幼儿不能随意扭头看身后,也不能告诉其他幼儿手绢丢在哪里。
2. 丢手绢的人不能绕着圈子走了一圈又一圈,还是没有把手绢丢给某人。
3. 丢手绢的人刚走过身后时,坐着的人不能偷看背后有没有手绢。

游戏建议

相互追逐的时候要顺着同一方向跑,不能对向跑。

中班民间游戏：顶碗

游戏目标

1. 在练习顶碗的游戏活动中发展平衡能力和协调性。

2. 养成善于思考、大胆探索的习惯,体验游戏活动的乐趣。

游戏准备

1. 碗25个,平衡木若干,音乐播放器。

2. 音乐:《碗操》《天鹅湖》。

游戏过程

1. 热身活动。

(1) 队列队形练习:练习前后、左右转——上下蹲——交叉队形——合并两组——取碗。

(2) 教师带领幼儿随音乐做"碗操"。

2. 幼儿自主探索"碗"的玩法。

(1) 师:刚才我们做操的名称叫"碗操",请小朋友们想想除了可以用碗做操,碗还可以怎么玩?(幼儿自由探索碗的各种玩法)

(2) 师:刚才我看见小朋友们使用了不同的方法与碗进行游戏。(幼儿集体分享碗的各种玩法)

(3) 师:大家的想法都很棒,刚才我听到有位小朋友说碗还可以顶在头上玩。你们想不想来试一下?(幼儿自由探索顶碗)

3. 幼儿分析,教师示范玩法。

(1) 请1~2名幼儿分享顶碗经验,师幼分析顶碗中碰到的问题与困难。

(2) 教师示范顶碗。

师:现在请小朋友们来看看老师是怎么顶碗的。首先把碗轻轻地放在头顶正中间的位置,然后双手平举,身体保持平衡,注意不能用手去扶碗,碗也不能落地。

4. 幼儿练习。

(1) 播放音乐,幼儿自由练习顶碗。

(2) 师幼共同练习,并增加游戏的难度。

① 轻轻地把碗放在头顶,幼儿一个跟着一个随教师围绕圆圈走。

② 加大游戏难度,顶碗走平衡木。

5. 分享总结。

6. 播放音乐,带领幼儿放松身体,结束游戏。

游戏建议

游戏探索可采用分组形式进行。

(案例来源:湖南省衡阳市江州花园幼儿园　龙喜雁)

大班民间体育游戏:舞龙

游戏目标

1. 初步了解龙的结构和舞龙的简单技法,学习舞龙的几种基本动作。

2. 发展上肢力量,提高动作的协调性和平衡性。

3. 感受与同伴合作舞龙的快乐,树立团结协作、积极向上的意识。

游戏准备

1. 布制的小长龙2条,龙珠2个,红色、黄色的幼儿舞龙服装各10套。

2. 音乐:《金蛇狂舞》《喜洋洋》。

3. 幼儿活动前已观看过舞龙视频。

游戏过程

1. 热身运动。

（1）播放音乐《金蛇狂舞》，教师带领幼儿随音乐热身，如模仿舞龙动作挥动手臂跳一跳、慢慢走、变小矮人蹲着走、扭扭腰等。

（2）幼儿围成圆圈席地而坐。

2. 初步了解民间传统艺术活动——舞龙。

提问：（1）今天，老师给小朋友带来了两张图片，我们一起来看看，图片上的人们在干什么？（舞龙）

（2）你们以前看见过舞龙吗？在什么时候看见过舞龙？

小结：舞龙是一种民间艺术活动，以前人们是通过舞龙来祈求风调雨顺，求得一年大丰收，现在逢年过节，人们常常会以舞龙来表达喜悦的心情。

3. 观看并了解龙的结构。

（1）指导语：舞龙是一件有意义而快乐的事情，今天老师带来了两条长龙，小朋友们，我们一起来看看龙是什么样的。

（2）提问：①这是什么？（龙头）中间是龙的什么部位？（龙身）最后面是什么？（龙尾）②出示龙珠问：这是什么？它有什么用？

小结：龙由龙头、龙身和龙尾组成，龙珠起到引领和指挥龙的作用。

4. 幼儿自由探索舞龙。

（1）幼儿分组探索舞龙的动作。（教师进行个别、小组指导）

（2）集体交流舞龙感受。

师：小朋友们，你们是第一次舞龙吗？在舞龙中遇到了哪些困难？

5. 交流探讨舞龙的方法与技巧。

师：刚才小朋友们舞龙时心情愉快、动作丰富。为了让我们的舞龙表演更加精彩，必须掌握一些舞龙的方法和技巧。

（1）引导幼儿学习不同的舞龙动作。

讨论：①龙开心的时候会飞得高高的，我们可以用什么动作来表现呢？（踮起脚或跳起抖动）②龙飞得低又可以用什么动作表现呢？（蹲下来抖动）③要想龙身翻滚起来该用什么动作表现呢？（划八字）对了，划八字时大家不能一起划，要从龙头开始依次接龙，动作左右交替不能停，龙身就会翻滚起来。（教师引导幼儿练习舞龙动作，强调舞龙时动作协调、方向一致）

（2）引导幼儿练习舞龙队形。

例如，首尾合一（龙头和龙尾连接成圆圈状）、钻山洞等。

（3）幼儿随音乐小组合作舞龙，教师指导幼儿变换舞龙队形，提醒幼儿注意舞龙要点：龙头跟着龙珠走，龙身跟着龙头走，龙尾要不停地摆动。

6. 随音乐做放松运动，如耸耸肩、甩甩手、踢踢腿等。

7. 随《喜洋洋》音乐送"龙"回龙宫。

游戏建议

1. 绘画活动：画龙。

2. 户外游戏活动：双龙戏珠。

（案例来源：湖南省衡山机关幼儿园　陈冲）

大班民间游戏：有趣的竹子

游戏目标

1. 巩固练习蹲着走、平衡、跳跃等动作技能，提高动作的灵敏性、协调性和稳定性。

2. 能运用竹子进行创造性的体育游戏，体验运动的挑战与快乐。

3. 享受合作游戏的乐趣，具有初步的竞争意识。

游戏准备

1. 长竹竿四根、短竹竿、竹筒若干、竹篓、两面鼓。

2. 音乐：《跳起来》。

游戏过程

1. 热身运动：随着音乐《跳起来》做跳跃动作。

2. 介绍游戏玩法与规则。

幼儿自愿分为两队，根据竹子打出的有节奏、有规律的碰击声，在竹竿开合的瞬间，敏捷地进出跳跃。

第一轮：两人一组，手叉腰，跟着音乐节奏进出跳跃。

第二轮：两人一组，手牵手，分成两边交叉进出跳跃。

第三轮：四人一组，分成两边，分队依次进出跳跃。

游戏规则：在游戏过程中不能被竹竿夹到脚。

3. 创新游戏玩法。

创新玩法一：骑竹马

热身过后，幼儿自由探索竹竿的多种玩法。

提供长短、粗细不同的竹子，幼儿自由探讨竹筒的摆放和玩法，自己制定游戏玩法及规则，幼儿尝试用短竹竿骑竹马。

游戏玩法：每位小朋友手持一根短竹竿，大腿夹住竹竿三分之一处，手握竹竿的一端，有节奏地上下颠簸。幼儿一边骑竹马，一边要绕开障碍物，不能碰倒障碍物，最快到达的队伍获得胜利。

游戏规则：幼儿手持竹竿，双腿并拢夹紧竹竿跳跃，竹竿不能碰到地面及碰倒障碍物。

创新玩法二：赶小猪

除了骑竹马，这些长短、粗细不一的竹子还可以怎么玩？小朋友们开始了讨论、实践。孩子们通过探索、尝试不同的玩法，一致认为"赶小猪"最有意思。他们自己制定了规则后，分组展开游戏。

游戏玩法：圆滚滚的竹筒就像小猪一样，把"小猪"放倒在地上，用短竹竿把它赶到竹篓里，哪一队最快把"小猪"赶回家，则为获胜。

游戏规则：双手握紧竹竿把竹筒赶到竹篓中，不能用手接触竹筒或碰倒障碍物。

创新玩法三：赛龙舟

以中国传统佳节端午节为契机，结合幼儿对端午佳节包粽子、赛龙舟的已有知识经验，把长竹竿变身龙舟，开展竞赛游戏"赛龙舟"。

"赛龙舟"是端午节的活动，是中国民间传统体育活动，已流传两千多年，是多人集体划桨竞赛。

游戏玩法：每队小朋友竖排一行，比赛开始。

第一轮：幼儿双手交叉抓竹竿，半蹲向前进。

第二轮：赛龙舟难度升级，在蹲着前进的途中，幼儿齐心协力进行一个大转弯。

比赛时，由两人敲鼓指挥，水手按鼓声节奏前进。

游戏规则：在规定距离内，同时起航，两队幼儿握紧竹竿，蹲着向前进，不能松手，队伍自始至终不能断队，竹竿不能碰到地面，以到达终点先后决定名次。

游戏建议

1. 注意游戏过程中的安全。

2. 将该游戏延伸其他领域活动中去。

（案例来源：湖南省衡阳市青少年宫艺术幼儿园　刘利红　邓敏　周兰　刘麒麟）

民间游戏改编案例

民间传统游戏：老鹰捉小鸡

游戏目标

1. 通过游戏发展躲闪跑基本动作,促进大肌肉动作的发展。
2. 增强身体动作的协调性,提高反应能力。
3. 体验游戏中同伴合作的乐趣。

游戏玩法

游戏时,一人扮"老鹰",一人扮"母鸡",其余幼儿扮作"小鸡"成一路纵队,排到母鸡的后面,分别拉住前面小鸡的衣服。游戏开始时,老鹰站在母鸡的前面,一起念儿歌:"老鹰天上飞,小鸡地上跑,老鹰捉小鸡,就是捉不到。"儿歌结束,老鹰就开始攻击,尽力避开母鸡的阻挡,设法捉住母鸡后面的小鸡,扮母鸡的则张开双臂拦住老鹰,保护小鸡不被捉到,众小鸡也在母鸡后面不断躲闪。若有小鸡被老鹰的手摸到,便算被抓住,就得退场。

游戏规则

经过一定时间(可事先指定时间)后,老鹰抓到的小鸡超过小鸡数的一半,则老鹰胜;不到一半则母鸡胜。老鹰、母鸡、小鸡的角色可由幼儿抽签轮流担当。

改编后的游戏方案

中班民间传统游戏：老鹰捉小鸡

游戏目标

1. 发展追逐、躲闪跑的能力,促进大肌肉动作的发展。
2. 提高反应的敏捷性,体验与同伴合作游戏的乐趣。

游戏准备

1. 老鹰头饰一个。
2. 幼儿已熟悉游戏对话。
3. 场地布置:操场或空旷的平地,场地上画一个5米左右的大圆圈。

游戏玩法

1. 一名幼儿站在圈外扮老鹰,其他幼儿扮小鸡蹲在圈内,游戏开始,老鹰和小鸡进行对话:

你们蹲在河边做啥子? 磨刀刀。

刀刀磨来做啥子? 砍竹子。

竹子砍来做啥子? 织篓篓儿。

篓篓儿织来做啥子? 装碎米。

碎米装来做啥子? 喂小鸡。

小鸡长大了生的蛋给我吃不? 不给你吃。

那我现在就吃掉你们。

2. 当老鹰说完"吃掉你们"时,老鹰立即跑到圈里抓小鸡,小鸡以最快的速度跑出圈外,只要小鸡跑出圈外,老鹰就不能到圈外去抓,若老鹰在圈内抓到小鸡,就互换角色继续游戏。

游戏规则

老鹰和小鸡对话时,老鹰不能跑到圈内抓小鸡。只有当老鹰说完"吃掉你们"时,老鹰才能跑到圈内抓小鸡,小鸡才能跑出圈外躲避,如果小鸡跑出圈外,老鹰就不能到圈外去抓小鸡。

游戏建议

在第一个圈外再画一个大圈,幼儿只能在大圈的范围内奔跑。

游戏评价

"老鹰捉小鸡"的传统游戏被改编后,角色只有一只老鹰和若干只小鸡,情节更加简单,由于"小鸡"是向四周躲闪逃跑,安全系数提高,所以中班的孩子对此游戏非常感兴趣,并乐此不疲。

📚 资料链接

幼儿园民间体育游戏玩法汇总

炒 黄 豆

游戏目标

1. 促进手臂和身体动作的协调,提高动作的灵活性。

2. 体验同伴合作游戏的快乐。

游戏玩法

两人相对而立,手牵手,边念儿歌(炒、炒、炒黄豆!炒完黄豆翻跟头!),边有节奏地向左右协调摆手。儿歌念到最后一句时,两人举起一侧的手臂来共同钻过翻转身体180度,还原姿势。游戏反复进行。

游戏规则

儿歌念到最后一句时,两人才能举起一侧的手臂来共同钻过翻转身体180度。

石头、剪刀、布

游戏目标

1. 学会用动作表示石头、剪刀、布,遵守游戏规则。

2. 能主动和同伴游戏,体验游戏的乐趣。

游戏玩法

四人参加游戏,两人一组,一人做猜拳人,一人做走步人,走步人站在起点线上。猜拳双方相对而立,边原地跳边说"石头、剪刀、布",当说到"布"时,双方用脚做出相应的动作("石头"为两腿并拢,"剪刀"为两腿一前一后,"布"为两腿向两侧张开),以动作决出胜负,胜者一方的走步人向前跨一大步。游戏反复进行,直至走步人到达终点,先到终点为胜方。

游戏规则

动作反应的时间是2秒,超过时间则算输。

踢 毽 子

游戏目标

在连续踢的过程中发展动作的灵活性与协调性,促进大肌肉动作的发展。

游戏准备

毽子。

游戏玩法

踢毽子的方法、形式多样,有盘踢、磕踢、拐踢、绷踢为主的四种基本踢法,并在此基础上形成了以接落、绕转、穿插、跳踢、头顶等相互关联的花样踢法。

游戏规则

事先预定好时间,在规定的时间内踢的个数多的胜。踢的过程中毽子不能落地,否则算输。

转 陀 螺

游戏目标

发展手眼协调能力及对手臂动作的控制能力。

游戏准备

陀螺。

游戏玩法

先将鞭上的绳子缠在陀螺的上部,缠紧,随后用手按住,另一只手拿鞭子,用力拉绳,同时松开按陀螺的手,当陀螺在地上转起来后,再用鞭子顺着抽绳子的方向抽打陀螺。随后幼儿开始进行打陀螺比赛。幼儿一起准备,听教师发出"开始"口令,一齐抽打陀螺,看谁的陀螺转得最久即获胜。

游戏规则

陀螺重心倒地后,不能再用鞭子抽打陀螺。

孵 小 鸡

游戏目标

1. 提高动作的敏捷性。

2. 增强规则意识,体会民间游戏的无限乐趣。

游戏准备

石头。

游戏玩法

游戏者中选一人当"鸡妈妈"坐在凳子上,凳子下放几个"蛋"(可放石头代替),表示"鸡妈妈"正在"孵蛋"。其余游戏者做"耗子","耗子"在"鸡妈妈"身边钻来钻去,伺机取"蛋"。"鸡妈妈"可以自由转动保护身体下面的"鸡蛋",但不能离开凳子。"耗子"伸手取"蛋"时,"鸡妈妈"要迅速拍"耗子"的手臂,被拍到手臂就不许再取"蛋"。游戏可玩到"鸡蛋"取完为止。

游戏规则

"鸡妈妈"不能离开凳子"孵蛋","耗子"伸手取"蛋"时,"鸡妈妈"要迅速拍"耗子"的手臂,被拍到手臂就不许再取"蛋"。

挑 花 绳

游戏目标

1. 发展手眼协调能力。

2. 能用绳翻出各种花样,乐于创造与合作。

游戏准备

花绳。

游戏玩法

两人一组,游戏者用一细绳套在双手手指上,勾挑出各种花样,常见花样有四层楼梯、花手巾、大轮船、锯子等。

抬 轿 子

游戏目标

增强手臂力量,提高同伴合作能力。

游戏玩法

三人一组,二人当轿夫,一人当新娘。当轿夫的幼儿用右手握住自己的左手腕,再用左手握住对方的右手腕,蹲下。扮新娘的幼儿分别将两只脚跨入两轿夫的双手臂之间,两只手分别搭在轿夫的肩上,轿夫立起,开始行走,大家一起边走边说儿歌。儿歌终止新娘下轿。换角色重新进行。

附儿歌:

吱呀吱呀动。七铬七格蓬,花轿抬新娘,噼里啪啦轰。

跳 房 子

游戏目标

1. 锻炼单脚跳跃能力和投掷能力。
2. 能变化各种房子进行游戏。

游戏准备

画好格子房、沙包。

游戏玩法

一人先进行游戏,将沙包扔到房子左侧第一格内,然后单腿跳起,将沙包踢到第二格,再单腿跳到第二格,依此类推,直至踢到第五格,将沙包踢到房子右侧第五格,然后一下踢到第一格,单腿逐格跳出起线,开始跳第二间房子,将沙包扔到第二格开始跳,以同样的方法开始跳第三间、第四间,直至跳完第五间房子。

游戏规则

跳房子过程中,脚和沙包压到线或没有踢到应踢到的房子中,算失误,换另一人跳,以先跳完五间房子者为胜。

第二节　　亲子游戏

案例导入

依依(9个月)可喜欢和爸爸玩啦!下午,爸爸又和依依玩起了"蜻蜓飞",爸爸握住依依的双手,帮助依依伸出两根食指碰一碰,一边碰一边念:"蜻蜓、蜻蜓、飞飞,飞到东,飞到西,飞到南边喝露水,露水喝不到,回来吃蚊子。"这时依依的两根食指对碰两下,立刻分开。爸爸亲亲依依说:"依依真棒!"依依咿咿呀呀,拉着爸爸的手,想继续玩……

点评:宝宝一生下来,就与父母或照料者直接接触,他们用玩具等逗宝宝,抱着宝宝转圈,亲亲宝宝脸蛋等,这些就是孩子与父母的最早游戏——亲子游戏。

一、亲子游戏概述

(一)亲子游戏的概念

随着社会经济的发展,人民生活水平的提高,家庭结构的变化,亲子游戏受到了更多家长和托幼机构的广泛关注。著名的儿童教育专家陈帼眉说过:家长对孩子的教育,第一是培养良好的生活习惯;第二就是跟孩子做亲子游戏。近年来,亲子游戏成为国际和我国早期教育的最新发展趋势。

亲子游戏是指家庭内父母与孩子之间,以亲子感情为基础,以婴幼儿与家长互动游戏为核心内容,全方位开发孩子的运动、语言、认知、情感、社会交往等多种能力,帮助孩子初步完成"自然人"向"社会人"过渡而进行的一种活动。

有的学者认为,亲子游戏不仅仅是父母与孩子在家庭内进行的一种互动式游戏,还包括父母与孩子、祖父母与孙子女之间在家庭或托幼机构开展的游戏活动。它以亲缘关系为主要维系基础,是以孩子为主体、父母为主导进行的活动,是亲子教育中的核心内容及主要元素,也是实施亲子教育的重要手段和方法。

（二）亲子游戏的特征

婴儿期亲子游戏比较简单、短暂,大多由成人发起,如母亲对着婴儿说话、微笑、做鬼脸等,婴儿会作出高兴、愉快等相应的反应。随着幼儿身心的不断发展和生活经验的不断丰富,幼儿也会发起和建构游戏,亲子游戏的内容也在不断地丰富和复杂。从广义上讲,家长与孩子之间的配合交流等都可以看作是亲子游戏。科学的亲子游戏应具备以下特征。

1. 主体性

在游戏过程中,家长、孩子都是活动的主体,都要积极地参与游戏。例如,家长和孩子一起模仿小狗、小猫叫,一起表演故事,一起比赛"看谁跑得快"等。

2. 启发性

一是选择游戏的内容要具有启发性,能够启发孩子的智慧,既能利用和发挥孩子的现有能力,又能引导他们在原有的基础上得到新的提高。二是游戏中的指导要具有启发性,家长与孩子平等地参与游戏,循循善诱启发孩子进行游戏。

3. 合作性

游戏的方式应注重家长和孩子的相互配合。游戏中双方通过眼神、表情、言语和动作等方式相互交流与沟通,当孩子遇到困难时,让孩子主动寻求家长的帮助,通过双方合作,在玩中积累孩子的知识经验,形成技能。

4. 趣味性

选择的游戏内容要能激发孩子参与的兴趣,生动有趣;游戏的整个过程要具有趣味性、娱乐性,能够给孩子和家长双方都带来乐趣。通过亲子游戏,让孩子体会到创造和成功的快乐,让家长体会到与孩子共同游戏的幸福。

（三）亲子游戏的类型

按游戏的内容与性质分:音乐游戏、手指游戏、生活游戏、益智游戏、语言游戏、运动游戏等。

按参与者的人数数量分:一对一式游戏和集体式游戏。一对一式游戏是家长与子女单独进行的亲子游戏。集体式游戏则是指多个家庭共同参与的亲子游戏。

按游戏对婴幼儿身心发展所起的作用分:动作发展游戏、认知发展游戏、语言发展游戏、情感发展游戏、社会性发展游戏。

（四）亲子游戏的作用

亲子游戏对婴幼儿的成长具有重要的作用,不仅有助于促进婴幼儿身体、认知、语言、情感与社会性的发展,还有助于增进家长与婴幼儿的情感交流,建立良好的亲子关系。

1. 亲子游戏有助于婴幼儿基本动作和精细动作的发展

婴幼儿基本动作发展特点是:0～1岁婴儿以移动活动为主,包括翻身、坐、爬等;1～2岁婴幼儿由移动向基本的运动技能过渡,包括走、滚、踢、扔、抓、推等;2～3岁婴幼儿以发展基本运动技能为主,向各种动作均衡发展,包括走(向不同方向走、曲线走、倒退走)、双脚跳、四散追逐跑、原地跳、玩运动器械(荡秋千、蹬童车)等。基本动作能力是婴幼儿学习与发展的保障,而亲子游戏中的运动游戏能训练婴幼儿的基本动作,发展动作技能。例如,亲子游戏"小彩球",2岁以上的幼儿可以和父母玩滚球、抛球的游戏;4岁左右的幼儿可以和父母比赛抛接球、拍球、踢球;5岁左右的幼儿可以和父母玩投篮、滚球击物等。

婴幼儿精细动作的发育稍晚于大肌肉动作,主要以手部的动作发展为主。1岁婴幼儿能把东西扔出去,能用拇指、食指对捏抓握较小物体。2岁婴幼儿能学会使用简单工具,如拿汤匙吃饭等。3岁婴幼儿手部动作进一步熟练,有拆东西的愿望,喜欢把东西分离开来。婴幼儿精细动作的发展有利于促进手眼协调和大脑的发育,能最大限度地帮助婴幼儿认识和探索世界。而亲子游戏中的许多游戏有助于婴幼儿精细动作的发展,如"玩魔方""穿珠子""套碗(娃)""拼图形"等游戏。

2. 亲子游戏有助于婴幼儿认知能力的发展

在早期亲子游戏中,家长通过彩色玩具刺激婴儿的眼睛;通过与婴儿说话及带响玩具,刺激婴儿听觉;通过嗅、尝食物的气味与味道,刺激婴儿嗅觉与味觉;通过触摸,感知客观事物的整体。家长就是在与孩子玩各种感知游戏中,不断增长孩子的感性认识,丰富孩子的感性经验,促进孩子感知觉的发展,为今后进一步的认知发展奠定基础。

> **案例** 游戏名称:追踪玩具
>
> 游戏目的:发展宝宝视觉能力
>
> 适合月龄:0～4个月
>
> 游戏准备:彩色玩具
>
> 游戏方法:
>
> 让宝宝仰卧,父母手拿一个彩色玩具,在离宝宝眼睛40～50厘米处晃动,吸引宝宝的视线,让他(她)的目光追踪该玩具。对2个月的宝宝玩具只能左右水平位移动,对3个月的宝宝玩具可以上下垂直位移动,以后还可以将玩具在宝宝头的四周转圈,从左、上、右、下地缓慢移动。如果宝宝不跟踪了,就要重新吸引他的视线。

3. 亲子游戏有助于婴幼儿语言能力的发展

0～1岁亲子游戏主要是提供丰富的语言刺激,让婴儿充分感知语言和练习早期发音;1～2岁亲子游戏主要是对婴幼儿进行表达性语言训练;2～3岁亲子游戏在继续表达性语言训练的同时,进行理解性语言训练。在亲子游戏中,利用模仿,提高幼儿语言学习的兴趣。借助儿歌、音乐、玩具等,边玩边说、边唱边做以及一问一答等方式,激发婴幼儿参与语言游戏的积极性,学会表达与交流。

> **案例** 游戏名称:娃娃好
>
> 游戏目的:能模仿成人说话
>
> 适合月龄:12～20个月
>
> 游戏准备:布娃娃一个
>
> 游戏方法:
>
> (1) 让宝宝坐在小凳子上,妈妈拿着布娃娃面向宝宝,有感情地对布娃娃说:"布娃娃,你好!"然后妈妈对宝宝说:"今天布娃娃要和我们做游戏,快和娃娃打招呼吧。"鼓励宝宝说:"娃娃好。"
>
> (2) 妈妈把娃娃悄悄藏起来,说:"咦,娃娃呢? 娃娃在哪里呀?"做寻找娃娃的样子,宝宝和妈妈一起找娃娃。妈妈用慢而长的声音说:"娃娃,来——! 娃娃,快来——!"娃娃出现,宝宝高兴,这时再鼓励宝宝说:"娃娃好。"
>
> (3) 妈妈说:"娃娃要走了,我们跟娃娃说什么呢?"引导宝宝说出:"娃娃,再见!"

4. 亲子游戏有助于婴幼儿个性的完善和发展

亲子游戏是在最亲近的人,尤其是在父母与孩子之间展开的,带有明显的亲情关系,从相互间的身体接触与视线交流中,孩子得到的是爱与关注。父母对孩子游戏信号的积极反馈,使孩子产生了极大的信任和满足。经常开展亲子游戏,使婴幼儿长期处于一种积极的情绪体验,为孩子形成活泼、开朗、自信、积极的个性奠定了基础,也有助于家长与孩子之间建立良好的亲子关系。

5. 亲子游戏有助于婴幼儿社会性的发展

1 岁前的婴儿都会与母亲或主要照料者建立依恋关系。早期的依恋关系的质量对以后婴幼儿认知发展和社会性的适应都有重要意义,对婴幼儿整个心理发展(包括社会性、情绪、情感、智力等)具有重大作用,这种情感联系是婴幼儿社会性发展的重要因素。亲子游戏是在家长的参与下进行的,在与家长的游戏中,孩子感到安全,乐于亲近和信赖家长,从而更加自由自在地去探索周围的新鲜事物,愿意尝试与别人交往,学习待人接物。

二、亲子游戏设计的原则

(一) 适宜性原则

适宜性原则是指设计亲子游戏要根据孩子的年龄特点和发展水平,确定符合孩子发展需要的游戏目标。目标应是既高于孩子现实发展水平,又是孩子经过努力能够达到的水平;既要考虑孩子某一方面的需要,又要兼顾孩子全面发展的需要。例如,设计认知发展游戏:根据 10～12 个月宝宝的认知发展特点,可设计"指认五官"游戏,家长和孩子面对面坐在地毯上,说:"宝宝、宝宝真爱玩,摸摸这、摸摸那,摸摸小鼻子,用手指出来。"让宝宝用手指自己的鼻子,孩子指对了,再用同样的方法指认眼睛、耳朵、嘴巴。也可让宝宝用手摸成人的五官,根据相应的指令指出来。这样,宝宝在玩的过程中知道了五官的名称和位置。根据 2～3 岁孩子的认知发展特点,可设计"听音辨动物"游戏,家长选用孩子熟悉的小动物图片(如猫、狗、羊的图片),依次出示图片问:"这是什么动物?""它是怎样叫的?"让孩子分别说出小动物的名称,模仿小动物的叫声。然后家长播放这些小动物的叫声,让孩子根据声音找出小动物图片,从而训练孩子听觉的精确性和视觉的灵敏性。

(二) 适度性原则

适度性原则是指所选择的游戏内容要科学、适度。游戏活动的安排要动静交替,活动量适当。要根据孩子的具体情况,调整活动内容和活动节奏,防止过度疲劳、内容单一、形式单调,也要防止花样繁多、任务过重。

(三) 指导性原则

亲子游戏中家长是游戏的指导者,家长的教育行为直接影响孩子的成长与发展,家长不要以自己的价值取向来衡量孩子的游戏行为,强迫孩子玩不喜欢的游戏;在游戏中,家长应平等地和孩子成为玩伴,充分发挥孩子的想象力与创造力,及时发现孩子在游戏中遇到的问题,适当加以引导,不要怕弄脏衣服或出现别的问题而约束孩子的游戏;引导孩子养成良好的游戏习惯,遵守游戏规则;教育孩子玩具要有固定的存放地方,游戏后要收拾好玩具,物归原处;合理安排游戏时间,并鼓励孩子独立游戏。

(四) 趣味性原则

趣味性原则是指亲子游戏内容的选择新颖有趣,游戏过程能使孩子和家长感到快乐。家长在与孩子游戏的过程中,可以用生动有趣的语言、直观形象的表演、富有感染力的激情、灵活的游戏方法等来增加游戏的趣味性,从而取得良好的教育效果。例如,训练12个月孩子的视觉、听觉游戏:躲猫猫。家长让婴儿躺下,将手帕盖在其脸上,配合口令1、2、3,拿开手帕,然后家长面对着婴儿做表情,告诉婴儿:"嘿! 看到了。"为了激发婴儿游戏的兴趣,家长可以将手帕盖在自己的脸上,然后瞬间移开手帕,并对着婴儿说:"嘿! 在这里。"也可以用手遮住婴儿的脸,配合数数1~10,当家长数到10时,迅速移开双手,同时喊:"嘿!"继续游戏。这样通过变换游戏方法,与婴儿不断互动,训练婴儿视觉、听觉,让婴儿在与家长的游戏中提高视觉、听觉的灵敏性,享受与家长游戏的快乐。

三、亲子游戏的设计与指导

不同年龄阶段婴幼儿具有不同的身心发展特点,表现出不同的发展水平,具有不同的教养需求。因此不同年龄阶段婴幼儿的亲子游戏的设计与指导是不一样的,表现在目标的制定、内容和方法的选择以及活动指导的策略上。现以2~3岁婴幼儿为例,阐述亲子游戏的设计与指导。

(一) 2~3岁婴幼儿动作发展亲子游戏的设计与指导

1. 2~3岁婴幼儿动作发展亲子游戏的设计

第一,目标设计。

2~3岁婴幼儿粗大和精细动作发展更成熟,开始双脚交替上下楼梯、双脚离地跳跃、向前跑,甚至进行攀爬等。开始自己洗手、擦脸、用勺吃饭、叠积木等。然而,这个年龄阶段控制身体的平衡及协调能力还有待加强,两手的配合与协调还有待进一步成熟和完善,体能训练的重点应放在基础姿势和大动作的发展上,帮助婴幼儿通过各种各样的身体活动方式来练习基本运动技能。因此,目标的设计应考虑以下几个方面:[①]

① 喜欢参加走、爬、跑、跨、钻、攀、平衡等活动,能从中获得愉快的体验。

② 能合群地参加体育游戏,并能执行简单的游戏规则。

③ 喜欢和同伴共同做操,感受互相注视和模仿的乐趣。

④ 能初步学会用简单的器械进行活动,如踢球、拍球、骑车、推拉重物等。

⑤ 在生活自理活动中,能手、眼和全身协调运动和操作,如吃饭、穿脱衣服、盥洗、端拿易晃(水)、易碎(玻璃杯)物品。

⑥ 有初步的安全意识,能避开明显的不安全因素。

第二,内容设计。

2~3岁婴幼儿身体运动能力发展主要包括身体协调性、平衡能力、体育技能、动作模仿能力、控制身体随意动作和规定动作的能力、手工和动手技巧能力等。针对2~3岁婴幼儿动作发展特点与水平,游戏内容的选择应贴近婴幼儿的生活,是婴幼儿生活中熟悉的话题,如"老鼠笼""摘果子""给小猫送鱼"等,从而训练基本动作技能如跑、跳、钻、爬、平衡、投掷等,促进身体运动能力的发展。

第三,方法设计。

婴幼儿动作能力的训练一般以游戏的形式进行,因此,游戏法是训练婴幼儿动作能力的最主要的方法。在运用时应注意以下两个方面。

① 通过多种方式激发婴幼儿参与体育游戏的兴趣。2~3岁婴幼儿喜欢具有生动趣味形象的事物,对他们进行体能训练切忌机械单调,而应结合趣味的情境性游戏进行,并融合语言、认知、情感等方

---

① 作者:zhongxian1978 来源:百度文库链接:https://wenku.baidu.com/view/5c664cf00242a8956bece450.html

面的内容。如小青蛙捉害虫、小刺猬滚果子等,将基本动作练习、身体运动活动融于游戏中,激发孩子参与体育游戏的兴趣,体验完成任务的成就感。

在游戏的过程中,充分利用体育器械如平衡木、爬行垫、钻圈、球等,尤其重视从生活中发掘常见、好玩的材料,通过一物多玩来训练孩子的身体运动能力。运用沙包、毛巾毯、报纸、彩虹伞、彩带等家庭中或早教机构中常见的材料,既可以让孩子与熟悉的材料进行互动,也利于在家庭中进行活动延伸。

② 自由玩耍与有组织的体育游戏相结合。适宜的婴幼儿活动应该包括自由玩耍和有组织的体育游戏。孩子在玩自己发明的游戏或自编游戏规则玩的时候,就是自由玩耍。成人应设计一些令人兴奋和充满吸引力的体育游戏,鼓励婴幼儿参与有趣的游戏,从而促进他们的身心健康,享受运动的乐趣。

第四,流程设计。

人体在运动过程中生理机能是不断变化的,而且有一定的规律。一般在开始时,能力逐步上升,然后达到并在一定时间内保持最高水平,最后又逐渐下降,这个过程可分为上升、平稳和下降三个阶段。这个变化过程是一个客观规律。

根据这一规律,训练婴幼儿动作发展游戏多采用三部分结构:热身运动、基本动作练习、放松运动。各部分的任务和内容安排如下。

① 热身运动。

任务:集中婴幼儿的注意,激发他们参与身体锻炼活动的兴趣。使婴幼儿精神振奋、情绪活跃,使身体各器官能较快进入活动状态,为基本动作练习做好生理和心理上的准备。

内容:做模仿操或模仿活动;开展一些运动负荷不大、有利于发展婴幼儿体能的游戏;进行一些简单的舞蹈和律动等;向婴幼儿简要说明活动的要求和主要内容。

② 基本动作练习。

任务:学习基本动作和技能;巩固和提高已学过的各类练习等。通过婴幼儿自身的身体练习,提高婴幼儿的身体素质,发展婴幼儿的运动能力,培养婴幼儿良好的品质等。

内容:发展体能的游戏或其他各类游戏,针对一些需要婴幼儿或监护人掌握的动作作说明示范,进行简单练习。一次活动一般安排1～2项活动内容。在内容的安排上应注意新旧内容搭配,遵循由浅入深、循序渐进的原则,全面锻炼婴幼儿的身体。

③ 放松活动与小结。

任务:降低婴幼儿大脑的兴奋性,使身体由运动的紧张状态逐渐恢复到相对安静状态,放松肢体;合理地小结评价,有组织地结束活动。

内容:一般包括两个方面,一是做一些身体放松的游戏或动作,如轻松自然地走步;徒手放松运动;简单、轻松的舞蹈;较安静的游戏等。二是进行本次活动的简单小结,肯定和称赞婴幼儿的努力和成功,同时要继续激发和保持婴幼儿对身体活动的兴趣和积极性。

2. 2～3岁婴幼儿动作发展亲子游戏的指导

教师是婴幼儿活动的组织者、指导者,而家长是孩子活动的实施者、引导者,因此,应重视家长在活动中地位和作用的发挥,帮助家长掌握亲子游戏的指导技巧。

(1) 活动前或活动中简要说明活动或各环节的目标,包括活动内容、孩子发展水平以及该活动对促进孩子发展的意义。

(2) 活动中适时提出对监护人的要求,如观察了解孩子的运动水平、注意保护孩子的安全、适当提醒孩子遵守游戏规则。

(3) 充分发掘监护人的资源,请家长充当助教,教师可以有更多时间和精力针对个别及时给予指导。也可以创设让家长参与亲子游戏的机会,如通过春天踏青、秋天远足等,邀请家长和孩子一起参与,使家长在游戏中感受孩子的快乐,感受和体验亲子游戏对婴幼儿的积极作用。

📚 **案例**

体育游戏：人体轱辘辘

适用年龄范围	活动形式
2～3岁	集体

活动目标	宝宝	1. 发展侧身滚动、手膝着地爬的动作技能,提高动作的敏捷性、协调性和反应能力。 2. 喜欢参加体育活动,体验滚动带来的快乐。
	家长	1. 指导家长与孩子进行有效沟通,引领孩子模拟滚动物体侧身滚动。 2. 体会亲子游戏时的和谐愉悦,增强亲子之间的情感交流。

活动准备	1. 经验准备:幼儿玩过用粘球衣粘球。 2. 物质准备:(1)圆柱体空奶粉罐若干个,粘有双面胶的"果子"若干,粘球衣若干件。(2)节奏鲜明、轻快的音乐。 3. 场地准备:平整、宽敞、铺了地垫、适合滚动的场地。

活动流程	热身运动→滚动、追逐奶粉罐→学玩"人体轱辘辘"游戏→学玩"小刺猬滚果子"游戏→放松运动:送"果子"

	指导孩子	指引家长
活动过程	1. 热身运动(2分钟)。 教师一边念儿歌,一边带领婴幼儿做轱辘操。将手臂弯曲,按儿歌节奏前后环绕,做手部轱辘操:轱辘轱辘一,轱辘轱辘二,轱辘轱辘三,轱辘轱辘四,上上下下,前前后后,我和你来做游戏。 2. 练习玩奶粉罐(6分钟)。 (1) 情景:刚才我们做了轱辘操,现在奶粉罐也想跟我们一起玩轱辘轱辘操,我们请它们一起玩,好不好? (2) 宝宝与家长练习滚、追逐奶粉罐(放音乐):家长滚动奶粉罐,宝宝追逐家长滚出的奶粉罐,捡到奶粉罐后,再把奶粉罐滚给家长,游戏反复进行。 (3) 注意事项: ① 婴幼儿在场地上追奶粉罐时要提醒宝宝追回自己的奶粉罐,不可以去抢他人的奶粉罐。 ② 追奶粉罐时不要跑得太快,以免摔倒或碰到他人。 3. 学玩"人体轱辘辘"游戏(放音乐)(5分钟)。 刚才我们玩奶粉罐玩得真开心,你们想不想学学奶粉罐轱辘轱辘滚起来? (1) 教师示范滚动身体:把身伸直,身体躺好,手放开,轱辘轱辘滚过来了。 (2) 侧身滚动游戏:现在我们要用身体来学一学滚动的奶粉罐。躺在地垫上,脚放平,往空的地方滚才不会受伤,才会滚得更快。 家长和宝宝一起在地垫上滚动,边滚动边和宝宝一起喊"加油",滚到终点后将宝宝高高举起,让其感受到游戏带来的快乐和成功感。 (3) 注意事项: ① 宝宝滚动时要往空的地方滚,不能碰到他人。 ② 听信号滚动,不可以自己随意行动。 4. 玩"小刺猬滚果子"游戏(放音乐)(5分钟)。 (1) 今天森林里的果子成熟了,我们学小刺猬轱辘轱辘滚一滚,把这些果子背到身上吧。 (2) 宝宝手脚着地或手膝着地向前爬,看见"果子"就侧身滚动,使"果子"粘到身上。最后请家长帮助把"果子"拿下来,看看谁的"果子"多。 (3) 注意事项: ① 宝宝滚"果子"时不能用手去捡,不能碰到他人。 ② 听信号滚动,不可以自己随意行动。 (4) 小结:小刺猬们真能干,背了这么多果子回来,个个都是好样的! 5. 放松运动:送"果子"(2分钟)。 宝宝们,我们帮助小刺猬把"果子"送回家,好不好呀?那我们排好队去送果子吧! (一个接着一个排好队把"果子"送到篮子里)	◎ 设计有趣的轱辘操,让宝宝感知滚动。家长和宝宝一起做动作。 ◎ 提示家长:充分利用滚动物体——奶粉罐,引发婴幼儿自身的人体滚动。家长注意不要将奶粉罐滚得过远,以免让宝宝失去信心。 ◎ 此游戏不仅锻炼了婴幼儿侧身滚动的技能,同时让他们享受到游戏成功后的快乐。家长积极参与活动,配合宝宝游戏,给宝宝加油,用积极的语言鼓励宝宝,提醒宝宝不要相互碰撞。 ◎ 家长帮助宝宝把"果子"拿下来,和宝宝一起点数"果子",感受成功的喜悦。 ◎ 家长和宝宝一起送"果子",培养宝宝收拾玩具的良好习惯。

续表

活动延伸	1. 在生活中,指引宝宝观察哪些物体能够滚动,积累相应的知识经验。 2. 家长带宝宝玩定向滚动的游戏,提高宝宝的运动能力。
活动评析	本活动的内容来源于宝宝日常生活中熟悉的事物,符合宝宝的年龄特点,易于被宝宝接受。在组织形式上,设置了生活化的情景,训练宝宝的动作技能,提高了宝宝的身体协调性、灵活性,体验到活动的乐趣。同时,增强了宝宝在游戏中的规则意识,培养了宝宝游戏后收拾整理的习惯。

(二) 2～3岁婴幼儿语言发展亲子游戏的设计与指导

1. 2～3岁婴幼儿语言发展亲子游戏的设计

(1)目标设计。2～3岁婴幼儿语言能力发展迅速,说话的积极性高,说出的话大部分是简单句,出现了复合句。已经掌握了与生活有关的最基本的词汇和语言,开始使用代词"他、你、我"以及介词"在……里、在……上"。能运用语言进行一般的交流,词汇量增多,能说出有5个字以上的复杂句子,能说简单的儿歌,理解简单故事的主要情节。

许多研究证明,2～3岁是人生学说话的关键时期。如果有良好的语言环境,即经常有人和孩子交谈,那么这一时期将成为言语发展最迅速的时期。因此,目标的设计应考虑以下五个方面[1]:

① 喜欢倾听和参与成人或同伴的交谈,能执行两项成人的指令性语言。

② 乐意回答成人的提问,也能向成人提出简单的问题。

③ 能用几句话说出刚才经历的事情,并能让别人基本听懂。

④ 喜欢听成人读书、讲故事和念儿歌,并有自发模仿的积极性。喜欢结伴或独自在同伴面前念儿歌。

⑤ 会一页一页地翻书和看书,能在成人帮助下说出画面上的主要内容,看完后把书归还原处。

(2)内容设计。2～3岁婴幼儿应以发展口语、学习讲述简单的事情和故事为语言发展的主要内容。针对2～3岁婴幼儿言语发展特点与水平,教师和家长应适当设计语言领域的亲子游戏、亲子阅读等,增加讲述简单事情和故事的活动内容,也可将此内容融合于其他领域的活动中。例如,结合"碰碰碰"游戏,让孩子边念儿歌边在家长的带动下碰头、手掌、脚掌、手臂、腿,并比大小、长短,丰富孩子的词汇,模仿念儿歌。

(3)方法设计。常用的婴幼儿语言教育的方法有:示范模仿法、游戏法、表演法、练习法等,其中游戏法是运用得较多的一种方法。通过游戏法训练婴幼儿口语表达能力和句式扩展的能力。在运用游戏法时应注意以下三点:

① 游戏应该目标明确,规则具体,便于婴幼儿理解,从而达到锻炼语言的目的。

② 在运用游戏法时,可以配合使用适当的玩具,增加亲子互动。

③ 对个别学习有困难的婴幼儿,可以运用游戏法进行重点帮助,使他们在轻松、愉快、有趣的活动中进行语言训练。

(4)流程设计。婴幼儿语言发展亲子游戏设计可采用激发兴趣——成人示范——亲子游戏等。活动中成人应提供足够的语言互动机会及学习经验,帮助婴幼儿在愉快的游戏情境中促进语言的发展。

2. 2～3岁婴幼儿语言发展亲子游戏的指导

本阶段语言发展亲子游戏指导要点如下。

---

[1] 作者:zhongxian1978,来源:百度文库,有改动。链接:https://wenku.baidu.com/view/5c664cf00242a8956bece450.html

(1) 丰富婴幼儿生活经验,鼓励婴幼儿多接触不同的人、事、物,多看、多听、多说、多练。

(2) 通过组织语言教学活动,为婴幼儿之间提供交谈、相互模仿的机会。

(3) 亲子阅读:可选择图画简单、色彩鲜艳的绘本吸引婴幼儿阅读。家长可以与婴幼儿共同翻阅一本图书,轮流讲述图片内容。

(4) 把握随机教育。婴幼儿睡前经常会缠着家长讲故事,家长讲完故事后,可让孩子复述简单的故事情节,有意识地训练孩子组织言语的逻辑性。

(5) 增加亲子互动。教师和家长须专心倾听孩子说话,耐心回答孩子的每一个提问,满足孩子的求知欲,并鼓励他继续表达自己的想法。

案例

语言游戏:小动物吃什么

适用年龄范围	活动形式
2~3 岁	集体

活动目标	宝宝	1. 感受儿歌的节奏,学习边念儿歌边做动作。 2. 大胆地用自然音说话、演唱,在模仿小动物的活动中获得快乐。
	家长	1. 指导家长与孩子进行积极互动,增进亲子之间的情感交流。 2. 提升家长对孩子进行情感教育的意识与能力。

活动准备	1. 知识经验准备:认识常见的小动物,如小鸡、小鸭、小狗、小兔等,并初步了解它们的生活习性。 2. 教具准备:自制小虫、小鱼卡片若干,小猫头饰、小鸭子手偶若干。

活动流程	情境导入→教师示范表演→亲子游戏"小鸡吃虫"→尝试仿编儿歌,练习说完整句。

	指导孩子	指引家长
活动过程	1. 情境导入。 师:今天的天气真好,小动物们一个个都出来玩了,听听,谁来啦? 教师出示小鸡头饰,模仿小鸡的叫声,问:谁来啦? 小鸡是怎么叫的? 小鸡最喜欢吃什么? 2. 教师示范表演。 一位老师戴上头饰扮演小鸡,一位老师扮演喂小鸡的人。 小鸡边念儿歌边做动作:"小小鸡,叽叽叽,吃什么,吃小虫。"当说到最后一句时,另一位老师双手拿出小虫,做出喂小鸡吃虫的动作。小鸡拿着小虫,做"啊呜啊呜"吃的动作。 3. 亲子游戏:"小鸡吃虫"。 (1) 家长带领宝宝做"小鸡吃虫"的游戏:家长手拿小虫,宝宝戴上小鸡头饰,家长和宝宝面对面站好,和宝宝一起念儿歌,当念到"吃小虫"时,家长捧着小虫,做出喂小鸡吃虫的动作。引导宝宝拿着小虫,做"啊呜啊呜"吃小虫的动作。 (2) 游戏反复,直到宝宝熟悉儿歌。 (3) 可以互换角色,家长戴上小鸡头饰,引导宝宝喂小鸡吃小虫。 4. 尝试仿编儿歌。 (1) 教师套上小鸭子手偶,问:一只小鸭子走了过来,你们知道小鸭子是怎样叫的吗? 小鸭子喜欢吃什么? 让我们用儿歌的语言来说吧。 (2) 家长引导宝宝:小鸭子怎么叫? 小鸭子吃什么? 然后和婴幼儿一起按照已经学会的儿歌格式仿编儿歌:"小小鸭,呷呷呷,吃什么,吃小鱼。" (3) 家长和宝宝一起念自己仿编的新儿歌。	◎ 家长了解游戏要求,准备和婴幼儿一起游戏。 ◎ 指引家长掌握游戏玩法,记住儿歌内容。 ◎ 家长跟婴幼儿一起做游戏,引导婴幼儿学念儿歌,并关注婴幼儿的发音。 ◎ 家长用积极的情感和态度感染婴幼儿,及时表扬,鼓励婴幼儿用儿歌语言完整表达。

活动 延伸	1. 组织家庭成员一起观看婴幼儿表演儿歌朗诵。 2. 可以和婴幼儿一起扮演各种小动物,如小猫、小兔、小狗等,并尝试仿编新儿歌,帮助婴幼儿感受朗诵儿歌的快乐与亲情的温馨。
活动 评析	儿歌朗朗上口,深受婴幼儿喜爱。本次活动中,教师运用了婴幼儿喜欢的情境表演形式,引导婴幼儿积极参与游戏,让婴幼儿在亲子互动的语言交往中,通过模仿与尝试仿编儿歌,既增强了婴幼儿的兴趣,又更好地练习说完整句并不断丰富词汇。同时也引导家长逐步掌握运用游戏方式来发展婴幼儿语言,协助婴幼儿获得成功,增强婴幼儿的自信心。

（三）2~3岁婴幼儿认知发展亲子游戏的设计与指导

1. 2~3岁婴幼儿认知发展亲子游戏的设计

（1）目标设计。2~3岁婴幼儿认知发展特点为:感知觉发展迅速,他们对周围事物或现象更感兴趣,爱提问题。以无意注意为主,注意发展水平低。记忆能力初步发展,但记忆保持时间较短。想象形成并发展起来,思维由动作思维向具体形象思维过渡。根据婴幼儿认知的特点,目标的设计应考虑以下七个方面。

① 对周围事物有好奇心和探索的愿望。

② 能区别红、黄、蓝、绿等常见的颜色。

③ 能感知物体软、硬、冷、热等属性。

④ 能感知比较差异明显的大小、多少、长短,能区分两个物体的上下、里外。

⑤ 能跟着唱数,口数1~10,知道数字代表数量。

⑥ 游戏时能用物体或自己的身体部位代表其他物体。

⑦ 知道家里主要成员的简单情况。

（2）内容设计。婴幼儿认知活动的内容选择应贴近婴幼儿的生活,多选择幼儿生活中常见的具体事物,如给蔬菜与水果分类,比较绘本的厚薄,说出生活中常见物品的名称与特征等。也可选择一些婴幼儿生活中常见的自然现象,如晴天与雨天、白天与黑夜,为婴幼儿将来抽象概念的形成打基础。此外,可充分挖掘各种活动中的认知内容,如在"五只小猴子"的音乐游戏中学习数数,在建构游戏中感知积木的形状、大小等。

（3）方法设计。婴幼儿认知活动的方法形式多样,如观察法、参观体验法、操作法、游戏法等,游戏法是婴幼儿最喜欢的活动方式,在游戏中不仅能完成认知任务,促进婴幼儿的认知发展水平,还能培养婴幼儿遵守游戏规则的意识。

（4）流程设计。在活动流程设计上可采用:运用已有经验——多种感官参与——成人示范——幼儿模仿操作等,一系列活动过程让幼儿在开心愉快的游戏情境中获得感性经验。

2. 2~3岁婴幼儿认知发展亲子游戏的指导

婴幼儿认知发展活动的重点并不是记忆知识,而是通过感官去体验、探索外界事物,建构自己的经验体系。因此,教师与家长应从以下五个方面培养婴幼儿认知能力。

（1）带孩子亲近大自然,丰富他们的知识经验。如观赏公园中各种颜色的花,教孩子辨认红、黄、绿等常见的颜色;引导孩子观察蚂蚁搬粮食的情景等。

（2）在游戏中感知比较,引导孩子探索事物之间的简单关系。如有意识地引导孩子感知、比较物体的明显特征(颜色、形状、大小、多少)、属性(软硬、冷热)、关系(多少、长短、上下、里外),指导孩子给物体归类;引导孩子对家庭成员的角色认知。

（3）快乐涂鸦,发展孩子的想象力。如在家中创设美劳区,让孩子体验成功感;鼓励孩子用语言表达,使无意涂鸦变成有意绘画。

(4)感受韵律,发展孩子的音乐表现力。如选择或自编一些旋律优美、节奏简单、音节重复的简短曲子,和孩子一起边唱边做动作,在反复说唱中,让孩子感受韵律,学唱歌曲;可以使用一些打击器械,让孩子学习伴随曲调有节奏地敲打,感受节奏的变化。

(5)学习数数,培养孩子对数的感受能力。

📚 **案例**

认知游戏:吹泡泡

适用年龄范围			活动形式	
2~3岁			集体	

活动目标	宝宝	1. 积极尝试用不同的吹泡器吹泡泡,体验吹泡泡的乐趣。 2. 知道不同形状的泡泡器吹出的泡泡都是圆形的。		
	家长	1. 学习引导孩子积极探索,体验探索的乐趣。 2. 帮助孩子形成科学经验。		
活动准备		1. 知识经验准备:(1)认识常见的吹泡器,玩过吹泡泡。(2)熟悉歌曲《吹泡泡》。 2. 教具准备:(1)自制圆形、三角形、正方形等吹泡器若干,泡泡水若干。(2)音乐《吹泡泡》。		
活动流程		音乐导入→教师示范讲解→亲子游戏"吹泡泡"→小结。		

	指导孩子	指引家长
活动过程	1. 播放音乐《吹泡泡》。 (1)提问:刚才的歌曲里唱了什么呀?(2)吹泡泡可有趣了,你们吹过泡泡吗? 2. 观察泡泡,说说泡泡是什么样的。 教师吹泡泡,让宝宝观察泡泡的形状和颜色,大胆说出自己所看到的。 3. 亲子游戏:"吹泡泡"。 (1)家长带领宝宝玩"吹泡泡":①家长拿三角形吹泡器,让幼儿猜猜吹出的泡泡是什么样的?然后鼓励幼儿用三角形吹泡器吹泡泡。②同样的方法,鼓励幼儿用正方形、圆形吹泡器吹泡泡。 小结:吹泡器吹出的泡泡都是圆圆的。 (2)家长和宝宝用不同的吹泡器吹泡泡,比一比谁吹的泡泡大。 4. 集体亲子游戏:吹泡泡。 游戏玩法:家长和孩子拉成一个大圆圈,一边念儿歌一边顺时针方向转圈,当儿歌念到"吹个大泡泡"时,大家拉成一个大圆圈;念到"吹个小泡泡"时,大家向中心靠拢;念到"泡泡飞高了",踮脚;念到"泡泡飞低了",下蹲;念到"泡泡破了",大家向后跳。家长引导孩子边念儿歌边游戏,游戏可反复进行。 附儿歌:吹泡泡,吹泡泡,一吹吹个大泡泡,一吹吹个小泡泡,泡泡飞高了,泡泡飞低了,泡泡破了。	◎ 家长帮助孩子回忆生活中的经验,和大家一起分享。 ◎ 引导孩子描述观察的结果。 ◎ 指引家长掌握游戏玩法。家长跟孩子一起做游戏,引导孩子了解吹泡器吹出的泡泡都是圆圆的。 ◎ 家长用积极的情感和态度感染孩子,体验玩"吹泡泡"游戏的乐趣。

活动延伸	1. 组织宝宝到户外吹泡泡、抓泡泡、玩泡泡,感知泡泡的特征。 2. 家长和宝宝一起在家制作其他形状的吹泡器和泡泡水,探索制作的乐趣。
活动评析	孩子对吹泡泡并不陌生,在生活中总能见到各种各样的吹泡器,有了生活经验的积累。在本次活动中,孩子通过观察感知、了解泡泡的形状和颜色。在游戏中反复操作,获得了新的经验。家长在此过程中不断观察孩子的水平,根据孩子的能力进行活动后的延伸练习。

（四）2～3岁婴幼儿社会性发展亲子游戏的设计与指导

1. 2～3岁婴幼儿社会性发展亲子游戏的设计

（1）目标设计。2岁左右，儿童掌握代名词"我"是其自我意识萌芽的最重要的标志。他们逐步能够把自己与外界、他人分开，喜欢与同伴及熟悉的成人交往（交往中带有明显的自我中心倾向）。能较好地调节情绪，发脾气的时间减少，有时会隐瞒自己的感情。对成功表现出积极的情感，对失败表现出消极的情感等。根据婴幼儿社会性发展的特点，目标的设计应考虑以下七个方面。

①　乐意在成人的帮助下学习自己的事情自己做。

②　能遵守简单的生活常规和行为准则，并逐渐养成习惯。

③　在成人的指导下，乐意与同伴交换或分享食物和玩具，并能获得愉快的体验。

④　乐意亲近教师和同伴，喜欢参加集体活动。

⑤　对同伴的情绪有适度的反应，有关心同伴的表现。

⑥　知道自己的姓名、年龄、性别，知道父母的姓名和家庭住址。

⑦　会主动地或在成人提醒下使用简单的礼貌用语。

（2）内容设计。2～3岁婴幼儿社会教育活动内容的设计应关注婴幼儿自我意识的发展，生活自理能力及社会规则的掌握，以及与成人或同伴之间的社会交往能力的培养。

（3）方法与流程设计。婴幼儿社会教育活动可采取讲解法、演示法、参观法、行为练习法、角色扮演法、观察学习法、游戏法等方法，在具体实施过程中，主要采取教师示范、集体游戏、亲子指导、亲子参与体验等方式，促进婴幼儿社会性发展，帮助家长掌握亲子教育技巧。

在活动流程设计上可采用教师示范讲解——模仿游戏——集体游戏——回顾总结等环节。

2. 2～3岁婴幼儿社会性发展亲子游戏的指导

（1）在生活中多引导孩子进行同伴互动，在互动中有意识地培养孩子掌握简单的交往技能。

（2）多鼓励、表扬孩子，营造亲子快乐互动的氛围，让孩子乐于积极参与活动。

（3）在日常生活中引导孩子做力所能及的事情，培养孩子的生活自理能力，为帮助孩子入园做准备。

📚 案例

社会交往游戏：借玩具

适用年龄范围		活动形式
2～3岁		集体
活动目标	宝宝	1. 学习向同伴借玩具的方法，愿意与同伴分享自己的玩具。 2. 体验与同伴一起玩玩具的快乐，增进社会交往能力。
	家长	1. 引导孩子学习、探索向同伴借玩具的方法。 2. 鼓励孩子大胆展示并与同伴分享自己的玩具。
活动准备		1. 知识经验准备：（1）认识一些常见的玩具。（2）知道一些玩具的玩法。 2. 教具准备：幼儿自带的长毛绒玩具、皮球、玩具水枪、拖拉玩具、遥控汽车等。
活动流程		情景表演导入→亲子游戏→游戏"借玩具"→小结。

续表

	指导孩子	指引家长
活动过程	1. 观看情景表演：玩具水枪,学习交往的礼貌用语。 (情景表演内容：小猪佩奇在玩玩具水枪,边玩边说:"水枪水枪,真好玩!") (1) 小猪佩奇的玩具好玩吗? 你想玩吗? (2) 你想向小猪佩奇借玩具,应该怎么说? 教师引出:"玩具可以借我玩一下吗?"让孩子学一学,说一说。 (3) 你把玩具还给别人的时候要怎么说? 小结：想玩别人的玩具,可以跟他有礼貌地说话,这样别人会很乐意把玩具借给你玩。玩具玩完了要记得还给别人,要说"谢谢"。 2. 亲子体验游戏：我会借玩具。 家长对孩子说：看! 我这儿有你最喜欢的玩具,想玩吗? 你向我借玩具,我就把玩具给你玩,好吗? 家长和孩子交换玩,孩子玩玩具,家长借玩具。 3. 游戏：借玩具。 师：今天,有的小朋友带来了自己喜欢的玩具,请你们说一说,自己带来的是什么玩具?（孩子展示并大胆地说出玩具的名称。)有的小朋友没有带玩具,待会儿你们一起玩,没有玩具的小朋友向有玩具的小朋友借,记住哦,要有礼貌地借。 4. 小结。 (1) 你刚刚借到玩具了吗? 你是怎么向小朋友借的? 小朋友真棒,有礼貌地向小朋友借,小朋友才会同意把玩具借给你。 (2) 刚才老师看到有的小朋友在交换玩具玩,你玩我的小白兔,我玩你的遥控车；有的小朋友一起玩皮球,你把球滚过来,我把球滚过去,小朋友们真是相亲相爱的好宝宝。	◎ 帮助孩子学说借玩具的礼貌用语。 ◎ 指引家长掌握游戏玩法。家长跟孩子一起做游戏,引导孩子学习借玩具的方法。 ◎ 家长鼓励幼儿向同伴借玩具,与同伴分享自己的玩具,与同伴一起玩玩具,享受游戏的快乐。
活动延伸	1. 家长鼓励孩子与同伴交换玩具或其他物品,巩固"借"与"还"的社会交往技能,提醒孩子玩具玩完后要及时归还,并说"谢谢"。 2. 在日常生活中家长可以多给孩子创设与同伴交往的机会,和同伴玩游戏时,可以创设有趣的游戏情境。	
活动评析	本活动通过情景表演指导孩子学习借玩具的方法,通过亲子体验游戏"我会借玩具"、和同伴玩"借玩具"去进行交往,学习分享,增进社会交往能力。而孩子的社会交往能力并不是一个活动就能达成的,因此,需要在成人的关注和引导下,更好地学习与反复练习。	

（五）2～3 岁婴幼儿艺术教育亲子游戏的设计与指导

1. 2～3 岁婴幼儿艺术教育亲子游戏的设计

（1）目标设计。婴幼儿艺术启蒙教育的目的不在于培养艺术家,而是通过生动有趣的艺术活动培养婴幼儿的兴趣及初步的感受美的能力,培养其积极情感,促使其形成活泼、开朗的个性,促进其智力的发展。因此,目标的设计应考虑以下四个方面。

① 运用音乐、美术中不同的艺术形式获得美的熏陶,开发艺术潜能,发展对周围事物的认识兴趣、敏感性、审美力和创造力。

② 具有对音乐的兴趣和敏感性,乐意并积极参加音乐活动,对音高和节奏有初步的感受力和表现力。

③ 具有对色彩、线条、造型的兴趣和敏感性,喜欢参加美术活动,能大胆地尝试用多种材料做造型游戏,对色彩、线、型有初步的感受力和表现力。

④ 乐意在成人的帮助下,学习正确地使用和整理材料。

（2）内容设计。针对 2～3 岁婴幼儿的身心发展特征,选择、改编、创作婴幼儿易于接受且与生活、学习环节等内容相匹配的乐曲、歌曲,增强婴幼儿对音乐的敏感性和兴趣。提供画册、美术作品、简单易操作的材料,让婴幼儿通过欣赏、涂鸦、添画、玩纸、玩色等,提高其对美术的兴趣。

（3）方法与流程设计。婴幼儿艺术教育活动可采取讲解法、演示法、练习法、体验法、观察法、游戏法等方法。在具体实施过程中,主要采取教师示范、集体游戏、亲子指导、亲子参与体验等方式。活动流程一般为:教师示范——亲子模仿——集体游戏——亲子操作——回顾总结——展示欣赏等过程。

2. 2～3岁婴幼儿艺术教育亲子游戏的指导

(1)活动内容的选择必须符合婴幼儿的年龄特点,活动过程中尊重孩子的意愿,允许他们根据自己的经验、认知水平及特有的方式表现和表达,切忌过多的干预和强行灌输。

(2)用积极的语言对孩子的活动过程和结果进行评价,切忌以成人的审美要求去评价孩子的创作萌芽。

(3)游戏是婴幼儿喜欢的学习方式,让婴幼儿在快乐的游戏中学习,激发婴幼儿对艺术活动的兴趣和积极性。

案例

音乐游戏:合拢放开

适用年龄范围			活动形式	
2～3岁			集体	

活动目标	宝宝	1. 体验一边歌唱一边玩游戏的快乐。 2. 初步跟随歌曲有节奏地做相应动作,提高手指动作的灵活性。		
	家长	1. 引导孩子注意倾听音乐,大胆参与活动。 2. 和孩子一起感受随音乐律动的乐趣。		

活动准备	1. 知识经验准备:(1)知道做手部的合拢、放开动作。(2)熟悉五官和其他身体各部位的名称。 2. 教具准备:音频《合拢放开》。

活动流程	游戏导入,熟悉动作→熟悉歌曲内容、动作→表演游戏→亲子游戏→结束。

活动过程	指导孩子	指引家长
	1. 教师带宝宝游戏。 (1)游戏:点点点。 ① 小朋友们,现在我们来玩"点点点"的游戏,我说:点点点,小手点鼻子,宝宝的小手就点着鼻子。 ② 教师发出指令,宝宝点出五官和腿、头的位置。 (2)游戏:合拢放开。 现在我们来玩"合拢放开"的游戏,宝宝跟着我一起做:合拢! 放开!(反复几次,速度逐渐加快) 2. 熟悉歌曲内容、动作,掌握歌词与动作的匹配。 (1)听歌曲,教师示范动作。 教师边做动作边提问:小手在做什么? 小手放哪里? 宝宝边模仿动作边回答。 (2)带宝宝一边唱歌,一边做相应的动作。 3. 表演游戏:合拢放开。 玩法:在音乐的伴奏下,宝宝跟着节奏做出"合拢""放开""小手爬"等动作,并正确指出"眼睛""鼻子""嘴巴"。 规则:听节奏,根据歌词做相应的动作。 4. 亲子游戏:合拢放开。 家长和宝宝面对面一起游戏,体验亲子活动的快乐。 5. 结束活动。	◎ 引导宝宝一边仔细听指令,一边点出相应的身体部位。 ◎ 引导宝宝一边观察教师的动作,一边模仿游戏。 ◎ 引导宝宝认真听歌曲,观看教师动作并模仿。 ◎ 引导宝宝注意歌词与动作的匹配。 ◎ 引导宝宝注意歌曲的节奏,根据歌词做相应的动作。 ◎ 愉快地投入游戏,与宝宝一起体验游戏的快乐。

活动延伸	引导宝宝与同伴或家中其他成员玩该游戏。

活动评析	《合拢放开》是一首活泼富有童趣的歌曲,本活动开始时教师用游戏帮助孩子熟悉动作,充分调动孩子们的兴趣,让他们更好地理解歌曲的内容。活动中教师先进行引导与示范,几次练习后,孩子们跟随音乐唱时,能跟着节奏做出"合拢""放开""小手爬"等动作,孩子们十分投入,玩得开心。

附歌曲：

合拢放开

1=F 2/4

佚 名 词曲

| 5 5 | 1 1 | 5 5 | 1 1 | 3. 2 | 1 3 | 2 — |
| 合 拢 | 放 开 | 合 拢 | 放 开 | 小 手 | 拍 拍 | 拍, |

| 6 6 | 2 2 | 6 6 | 2 2 | 4. 3 | 2 4 | 3 — |
| 合 拢 | 放 开 | 合 拢 | 放 开 | 小 手 | 放 腿 | 上, |

| 1 1 | 2 2 | 3 3 | 4 4 | 5. 6 | 5 1 | 4 — |
| 爬 呀 | 爬 呀 | 爬 呀 | 爬 呀 | 爬 到 | 头 顶 | 上, |

| 2. 1 | 7 1 | 2 3 | 4 2 | 5 5 | 6 7 | 1 — |
| 这 是 | 眼 睛 | 这 是 | 鼻 子 | 这 是 | 小 嘴 | 巴。 |

以上阐述了2~3岁婴幼儿亲子游戏的设计与指导,需要特别说明的是:在实施亲子游戏的过程中,应注意以下几个方面。

1. 家庭亲子游戏实施的要点

(1) 营造和利用游戏场所。为了激发婴幼儿参与亲子游戏的兴趣,家长应尽可能地为孩子创造适宜的游戏场所。出生0~6个月的婴儿处于躺、抱、坐阶段,他的游戏场所便是摇床、摇车等,父母要为孩子布置好这些场所,如在摇车上贴色彩鲜艳的图画,在摇床上挂摇铃、图片、气球等。随着孩子逐渐长大,他们从坐、爬过渡到行走。这时家长可以把婴儿床围上坚固的栏杆,高度不超过70厘米,为了营造良好的游戏氛围,可适当布置床周边的环境,如贴上颜色鲜艳的卡通画、在床的上方挂音乐铃铛等,床的外围不要摆放家具,床内不要放过大的玩具,以免婴儿爬上玩具翻过栏杆,坠落地面。对于能够行走的婴幼儿,如果居住条件有限,可利用墙角、床边、沙发、椅子等家具围出一块"亲子活动场所",地面铺上塑料地板、地毯或席子,任婴幼儿做爬行、行走训练。居住面积较大的可以单独开一个房间作为"亲子游戏空间",房间内不要放热水瓶、茶具、花瓶等物品,电源插座要放在婴幼儿摸不到的地方,排除游戏安全隐患。除了在家中,还可以为他们提供一个相对宽敞的游戏场所,如选择附近的公园、广场、游乐场所等地方,与孩子参加各种运动和娱乐游戏。

(2) 根据婴幼儿年龄特点选择玩具。玩具是开发婴幼儿智力的天使。根据婴幼儿的游戏类型选择适宜的玩具,有助于其综合能力的训练与提高。0~1岁婴儿的感官处于迅速发展阶段,应该为他们选择能够促进感官功能发展的玩具,如在婴儿床上方悬挂不同材料做的玩具(色彩鲜艳的彩球、气球等),促进婴儿视觉的发展;及时提供能发声、带响的玩具(拨浪鼓、八音盒、橡皮捏响玩具等),刺激婴儿听觉的发展;许多供婴儿抓握的玩具,可发展婴儿的触摸觉。1岁以后,婴幼儿开始走路,自我意识不断提高,可选择木马、滑梯、转椅、摇船和秋千、攀登架等大型运动性玩具,促进婴幼儿身体机能的发展和脑的发育,提高其身体的平衡能力及灵活性;也可选择促进其精细动作发展和认知发展的玩具,如瓶子与瓶盖、螺丝转、穿珠子、木条插等训练婴幼儿的手眼协调能力;还可以提供电话、小娃娃、拼插玩具激发婴幼儿的想象力;提供套叠玩具、拼板、积塑、积木、声控玩具、电动玩具等提高婴幼儿感知能力。3岁后的幼儿可提供各种组合玩具(桌面玩具和地面玩具),训练其手指协调和控制能力,进一步促进其认知能力的发展。

为婴幼儿选择玩具,还要符合卫生安全要求。玩具应无毒,易清洗,婴幼儿在玩耍时不会刺伤、划伤等,如许多毛绒玩具脱毛掉毛,纽扣松动易脱落,个别电动玩具存在安全隐患等。

(3) 开展符合婴幼儿年龄特点的游戏。家长选择游戏应以婴幼儿的发展水平为依据。不同年龄的婴幼儿,其生理、心理发展不同,其游戏内容方式也不同。0~6个月的婴儿主要是发展视觉、听觉,家长可用彩球、色彩鲜艳的玩具、物体逗引婴儿,让婴儿用眼跟踪,帮助婴儿发展视力;敲小鼓、摇铃铛或对着婴儿说话、唱歌等,帮助发展婴儿听力。6个月~1岁的婴儿,由坐到爬,语言开始发展,这一时期的游戏分为动作游戏和语言游戏;撕纸、扔玩具、爬行追逐、扶物站立到独自站立等动作游戏,有益于婴幼儿基本动作的发展;模仿家长说话、亲子阅读等游戏,能促进婴儿语言的发展。1~3岁的婴幼儿开始独立行走,语言、动作、自我意识都迅速发展,这一时期适合婴幼儿玩的游戏有:角色游戏——娃娃家、打电话、开汽车;结构游戏——积木建筑、积塑构造、拼图拼版、穿珠、玩沙玩水等;音乐游戏——器乐、律动、音乐表演;语言游戏——看图书、讲故事、故事表演;体育游戏——父母与婴幼儿追逐跑、抛接球、攀爬阶梯、坐滑梯、钻"山洞"、放风筝等等。

2. 托幼机构亲子游戏中的指导要点

家长自身的学历程度、育儿观念和水平、家长职业性质等因素,影响着亲子游戏系统、全面和深入的开展,而家园合作是提高家长的教育观念和水平,促使家庭亲子游戏转变为家园亲子游戏,真正提高家长亲子游戏素质的重要途径。所以,托幼机构要针对不同的家长,注意对家庭亲子游戏的指导,从而实现真正意义上的家园亲子游戏。

(1)创设家长参与亲子游戏的机会。托幼机构通过组织多种类型的亲子游戏,如"六一"儿童节、元宵节、劳动节等节日活动,春天踏青、秋天远足等户外活动,邀请家长和孩子一起参与,使家长在游戏中感受孩子的快乐。这样通过参与和实地观摩,帮助家长感受和体验亲子游戏对幼儿的积极作用,从而改变教育观念。

(2)提供家长相互交流的平台。托幼机构要能有效地开发和利用家长资源,发挥家长优势,通过有一定经验的家长与家长之间的交流、宣传和示范,为家长提供相互交流的平台。例如,举行"家庭亲子游戏展示会""家教沙龙"等,让各位家长现身说法,交流经验,相互指导。托幼机构还可以组织亲子游戏专题讲座,让家长聆听专家的权威发言,咨询自己的问题和困惑,从而提高家长的整体教育水平,为孩子的发展创设和谐一致的家园环境。

(3)重视亲子游戏中教师的指导。针对不同水平的家长,教师要做好个别指导。教师可采取外在介入和平行介入并用的方式对家长进行指导。外在介入是指教师对家长进行指导,交流对象仅限于家长。在目前的亲子游戏指导中,外在介入的指导方式比较普遍。平行介入指的是教师参与亲子游戏,直接面对面地与家长及孩子进行互动。平行介入可以更加直观地让家长了解游戏过程中该做的和不该做的,教师直接参与到亲子游戏中去,用行动为家长做出榜样,这样的指导效果更为直接。当然,在平行介入之后,教师还应与家长进行总结性的沟通和交流,这时就需要外在介入,让家长倾诉困惑和疑虑,和家长一起总结分析,找出最恰当的解决方法,给家长以方法上的指导。

四、亲子游戏集

(一)动作发展婴幼儿亲子游戏

1. 大肌肉动作发展亲子游戏

手足爬行(8~12个月)

游戏目标

训练婴儿手脚一致协调爬行,发展婴儿的爬行能力。

游戏准备

爬爬垫(地毯)、铃铛和玩具若干。

游戏玩法

(1) 让宝宝趴在爬爬垫上练习爬行,如果宝宝是匍匐前进,家长可用手托住宝宝的胸腹,让宝宝练习用手爬行。

(2) 让宝宝趴在爬爬垫上,妈妈一只手摇动小铃铛,另一只手举着玩具让宝宝朝着铃声的方向爬行,到达目的地时,把玩具给宝宝,以示鼓励。

(3) 妈妈躺在爬爬垫上,让宝宝趴在一边,而爸爸在妈妈的另一边,妈妈协助宝宝从自己这一边爬过去,爬到爸爸那边去。

游戏指导

(1) 在游戏中要注意适时休息,并要多给宝宝鼓励。可以在目的地摆放宝宝喜欢的玩具或物品,促使宝宝努力往前,并保持对这个练习的兴趣。

(2) 宝宝爬行时,最好给宝宝穿连体服,这种衣服的上衣和裤子形成一个整体,宽松、舒适、柔软,便于宝宝爬行。

(3) 家中的床及地面是宝宝爬行的最佳地点。在地面爬时,要考虑地面材质,过凉过硬,都不舒服。有效的补救方法是:在地面上铺一块地毯或爬爬垫,也可以用巧拼塑垫铺出一小块天地。光滑的地板革更可减少宝宝爬行的阻力。

(4) 家长注意宝宝爬行的安全和卫生。

小背篓(1~1.5岁)

游戏目标

(1) 让宝宝感受走、跳动和弯腰,发展宝宝的触觉。

(2) 增强宝宝的敏感度,体验在妈妈背上玩的快乐。

游戏准备

垫子,场地上画好圆圈。

游戏玩法

(1) 家长们围成一个圆圈跪趴在垫子上,让宝宝骑在家长背上,游戏开始时,家长们将宝宝背起站好。

(2) 家长根据教师念儿歌的节奏按顺时针方向绕圈走、跳、弯腰。念第一句儿歌,家长将宝宝背好,随儿歌节奏缓慢地绕圆圈走;念第二、三句儿歌,背着宝宝加快节奏走;念第四句儿歌,背着宝宝轻轻地跳;念第五句儿歌,家长慢慢地弯腰;念第六句儿歌,把宝宝放下。

游戏指导

(1) 为了增加游戏的兴趣,家长可以引导宝宝在背上做各种动作。但要注意幅度不要太大,随着宝宝对游戏的逐渐适应,可以适当调节动作幅度。

(2) 在背起和放下宝宝时,要注意宝宝的安全。

(3) 在家里玩此游戏,家长可以一边念儿歌一边与宝宝游戏。

附:儿歌《小背篓》

小背篓,圆溜溜,

妈妈背着走一走,

走一走、走一走,

跳一跳、跳一跳,

弯弯腰、弯弯腰,

高高兴兴到家啦!

袋鼠妈妈和宝宝(3~4岁)

游戏目标

训练宝宝肢体的控制能力和坚持性,增强妈妈和宝宝之间的协调性。

游戏准备

平整的场地、地垫。

游戏玩法

(1) 热身活动:家长一边念儿歌一边带幼儿活动上肢和腿部。

(2) 家长和幼儿面对面,孩子双手紧紧搂住妈妈的脖子,双腿用力夹住妈妈的腰,像小袋鼠一样紧紧挂在妈妈的胸前。

(3) 妈妈手膝着地撑起身体,和孩子一边念儿歌一边手膝着地爬行。

游戏指导

(1) 第一次玩此游戏,家长可用一只手托住孩子的后背,让孩子有安全感。

(2) 在游戏中,家长要慢慢地松开手,以便更好地训练孩子的上肢和腹部力量。

(3) 多次游戏后,可慢慢加大难度,如在爬行时摇动身体,延长游戏时间等。

(4) 游戏中根据孩子情况调整游戏时间及方法,保证幼儿安全。

附:儿歌

(1)《我的身体会跳舞》:小手小手拍一拍,手腕手腕抖一抖,小脚小脚跳一跳,小腿小腿踢一踢,屁股屁股扭一扭,我的身体会跳舞。

(2)《袋鼠妈妈和乖乖》:袋鼠妈妈有个袋袋,袋袋里面有个乖乖,幸福妈妈幸福乖乖,妈妈和乖乖相亲相爱。

2. 精细动作发展亲子游戏

抓物训练(4~6个月)

游戏目标

训练婴儿手指抓握及双手传递的动作,促进小肌肉的活动能力及手眼协调能力的发展。

游戏准备

抓握摇棒、哗呤棒、小摇铃、各种环状玩具、小毛绒玩具等小玩具若干。

游戏玩法

(1) 放手训练:妈妈先让婴儿右手抓一个玩具,再让左手也抓一个玩具,这时再拿出第三个玩具,如果婴儿非常喜欢,就会主动放弃一个,伸手抓住新出现的玩具,经过反复训练,培养婴儿主动放手的意识。

(2) 给物训练:让婴儿坐在地毯上,爸爸和妈妈可坐在婴儿左右两侧。拿一些新鲜有趣的玩具,如小摇铃、小毛绒玩具等,游戏开始时,爸爸将玩具递给婴儿,让婴儿玩一会儿。然后,妈妈伸手向婴儿要玩具,说"把玩具给妈妈",观察婴儿能否将玩具传递给妈妈。若婴儿不给,妈妈就拿另一玩具给婴儿来调换他手中的玩具。然后,爸爸再向婴儿伸手要玩具,说:"把玩具给爸爸。"若婴儿不给,也和妈妈一样,用另一玩具来调换。

(3) 左右互传:妈妈将一个玩具放在婴儿的右手中,等他拿住玩一会儿后,妈妈再将另一个玩具放在他的右侧,观察他是否将右手上的玩具传递给左手,然后再用右手去拿右侧的玩具。如果不能传递,妈妈可做示范性动作让婴儿模仿,反复玩数次,训练婴儿双手互相传递。

游戏指导

(1) 每天可让婴儿自己坐躺在床上、地毯上,在婴儿面前放一些玩具,婴儿会主动地拿玩具。玩具需要软硬结合,既要有毛绒玩具,也要有木质或塑料制品的玩具,但应注意玩具的质地与质量,避免不安全因素。

(2) 4~6个月的婴儿抓物动作发展很快,从抓握大的物体到抓握小的物体,手的灵巧性不断地提高,每天应当多次、有一定时间让婴儿的手有物可抓握。

(3) 利用生活中各种机会进行手的抓握训练。抓握汤匙、抓握玩具的柄、抓握家长手指,等等。尤其在冬季里要注意,不要过度保护婴儿的手,以免错失训练良机。

(4) 抓握物体训练,不管婴儿是用右手还是左手抓物体,家长都不要去干预,更没有必要迫使孩子纠正,两手同时并用有助于左右脑发育。

搭积木(1~3岁)

游戏目标

(1) 训练婴幼儿手的控制和协调能力,建立空间和距离的概念。

(2) 促进婴幼儿认知能力和创造力的发展。

游戏准备

平整的场地、大的和小的积木若干。

游戏玩法

(1) 分堆:家长请孩子把大的和小的积木分别放在不同的地方。

(2) 搭梯:家长和孩子面前各放2块积木,家长先把一块大的积木摆平,再拿一块小的积木放到上面,并说"把积木叠高",鼓励孩子模仿把积木叠高,反复训练,让婴幼儿体会积木的摆放方法。

(3) 放手:让婴幼儿按照自己想象的方法搭建积木,用两块、三块、很多块搭起来,推倒了重搭,婴幼儿在积木倒塌的声音中体会愉快的情绪。

游戏指导

(1) 先要给婴幼儿正确的示范:搭2~4块积木,让他模仿着搭。在搭的过程中,每加一块都夸奖他,用激励的语言让婴幼儿爱上搭积木。

(2) 先用大积木垫底,再依次用较小的积木,或磁性积木以保证他容易成功。这样婴幼儿在成功中体验到了快乐,满足他获得成功的需要。

(3) 如果婴幼儿不感兴趣,家长可先搭2~3块积木,只让他搭最后一块,必要时可手把手地教他搭,搭好后,立刻表扬他,并可让他推倒作为鼓励。

(4) 学会搭3~4块积木后,要及时巩固成果,保持兴趣,最后提出任务:"搭高楼",一定要变换方式让宝宝愿意继续玩。

(5) 游戏后要注意培养婴幼儿自觉收拾积木的良好习惯,并鼓励表扬。

穿珠子(2~3岁)

游戏目标

训练幼儿手指的灵活性和准确性,培养幼儿的注意力和计数能力。

游戏玩法

(1) 家长和幼儿各拿一根塑料丝,家长示范用塑料丝穿过大的套环,让幼儿模仿着做。

(2) 家长将粗的塑料套管剪成一段一段的管子,请幼儿将塑料丝穿过套管,穿过一个就数"1",穿过两个就数"2",要求幼儿能穿过三个小管子。

(3) 家长将长形的细珠子放在幼儿面前,请幼儿用细的塑料丝穿过珠子,能够连续穿过3个珠子。如穿进一个珠子时家长要及时表扬、鼓励。

游戏指导

(1) 开始游戏时,可用大的套环的孔进行训练,逐步增加难度,直到能够穿小的珠子。

(2) 穿珠子的关键是要学习把穿入的线头从珠子的另一端提起来,这需要很细心的动作和手眼协调能力,否则穿入的珠子就会掉下来。家长可以多次示范,并帮助幼儿学会做,使幼儿能够掌握动作的要领,学会穿珠子的本领。

(二)语言发展婴幼儿亲子游戏

妈妈的悄悄话(1~4个月)

游戏目标

训练婴儿感知语言信息,激发其愉快情绪,传递亲子之情。

游戏准备

婴儿听力正常。

游戏玩法

(1) 妈妈每次在给宝宝喂奶时可以一边喂,一边抚摸,也可以将宝宝的手放在妈妈的乳房或脸上,同时用柔和亲切的语言对宝宝说"悄悄话",如"××(呼乳名),好吃吗? 多吃点喔!……"妈妈温柔地对宝宝说话,让宝宝感受到关爱。

(2) 宝宝睡觉醒来时,妈妈与宝宝面对面,看着宝宝的眼睛亲切地对他说:"噢,××醒来了,睡得好香啊! 睡觉梦见妈妈了吗?……"一边说话,一边慢慢移动面部,让宝宝的头和眼睛随着转动。每天至少2~3次,每次2~3分钟,经常对宝宝进行语言刺激。

游戏指导

(1) 在照顾宝宝的日常生活中,如喂奶、三浴两便、抚触等,妈妈应有意识地与宝宝沟通,亲切地对宝宝说"悄悄话",以引起宝宝对声音的关注和愉快情感体验。

(2) 宝宝是先听后说的,妈妈最好用普通话反复和宝宝讲话,让宝宝贮存标准的语音信息,有利于发展语言。

打电话(2~3岁)

游戏目标

(1) 帮助幼儿练习对话、主动表达,学说完整句。

(2) 训练幼儿的语言和思维能力。

游戏准备

玩具电话、电话机或手机。

游戏玩法

(1) 父母运用玩具电话示范打电话,爸爸说:"喂,您好! 我是宝宝的爸爸,请帮我找宝宝,好吗?"妈妈说:"您好! 宝宝在我身边。"妈妈说:"宝宝快过来,爸爸给你打电话了。"宝宝接电话,妈妈教宝宝学打电话:"喂,您好! 我是宝宝。"……反复练习几遍,让宝宝学会打电话的礼貌用语。

(2) 电话铃响,妈妈让宝宝接电话,运用刚才学会的礼貌用语。

爸爸:"喂,你好! 我是爸爸,请问你是宝宝吗?"

宝宝:"喂,您好! 我是宝宝。"

爸爸:"明天爸爸带你去爷爷、奶奶家玩,好吗?"

宝宝:"好的,谢谢爸爸!"

爸爸:"宝宝再见!"

宝宝:"爸爸再见!"

反复多次,训练宝宝打电话的应对能力。

游戏指导

(1) 当宝宝渐渐习惯了富有变化的对话后,妈妈可扮演阿姨与宝宝打电话,在游戏中帮助宝宝掌握打电话的礼貌用语,学习一问一答的语言,练习使用简单句。

(2) 可教宝宝用电话机或手机给爷爷、奶奶或是其他好朋友打电话,练习主动与人交谈,主动发问,训练宝宝的语言表达能力,培养宝宝的社会交往能力。

自我介绍(3~4岁)

游戏目标

训练幼儿学会自我介绍,培养幼儿的语言表达能力。

游戏准备

玩具青蛙、玩具兔等幼儿熟悉的玩具或生活用品。

游戏玩法

(1) 妈妈手拿玩具青蛙,模仿青蛙的声音说:"我是一只大青蛙,圆圆的眼睛白肚皮,整天爱唱呱呱呱。"

(2) 爸爸自我介绍:"我叫×××,高高的个子,胖胖的脸,喜欢打球和唱歌。"告诉宝宝自我介绍时,先说自己的名字,再讲外貌特征,最后介绍自己的爱好。

(3) 让宝宝介绍他所熟悉的玩具兔,妈妈先用提问的方式引导宝宝,如:"这个叫×××,它的眼睛是怎样的? 耳朵是怎样的? 尾巴是怎样的? 它喜欢吃什么?"帮助宝宝表达,然后让宝宝完整地说一遍。

(4) 引导幼儿介绍自己,"我叫×××,大大的眼睛,圆圆的脸,我爱……"家长可以根据宝宝的描述,给宝宝画像,以激发宝宝的兴趣。

游戏指导

(1) 在引导幼儿自我介绍时,先教给幼儿自我介绍的顺序,再教给幼儿自我介绍的内容。

(2) 家长应鼓励幼儿在别人面前介绍自己,培养其沟通能力。

(三) 认知发展婴幼儿亲子游戏

指认五官(8个月~1.5岁)

游戏目标

(1) 帮助婴幼儿知道五官的位置,听到"耳朵、眼睛、鼻子、嘴巴"等词汇后,能指认相应的部位。

(2) 发展婴幼儿的自我意识和语言理解能力。

游戏准备

玩具娃娃一个。

游戏玩法

(1) 游戏时,妈妈把脸挨近宝宝的脸,把宝宝的手放在妈妈脸上,摸妈妈脸上的各部位,并轻轻有节奏地说:"这是妈妈的眼睛""这是妈妈的鼻子"等。

(2) 教婴幼儿辨认五官,如说"耳朵",妈妈就用手摸一下自己的耳朵,妈妈一边说,一边辅以相应的动作,如摸摸耳朵、眨眨眼睛、皱皱鼻子、张张嘴巴。

(3) 妈妈出示漂亮的玩具娃娃,指着娃娃的五官教婴幼儿辨认。

(4) 多次训练后,妈妈说出五官各部位的名称,让婴幼儿指认自己的五官,如说"耳朵",就让婴幼儿的手去摸自己的耳朵。

(5) 可结合儿歌进行训练,家长边念儿歌边让婴幼儿的手摸相应的部位。

游戏指导

(1) 给婴幼儿的玩具娃娃应突出面部特征,其余部分应稍稍挡住,以免分散婴幼儿的注意力。

(2) 给婴幼儿丰富的表情、声音刺激,帮助其理解五官的含义,加深对词的印象。

(3) 根据婴幼儿的实际能力,还可以跟其玩"找五官""贴五官"等游戏,增进亲子感情。

(4) 训练应循序渐进,婴幼儿能指认自己的五官后,可进一步教其指认身体的其他部位。

附儿歌:《指五官》

小手拍拍,小手拍拍,

眼睛在哪里? 眼睛在这里,用手指出来。

小手拍拍,小手拍拍,

鼻子在哪里? 鼻子在这里,用手指出来。

小手拍拍,小手拍拍,

嘴巴在哪里? 嘴巴在这里,用手指出来。

小手拍拍,小手拍拍,

耳朵在哪里? 耳朵在这里,用手指出来。

好玩的图形(3～4岁)

游戏目标

(1) 帮助幼儿感知圆形、正方形、三角形的特征,激发幼儿对图形的兴趣。

(2) 喜欢辨认生活中的图形,培养幼儿的观察力和动手操作能力。

游戏准备

(1) 旧报纸、广告纸、图画纸、白色蜡笔、毛笔、粉笔、水彩或墨水。

(2) 儿童剪刀、塑料蛋糕刀、小碗、面粉、糖等。

(3) 一块平坦开阔的场地。

游戏玩法

(1) 撕剪图形:①妈妈和孩子撕一撕、剪一剪旧报纸和广告纸。妈妈也可事先在纸上画出一些图形,让孩子沿轮廓线剪或撕下图形;或是根据孩子的能力,练习凭空撕剪图形,锻炼孩子的抽象思维能力和想象力。②利用撕剪的图形玩一玩说图形、比大小的游戏,或拼摆出宝塔、房子等组合图形。

(2) 蒸烤图形:妈妈先将准备好的面粉、糖、水等材料按一定比例混合,揉成面团。然后,妈妈和孩子一起将面团压扁,用小碗扣在面饼上压出圆形,用手或蛋糕刀做出正方形、三角形等各种形状的面坯子,再用烤箱或蒸锅蒸烤后,和孩子一边分享美味一边说图形,比一比谁的图形好,比一比谁吃的图形多。

(3) 走图形:找一块平坦开阔的场地,用粉笔在地上画出圆形、正方形、三角形,妈妈和孩子一起沿图形轮廓,用脚跟挨脚尖的方法走一走,说说走的是什么图形。

(4) 变图形:妈妈事先用白色蜡笔在图画纸上画出一些图形,然后鼓励孩子用毛笔沾上水彩或墨水涂满整张图画纸,这时事先用蜡笔画好的图形就会变出来,从而进一步激发幼儿游戏的兴趣。

游戏指导

(1) 撕剪图形游戏结束以后,一定要提醒幼儿仔细洗手,以免报纸上的铅等有害物质被孩子误食。

(2) 各种形状的面坯被蒸烤熟后,让孩子在品尝自己的劳动成果时,要求孩子说出:"我吃了一个正方形,我吃了两个××形。"培养幼儿辨认图形的兴趣。

(3) 走图形游戏,地面上画的图形要大而清晰,在走的同时能说出图形。变出来的图形要很容易被孩子指认出来,并注意图形的美感。

（四）社会性发展婴幼儿亲子游戏

穿鞋、脱鞋（10～12个月）

游戏目标

能配合家长穿鞋、脱鞋,鼓励婴儿做力所能及的事情。

游戏准备

手铃一副。

游戏玩法

（1）家长将手铃藏在身后,摇手铃,使手铃发出响声,引起宝宝的注意。再将手铃从身后拿出来,亲切地对宝宝说:"是什么在响呀? 是铃铛在响,铃铛的声音真好听。"

（2）家长脱下鞋,将手铃套在脚腕上,走动、踢脚或跳跃,使手铃发出叮叮当当的声音,引起宝宝对活动的兴趣。

（3）让宝宝坐在地毯上,对宝宝说:"××,妈妈帮你把鞋脱掉,套上铃铛跳舞好吗?"当宝宝理解妈妈的意思后,帮宝宝脱掉鞋子,套上手铃,如果宝宝配合得好,就表扬他:"××真乖,小脚不乱动。"然后,给宝宝穿上鞋子,穿好后妈妈拉着宝宝的手坐在一起,引导宝宝模仿蹬、上下、左右动脚等脚部动作,还可以牵着宝宝走一走,使手铃发出叮叮当当的声音。

（4）游戏后,用同样的方法穿鞋、脱鞋。

游戏指导

（1）家长应挑选适合婴儿穿的鞋子,鞋子易穿,不复杂。

（2）婴幼儿学会独立行走以后,家长要有意识地训练孩子学习自己穿鞋。妈妈可以先拿布娃娃给孩子做穿鞋的示范,并配合儿歌学习穿鞋。

（3）训练婴幼儿自己穿鞋时,妈妈将鞋子合拢放在孩子面前,鞋的扣是打开的,妈妈站在孩子身边,先让孩子将双脚放入鞋中,再让孩子将粘贴带按紧,这样会让孩子觉得穿鞋很容易,建立自信心。

附儿歌:《穿鞋》

两个好朋友,见面不分手,

要来一块来,要走一块走,

如果穿对了,他们头靠头,

如果穿错了,他们把头扭。

送玩具回家（1.5～3岁）

游戏目标

帮助婴幼儿学习收拾玩具,养成良好的生活习惯。

游戏准备

地面散放着一些玩具。

游戏玩法

（1）家长取出玩具箱,和孩子一起玩玩具,如积木、拼图等,玩完后,对孩子说:"××,看看玩具在什么地方?"(地上,沙发上,床上,桌子底下……)"玩具累了,我们送玩具回家,好吗?""××,知道玩具的家在什么地方吗?"引导孩子自己找到玩具箱。

（2）家长教孩子收拾玩具的方法:"积木要一块一块摆放到盒子里,拼图要一块一块按图的顺序放进盒子里;把散放在各处的小玩具收拢等,然后把玩具送回家(玩具箱内)。"妈妈同孩子一起收拾,收好后放进玩具箱。

（3）家长把玩具放在不同的地方，鼓励孩子自己收拾玩具："现在妈妈和××比赛收拾玩具，看谁收得好，放得对。"妈妈发现摆放不正确时给予孩子指导。做得好及时表扬，强化孩子行为。

游戏指导

（1）家长在游戏过程中，应始终积极地鼓励孩子自己去拿玩具。出现困难时，给予适当的启发和引导，当孩子克服了困难和障碍，依靠自己的能力拿到玩具时，应及时地给予表扬和称赞。

（2）收拾玩具时注意孩子的安全，玩具放置的位置既要让孩子能轻易地取到又要激励他努力去取到不易够着的玩具。当孩子动作有可能出现危险时，家长应该在其身旁注意提醒并加以适当保护。

和哥哥、姐姐在一起（3~4岁）

游戏目标

（1）鼓励幼儿和哥哥、姐姐相互认识，体会到兄弟姐妹之情。

（2）增加幼儿之间交往的机会，培养友好的情感和共同活动的兴趣。

游戏准备

一些玩具、音乐《抱抱歌》、饼干、水果等。

游戏玩法

（1）妈妈告诉宝宝："今天有哥哥、姐姐要来和宝宝一起玩，宝宝高兴吗？"接着给宝宝介绍哥哥、姐姐的名字，然后让哥哥、姐姐坐在宝宝两边，提醒孩子之间互相问好。

（2）家长、宝宝和哥哥、姐姐围成圆圈，播放音乐《抱抱歌》，请哥哥、姐姐跟着家长做动作，当唱到"妈妈抱抱"时，妈妈主动与宝宝抱抱。然后，变化歌词中的人物称呼让身边的哥哥、姐姐与宝宝抱抱。也可以让宝宝抱抱妈妈、哥哥和姐姐。

（3）哥哥、姐姐和宝宝一起玩玩具，边玩边向宝宝介绍玩具的名称、玩法。

（4）请宝宝邀请哥哥、姐姐吃饼干、水果，心情愉快地与哥哥、姐姐分享午点。

游戏指导

（1）家长经常邀请社区里的哥哥、姐姐、弟弟和妹妹来家里玩，或带孩子到外面与同伴玩耍，创造机会培养孩子的社会交往能力。

（2）家长应加强指导，玩的形式可多样化，如一起游戏、亲子阅读、制作手工作品、欣赏故事、儿歌、音乐等。

坐"飞机"（9~12个月）

游戏目标

喜欢玩游戏，情绪愉快，增进亲子感情。

游戏准备

折叠的彩色纸飞机。

游戏玩法

（1）家长出示纸飞机，亲切地对宝宝说："××，看看，好漂亮的飞机呀！"吸引宝宝的注意力。然后，家长拿着纸飞机向空中抛去，让"飞机"飞行。可重复多次，激发宝宝的兴趣。

（2）爸爸将宝宝横托在手上，将宝宝面向上方，说："小××，坐飞机啰。"爸爸做相应的动作：慢慢地蹲下，再慢慢地站起，将双手举到与头同高处转一圈，再慢慢地蹲下，使宝宝有一种坐飞机的感觉。家长边做边念儿歌："小××，坐飞机，一会儿高，一会儿低。"反复几次。

（3）家长可将自己的宝宝与其他宝宝交换玩游戏，玩过后应表扬宝宝："小××真勇敢，和叔叔玩得真好。”

游戏指导

(1) 在坐“飞机”时,家长应观察宝宝的情绪变化,动作一定要缓慢、轻柔。

(2) 家长在托举时一定要注意安全,不要将宝宝举得太高,转圈不要转得太多,以免宝宝头晕或害怕。

变脸(3~4岁)

游戏目标

(1) 了解“开心”“生气”“伤心”等表情,并能听口令做相应的动作。

(2) 享受与父母共同游戏带来的快乐。

游戏准备

各种表情娃娃脸谱。

游戏玩法

(1) 家长分别出示各种表情娃娃脸谱,帮助宝宝了解不同的表情。提问:“这是什么娃娃?”“他的表情是什么样的?”

(2) 家长告诉宝宝:“现在我们来玩一个游戏,名字叫‘变脸’。”爸爸、妈妈示范游戏的玩法。爸爸双手蒙住脸说:“变变变,变什么?”妈妈接着说:“我来说,你来变,大家一起眯眯笑。”爸爸立刻放下手,听口令做相应的动作。如能听指令做出相应表情,就可进行角色对换,否则不能交换角色。

(3) 宝宝参与游戏,听妈妈的口令,做相应的表情。宝宝双手蒙住脸说:“变变变,变什么?”妈妈说:“我来说,你来变,大家一起呜呜哭。”幼儿立刻放下手,做出相应的表情。反复交换角色练习不同的表情。

(4) 宝宝发出口令,爸爸、妈妈做相应的表情。

游戏指导

(1) 游戏前可由父母表演“变脸”,如微笑、睁大眼睛、噘嘴、哭、皱眉头等表情,要求面部表情生动,并与词语搭配。

(2) 游戏必须用“变变变,变什么”“我来说,你来变”的对话形式,听口令做相应的动作。如果能听指令做出相应表情,就可进行角色对换,否则不能交换角色。

(3) 游戏中,要求宝宝变的表情不宜太难,便于宝宝模仿与表演。

(五) 艺术教育婴幼儿亲子游戏

好吃的面条(3~4岁)

游戏目标

(1) 乐意参与撕纸活动,体验给小动物过生日的快乐。

(2) 学习撕长纸条和粘贴的技能。

游戏准备

(1) 实物面条、一次性碗、固体胶棒。

(2) 红色、黄色、白色皱纹纸,自制的小猪喂食玩具。

游戏玩法

(1) 出示实物面条,导入活动。

① 提问:“这是什么?”让宝宝跟着老师说出面条的名称。

② 今天是小猪嘟嘟的生日,小猪嘟嘟最喜欢吃面条了,我们做面条送给小猪好吗?

（2）教师示范操作。

① 出示面条，激发宝宝制作的兴趣。

提问：碗里装着什么东西？是什么颜色的？是用什么做的？

鼓励宝宝大胆讲述自己的发现。

② 示范讲解撕面条的方法。

用两只手的大拇指和食指捏住皱纹纸，一只手往前一只手往后慢慢地撕，将皱纹纸撕成细条。引导宝宝一条接着一条慢慢地撕长纸条，不要撕得太快。

③ 示范讲解贴面条的方法。

拧开胶棒，把胶水涂在碗里，把面条粘贴在碗里，贴完以后用手按一按。提醒宝宝不要把面条贴在碗外面。

（3）亲子制作：撕贴长长的面条。

家长与宝宝一起撕贴面条，家长鼓励宝宝自己独立制作，并指导用正确的方法撕皱纹纸，把撕好的材料都粘贴在碗里。

（4）游戏：送面条。

作品完成后，把面条送给小猪，并喂小猪吃面条，说："小猪生日快乐！我请你吃面条。"

游戏指导

（1）游戏前可在区角玩具中放置仿真食物玩具，让宝宝对食物有一定的认识和了解。

（2）游戏用不同颜色的皱纹纸，通过捏、撕、搓、涂、粘等多种动作，学习制作的技能，培养宝宝创造美的能力。

（3）游戏中，宝宝与家长共同操作，增进亲子交流与沟通，亲子共乐。

📚 资料链接

亲子关系类型对儿童发展的影响

民主型亲子关系的表现及对幼儿发展的影响。在民主型亲子关系中，父母对孩子是慈祥的、诚恳的，善于与孩子交流，支持孩子的正当要求，尊重孩子的需要，积极支持子女的爱好、兴趣；同时对孩子有一定的控制，常对孩子提出明确而又合理的要求，将控制、引导性的训练与积极鼓励儿童的自主性和独立性相结合。在这样的家庭中，父母与子女的关系融洽，孩子的独立性、主动性、自我控制能力、探索性等方面发展较好。

专制型亲子关系的表现及对幼儿发展的影响。在专制型亲子关系中，父母给孩子的温暖、培养、慈祥、同情较少，对孩子的干预和禁止过多，对子女的态度简单粗暴，甚至不通情理，不尊重孩子的需要，对孩子的合理要求不予满足，不支持子女的爱好兴趣，更不允许孩子对父母的决定和规定有不同的表示。这类家庭中培养的孩子，或是变得驯服、缺乏生气，创造性受到压抑，无主动性，情绪不安，甚至带有神经质，不喜欢与同伴交往，忧虑，退缩，怀疑；或是变得以自我为中心和胆大妄为，在家长面前和背后言行不一。

放任型亲子关系的表现及对幼儿的危害。在放任型亲子关系中，父母对孩子的态度一般关怀过度，百依百顺，宠爱娇惯；或是消极的，不关心，不信任，缺乏交谈，忽视他们的要求；或只看到他们的错误和缺点，对子女否定过多，或任其自然发展。这类家庭培养的孩子，往往形成好吃懒做、生活不能自理、胆小怯懦、蛮横胡闹、自私自利、没有礼貌、清高孤傲、自命不凡、害怕困难、意志薄弱、缺乏独立性等许多不良品质。

真题再现

答案及解析

单选题

亲子关系通常被分为三种类型：民主型、专制型和(　　)。

A．放任型　　　　　　　　　　　　　　B．溺爱型

C．保护型　　　　　　　　　　　　　　D. 包办型

思考与练习

一、选择题

1. (　　)是家长与子女单独进行的亲子游戏。

A．一对一式游戏　　　　　　　　　　B．集体性游戏

2. "打电话"是家长为发展孩子的(　　)而玩的游戏。

A．认知能力　　　　B．语言能力　　　　C．社会交往能力　　　　D．运动能力

3. "穿珠子"是训练幼儿的(　　)而开展的游戏。

A．运动能力　　　　B．语言能力　　　　C．社会交往能力　　　　D．认知能力

二、简答题

1. 简述民间游戏对幼儿发展的作用。

2. 幼儿园民间游戏改造式传承的内容有哪些?

3. 什么是亲子游戏? 简述亲子游戏的特征。

4. 简述亲子游戏的教育价值。

5. 试阐述家庭亲子游戏实施的要点。

三、材料分析题

幼儿园的李老师为了孩子们在户外运动时达到发展幼儿体能的目的,玩得开心,她选用了"网鱼""打弹珠""抬轿子"等几个民间游戏,将孩子们分为几个组进行游戏。但孩子们玩了一会儿就不再有兴趣,甚至局面有些无法控制,户外活动的时间还没到,李老师提前结束了活动。李老师心想:我们小时候可以玩很久,而且可以玩得很开心的游戏,为什么他们玩一会儿就没兴趣了呢?

针对李老师的困惑,请用民间游戏的相关知识进行分析。

四、实操题

实操一　观摩记录某托幼机构一次亲子游戏

【目标】

1. 能对托幼机构亲子游戏中的组织与指导有直观的认识。

2. 能进一步感受亲子游戏的特征和教育价值。

【内容与要求】

1. 学生到托幼机构或利用多媒体、录像资料等观摩某托幼机构的一次亲子游戏,并做详细记录。

2. 讨论该活动的特征及教育价值,学习教师的指导技巧。

实操二 设计一个幼儿园亲子游戏

【目标】

1. 能设计一个幼儿园某班级亲子游戏方案。

2. 能组织与实施幼儿亲子游戏,提高学生运用理论知识指导实践的能力。

【内容与要求】

1. 学生按自己设计的方案分组开展亲子游戏实训活动。

2. 小组成员互评,对游戏目标的达成、游戏环境及材料的创设、游戏环节的实施等方面进行评析。

实操三 改编、创编民间游戏、亲子游戏

【目标】

1. 能对婴幼儿民间游戏、亲子游戏进行改编、创编。

2. 提高学生对所学知识的综合运用能力。

【内容与要求】

1. 收集婴幼儿民间游戏、亲子游戏,能根据民间游戏、亲子游戏设计的原则进行改编、创编。

2. 在教师的指导下,以小组为单位组织修改,并推荐优秀作品汇编成《民间游戏集》《亲子游戏集》。

第六章

幼儿游戏的观察、指导与评价

目标导航

1. 理解幼儿游戏观察、指导与评价的内涵、意义。
2. 掌握幼儿游戏观察、指导与评价的内容与方法。
3. 具备观察与评价幼儿游戏的基本素质,能恰当地观察、指导与评价幼儿的游戏。

第一节 幼儿游戏的观察

案例导入

区域活动时间,东东、明明还有豆豆一起来到了建构区。游戏开始前,老师问:"你们想搭建什么?"明明和豆豆最先说:"搭桥。"东东犹豫了一下,小声地说:"搭桥。"明明和豆豆走到积木架前,马上挑选搭桥的材料,东东站在后面,在积木架面前伸手摸了下积木,又收回来,反复了几次,最后选定一块长方体的积木,把它放在毯子上,不断地摆弄,并不参与明明和豆豆的搭桥,明明和豆豆合作搭成了桥的形状,但东东还在原地拿着几块积木不断地变换位置,而且非常不高兴。几分钟后,明明和豆豆拿着小汽车在搭好的桥上开来开去,东东被吸引住了。豆豆说:"还少一条马路,我要搭马路。"明明赶紧过来和豆豆一起搭。东东也想帮忙,拿起一块积木,站在旁边,跟着他们挪来挪去,但没有动手去搭建。教师走过来问东东:"你想搭什么?"东东想了下回答:"休息站。"教师提醒东东:"那你问问他们路上有没有休息站,你来帮他们搭建一个。"东东转过去问他们:"你们这里有休息站吗?"豆豆回答:"没有。"东东说:"我们一起来搭吧!"豆豆和明明都过来帮忙,最后,三个人搭成了休息站。东东开心地笑了。

点评:案例中的东东在游戏中缺少与同伴的主动交流,想参与同伴的游戏,但是缺乏与同伴交流的技巧。教师对东东的引导是很恰当、适宜的。东东在游戏中的表现,在前教师只是观察,尔后以情境性的语言引导,从而达到了教育的良好效果。这主要是源于教师对幼儿的认真观察。

著名的幼儿教育家蒙台梭利曾说过:"唯有通过观察和分析,才能真正了解孩子的内心需要和个别差异,以决定如何协调环境,并采取应有的态度来配合幼儿成长的需要。"作为一名幼儿教师,只有真正地"读"懂孩子,幼儿教育才能有针对性。所以我们的教育应该用我们的"慧眼"去观察、用"心灵"去感受幼儿的"做""说""想"。

一、幼儿游戏观察的内容

(一)幼儿游戏观察的内涵

1. 对观察的理解

所谓观察,"观"即观看,"察"即察觉、省察、思考。合在一起,观察就是既看又想的过程。也就是说,观察既是人类运用感官直接感知事物的过程,又是人类运用大脑积极思考的过程。

2. 幼儿游戏观察的含义

幼儿游戏观察是指观察者(主要是幼儿教师)运用感官对自然游戏情境中的幼儿的游戏行为进行有目的、有计划的考察和探究,从而了解幼儿的兴趣和需要,获取幼儿认知、情感、社会性、游戏水平等方面信息,以便更好地指导幼儿开展游戏,促进幼儿身心全面发展的活动。

观察是教师读懂幼儿、读懂游戏、读懂材料的重要途径,也是教师的一项重要专业技能。

(二)幼儿游戏观察的构成要素

幼儿游戏观察的要素包括观察者、观察对象、观察目的、观察手段、观察对象的状态、观察记录方法。

观察者是指幼儿教师或幼儿教育科研教育工作者;观察对象是指游戏中的幼儿;观察目的是指幼儿游戏中要观察什么;观察手段是指游戏中采用的观察方法与方式;观察对象的状态是指幼儿在游戏中的行为动作表现;观察记录方法是指观察记录选用的方法。

(三)游戏观察对于幼儿园教师的作用

在幼儿园教育中,观察作为幼儿园对幼儿进行有效评价的工具,越来越受到认同。实践中,有的教师把幼儿游戏的时间理解为幼儿园随心所欲自由支配的时间,只要保证幼儿的安全即可;有的教师对幼儿游戏的观察目的不明确,停留于表面现象;有的教师带着自己的目的寻找"亮点",急于将教师的目的转嫁给幼儿。在幼儿游戏观察的过程中,教师应该思考:我看到了什么? 我看懂了什么? 我该怎么做? 要科学、系统、全面地观察幼儿游戏,以更好地了解幼儿行为,引导幼儿游戏。

1. 通过观察,认识并了解幼儿的游戏发展水平

在游戏中观察幼儿的行为,能更全面地了解幼儿的发展状况及发展的潜力。只有观察了游戏的过程,才能对幼儿的游戏情况有大致的了解,发现幼儿在游戏中存在的问题,找出解决问题的游戏办法,形成对游戏的教育作用的正确认识,从而避免教师凭主观意愿,不切实际空洞地说教。观察能够帮助教师及时发现幼儿的能力,准确地把握回应幼儿的策略。

2. 通过观察,发现幼儿之间的个体差异

通过游戏活动观察,教师能捕捉到幼儿在游戏活动中的行为方式是不同的。每个孩子都是独特的游戏者,从每个独特的个体去观察幼儿的游戏,就会发现,幼儿在游戏中具有个体差异性与特点。因此,科学有效的观察能帮助教师关注到幼儿的个别差异,密切注意幼儿在游戏中的各种状态,知道幼儿的所需所想,读懂并尝试理解不同发展需要的幼儿,以充分发挥游戏对幼儿发展的促进作用。

3. 通过观察,促进教师的专业成长

学会观察是每个幼儿教师必备的一项专业能力。要学会观察幼儿,教师必须熟悉幼儿的生理、心理发展特征,以促使教师去熟悉相关的知识。在幼儿游戏观察的过程中,教师可体验和感知每个幼儿的独特之处,对支持幼儿"探究、理解世界"的敏感性更强,逐渐成为技能熟练的观察者。教师在观察过程中还能了解游戏材料、环境创设中存在的问题,从而做出适当的调整,以促使教师能去发现问题并解决问题,能力得以提升。在分析观察资料的过程中,有些教师意识到教育理论知识的缺乏,学习教育理论的内在需要被激发,能促使教师专业能力水平的提高,有效地促进教师专业成长。

(四) 幼儿游戏观察的意义

游戏观察既是指导幼儿游戏的前提、基础和保证,也是教师参与游戏的衔接桥梁。观察为教师提供何时介入游戏的线索和依据。

1. 观察是了解幼儿游戏行为的关键

教育要遵循"最近发展区",要在幼儿的游戏行为中找到其"所需""所想""所做",以更好地了解幼儿的游戏。

通过幼儿游戏的观察,可以获取关于幼儿游戏的丰富信息。例如:幼儿喜欢的游戏类型,幼儿喜欢的玩具材料和设施设备,幼儿喜欢的游戏空间,幼儿乐于参与的游戏主题,幼儿与同伴、教师互动的方式以及有关幼儿在游戏中表现出来的认知与社会性等方面发展的有价值的信息,为了解、分析幼儿的游戏行为提供最原始的资料。

2. 观察是有效指导和丰富幼儿游戏的前提

观察游戏是指导游戏的前提。通过观察可以了解到何时为幼儿的游戏提供额外的时间、空间、游戏材料或经验准备,以扩展和丰富进行中的游戏情节;教师何时参与游戏或同伴何时给予帮助是合适的,选择怎样的指导方式,采取何种有效的指导策略。

3. 观察是预设下次游戏计划的依据

教师在制订游戏计划时,不能凭主观想象,而是在观察幼儿现有游戏发展水平和实际经验的基础上去做。教师只有通过观察幼儿的游戏,从中获取各种丰富的信息,根据游戏中存在的问题及幼儿的行为表现,制订出下一次游戏计划。

(五) 幼儿游戏观察的准备

观察的准备是指教师在进行游戏观察前需要做好的各项工作,有效的观察需要做好两方面的准备:明确观察目标、制订观察计划。

1. 明确观察目标

在进行幼儿游戏的观察时,观察者首先要明确游戏观察目标,有目的性地去进行观察。教师如果没有明确的观察目标,会导致对幼儿游戏行为的视而不见的状态。教师的观察是专业的观察。专业观察并非教师随兴趣所至,应是事先要有明确的观察目标。观察目标的确立可以依据《纲要》和《指南》的教育建议,把握幼儿行为发展的基本规律和特点,同时也可以从探寻幼儿行为发生的原因去确定观察目标,了解幼儿游戏行为发展的原因与存在的问题。

2. 制订观察计划

(1) 观察计划的要素。观察目标确立之后,必须制订详尽的观察计划,保证观察的顺利进行。观察者(幼儿教师)要对观察活动中的各要素提前做好充分的考虑和准备,包括观察对象、观察情境、观察内容、观察者角色、观察记录方法。

① 观察对象。在进行观察前,需要考虑观察对象的数量及范围,观察一名幼儿还是一群幼儿,是任一一名还是特定幼儿;是观察任一一组幼儿还是特定的一组幼儿。

② 观察情境。教师在自然环境下观察还是在实验室环境下观察。

③ 观察内容。包括观察幼儿在游戏中的兴趣及行为。

④ 观察者角色。观察者是参与式观察还是作为旁观者进行观察。

⑤ 观察记录方法。观察记录的方法有以下几种。

叙述的方法:用描述性的语句把观察到的事实记录下来,为事后分析所用。包括日记法、轶事记录法、实况记录法。

判断的方法:对所观察到的行为进行评定或判断,包括检核表法和等级评定量表法。

取样的方法:在一定实践内,在各种背景中选取被观察者的行为样本,包括时间样本和事件样本。

另外,还有图示的方法,以及照片、视频、录音等辅助观察记录的方法。

(2)制订观察计划的依据。在幼儿园游戏活动中,主要依据以下四个方面制订观察计划。

① 幼儿现有的知识经验和兴趣。幼儿是游戏的主体,幼儿游戏的开展要以幼儿的知识经验与兴趣作为支撑,只有建立在幼儿现有水平基础上的幼儿游戏行为的观察,才能更好地了解幼儿认知发展和社会性发展的水平。

② 近期教育活动目标及教学活动内容。通过对幼儿游戏行为的观察,可以动态评价幼儿的发展水平,更好地为教学活动发展服务。

③ 上次游戏的情况及存在的问题。游戏活动是在观察的基础上不断得以改进、完善的,在上次游戏活动中所观察到的问题,可以作为教师在制订下次游戏计划时关注的重点,这样既能面向全体,又能考虑个别幼儿的特殊需要。

④ 本次游戏的预备工作。包括人员准备、材料准备、经验准备、游戏活动的具体要求等。

观察计划的制订,以上四个方面作为参考的依据,但是在具体的操作中还应该考虑到具体的幼儿情况、环境情况等,有重点地进行选择,以确定明确的观察计划,为观察的实施做好充分的准备。

(六)幼儿游戏观察的策略

1. 带着问题去观察

在观察计划做好之后,观察目的已经明确,根据观察目的预设观察问题,寻求解决问题材料,这样获得的观察材料才更有针对性。

2. 把握着重点观察

不同年龄班、不同游戏活动、不同游戏材料、不同游戏时间所要观察的内容的侧重点不一样,在观察中要把握好观察行为的侧重点,使获得的观察材料具有指向性。

3. 从不同角度进行观察

幼儿游戏观察角度通常有幼儿角度和教师角度两方面。幼儿角度主要是从幼儿发展的角度出发,包括幼儿认知、情感、社会性等方面的发展内容;教师角度主要包括教师介入游戏、指导游戏的适时性、合理性等方面。

(七)幼儿游戏观察的内容

1. 观察幼儿在游戏中的兴趣

兴趣,是以认识为基础,即对某件事物或某项活动感到需要的情感。只有发现幼儿在游戏中的兴趣点,才能充分发挥幼儿在活动中的积极性、主动性和创造性,才能提高游戏水平。幼儿游戏兴趣点需要在幼儿游戏的过程中不断去发现,不断去找寻。幼儿兴趣点的发现有助于教师有针对性地指导幼儿游戏。

案例

　　一天,中班幼儿在积木区搭了一座城堡。搭完之后感觉无所事事,便"扔"下城堡玩起了打仗。这时,我走到辅助材料旁,想引导孩子们玩一玩,可孩子们对辅助材料没一点兴趣。于是我离开积木区站在一旁观察,我发现有的幼儿悄悄地从城堡中抽出一些积木,搭成一辆摩托车开了起来;有的幼儿抽出一些积木搭起了动物园。……忽然"哗啦"一声,城堡塌了。在孩子们的叫喊声中,我问:"城堡怎么会塌了?""是被坏蛋炸坏的。"孩子们回答。"那城堡坏了,这可怎么办呀?"孩子们都说:"咱们再把它修好吧!""行,咱们这次修一座比刚才更结实的城堡。"我鼓励大家。于是,孩子们又把各自拿走的积木放在一起,认真地搭了起来。看着孩子们搭得那么积极、高兴,我终于明白:孩子们的兴趣点就在搭建上,他们并不想玩什么辅助材料。刚才是我不了解孩子们的兴趣,一味地按照教师的意图去引导他们玩辅助材料,他们当然不愿意接受了。

(案例来源:http://www.chinajiaoan.cn/lunwen/2013/lunwen_6795.htm)

2. 观察幼儿在游戏中的行为

　　(1) 观察幼儿身心发展情况,包括认知发展、社会性发展、身体发展、情绪情感发展。

　　(2) 幼儿对游戏的专注程度如何,是坚持一项游戏还是不能坚持甚至变换频繁;幼儿游戏的兴趣和偏好;幼儿游戏的目的性、主动性和积极性如何,是主动积极参加游戏,并想办法出主意,或是在别人的带领下进行游戏甚至不参加游戏。

3. 观察教师在游戏中的表现

　　主要观察教师如何引导幼儿开展游戏、是否介入幼儿游戏、何时介入、以何种方式介入和进行游戏总结等。

4. 观察游戏中环境材料的运用情况

　　(1) 游戏材料的数量是否满足幼儿的需要,有无争抢游戏材料的现象发生。

　　(2) 游戏材料是否符合幼儿的年龄层次需要,有无过难或过易、无人问津等。

　　(3) 游戏材料是否安全。

　　(4) 创造性材料的运用及效果。

二、幼儿游戏观察的方法

(一) 扫描观察法

　　扫描观察法:也称时段定人法。对班里的全体幼儿平均分配时间,在相等的时间里对每个幼儿轮流进行扫描观察。

　　适合于了解全体幼儿的游戏情况。

　　一般在游戏开始和结束的时候选用较多,如游戏开展中有哪些主题、每个幼儿选了哪些主题、扮演了什么角色、使用了哪些材料等。

　　该观察法通常采用的记录方法有描述记录法、表格记录法等。

案例

"角色游戏区"观察记录

　　游戏时间:××年××月××日

观察描述：

角色游戏开始之前,老师请小朋友自主选择区域以及角色。在娃娃家区域,丫丫主动选择扮演妈妈,浩浩扮演爸爸,明明扮演孩子;在超市区域,佩佩扮演售货员,青青扮演收银员;在医院区域,诚诚选择扮演医生,小华扮演护士小姐;在饭店区域,胖胖当起了老板,小丽和敏敏做起了服务员。其余小朋友扮演顾客或病人,有的在饭店就餐,有的在超市购物,还有的去医院看病。

（二）定点观察法

定点观察法即定点不定人。观察者固定在游戏中的某一地点进行观察,见什么观察什么,来此处的幼儿都可以作为观察对象。

适合于了解一个主题或一个区域幼儿游戏的情况。

一般在游戏过程中使用此方法。

运用此方法,一般采用实况详录法记录。

📚 **案例**

"理发区"游戏观察记录

角色游戏开始了,朱廷昱小朋友选择了他喜欢的理发区进行游戏。他扮演的角色是理发师。这时,王诗涵小朋友来到了理发区,下面是他们的对话:

王诗涵:"你好,我想剪个头发。"

朱廷昱:"好的,你先坐一下。"说完拿了一本发型册过来:"你先挑选看看,有没有喜欢的发型款式。"

王诗涵:"好的……就这款吧!

这时,朱廷昱小朋友开始为顾客理发,很快剪完了头发,朱廷昱小朋友说:"给您剪的头发还满意吗?"王诗涵小朋友回答:"非常满意,谢谢!"

忙活了一阵后,理发区没有顾客了,只见朱廷昱来到了店门口,吆喝了起来:"快来理发呀,现在理发便宜啦! 只要一块钱。"可是吆喝了一会儿,还是没有顾客上门……

（三）个案追踪观察法

个案追踪观察法即定人不定点。观察者事先确定一到两个幼儿作为观察对象,观察他们在游戏中的活动情况。被观察的幼儿走到哪里,观察者就追随到哪里,固定人而不固定地点。

适合于观察了解个别幼儿在游戏全过程中的情况,了解其游戏发展的水平,或者更详细的信息。

运用此方法一般采用轶事记录法。

📚 **案例**

"益智区"游戏观察记录

区域活动时间,陈恺为小朋友和往常一样选择了自己最喜爱的"益智区"。他在益智区选择了一筐"小小的拼插积木",准备坐下来开始游戏,这时明明和芊芊带着拼图来了! 问:"陈恺为,你想拼什么呀?"陈恺为:"我想拼一个酷酷的坦克。"芊芊疑惑不解地问:"为什么你每次都拼坦克呀!"陈恺为回答:"因为我喜欢呀,我觉得坦克很酷!"说完三人便认真开始各自的游戏了。5分钟后,陈恺为的坦克拼好了,开心地向芊芊和明明介绍着。介绍结束后,他又对他的坦克进行改造升级,直至游戏结束。

三、幼儿游戏观察记录的方式与策略

（一）幼儿游戏观察记录的方式

1. 表格式记录

将所要观察的内容先用表格的形式准备好,游戏开始时,就直接将观察的内容在表格中做记号即可。选用时,每个主题选 5 分钟,用画"正"字的形式,轮流观察,或每次观察用不同的符号或不同颜色的笔做记录。

幼儿参与游戏情况观察表

姓名 ＼ 主题	娃娃家	超市	理发店	×××
幼儿 1				
幼儿 2				
幼儿 3				

2. 文字式记录

观察者采用实况详录法,将看到的某一内容情节真实地、详细地记录下来。文字记录的要求如下:

（1）观察记录的框架要完整。观察记录须注明观察对象、观察日期、观察地点和观察者。

（2）记录内容必须符合观察事实,不能主观编造。

（3）对于非现场同步的幼儿记录,应尽早追加记录,以免出现遗漏或错记。

（4）用语规范,具有一定的逻辑性。

3. 综合式记录

在游戏观察记录中,有时候为了保证观察结果的真实、直观、客观,需要文字与数字、图示与符号等多种记录形式。

（二）幼儿游戏观察记录的策略

在观察记录的过程中,为了获得更多的信息,可能会用"速记""记主要情境""图画""符号代码"等速记方式。观察结束后需要尽快对文字进行进一步的完善、整理,在记忆犹新的状态下还原观察事实。

观察记录要做到会"记"。一是做到只记事实,不做解释,也不做评价;二是做到具体,不忽略细节;三是做到记原话,并描述幼儿讲话时的语气、语调、音量和表情等;四是做到理智地使用副词和形容词。

（三）幼儿游戏观察记录的分析与解释

教师在完成对幼儿的行为观察记录后,需要进行客观分析。在幼儿园的教科研中,通过观察记录幼儿的游戏,我们收集到了表格、文字或图文并茂的观察记录资料,这只是通向观察目的的开始。因为收集到的资料本身不会说话,要让观察活动实现其价值,关键要把所收集的资料加以分析和解释,从原始的文字和图表中抽取能反映幼儿游戏发展水平以及幼儿认知、情感、社会性发展方面的相关信息,发现问题、寻找规律、作出对策,以改进幼儿发展的现状。

对观察记录的整理分析,需要建立科学的思维路径。

第一步,不抱任何成见细细阅读观察记录,在阅读的过程中回顾幼儿的现场。

第二步,寻找评价依据,围绕观察目标和内容,结合《指南》《纲要》等抓准关键指标和典型表现。

第三步,围绕关键指标,对观察对象在场景中的有和缺进行解读和分析,进一步了解幼儿当下的兴趣点、相关能力基础和发展水平；识别幼儿的独特性和同伴之间的差异性；解析行为发生的背景与原因；理解幼儿当下的内心感受与可能的发展需要等。

（四）幼儿游戏观察记录案例及分析

1. 图示记录法案例及分析

图示记录法，是主要通过平面图示或图画符号的方式进行记录的一种方法。

图示记录法的主要优点在于快速、直观、系统性强。

案例

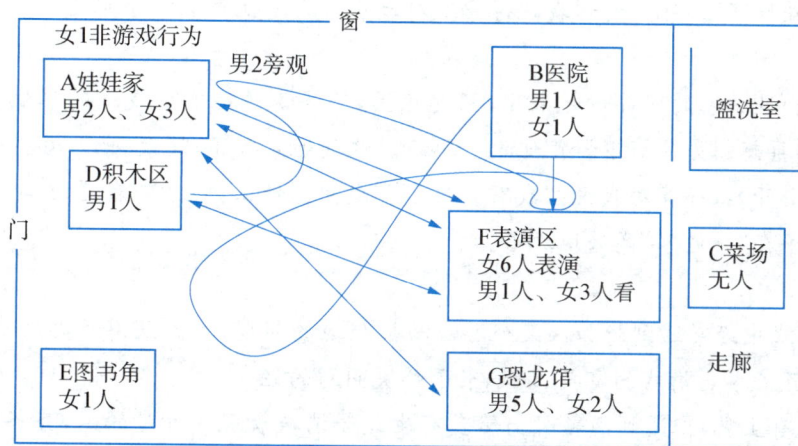

图6-1　某中班区角游戏记录

分析：

（1）从图中的场地布局来看，共设有七个区域，其中六个在活动室中，一个在走廊上。从中班幼儿的年龄特点以及游戏的主题与情节可以大致发现，"娃娃家""医院""菜场""恐龙馆""表演区"属于一类，幼儿往往从事一些模仿社会生活的社会性活动；而"图书角""积木区"则是相对较安静的活动，与人交往的频率不如前面的社会性活动。因此，"图书角""积木区"应该设在相对封闭的地方，而不是放在门口。建议"积木区"与"恐龙馆"或与"菜场"对调，"图书角"与"医院"或"娃娃家"对调；可增设"益智区"或"科学区"。

（2）幼儿人数的分布

由图中所标明的幼儿人数可以分析出，幼儿在这次游戏中的兴趣点是在"娃娃家""表演区""恐龙馆"，共22人，这三个区域所提供的材料都是与幼儿的经验密切联系的，每个幼儿都可以凭自己的经验来成功地玩这类游戏，每个人都有事情可做，自主性能够得到体验。而"医院""菜场"等区域却要等顾客来了自己才能有事可做，幼儿的兴趣点是在与人交往上，这样的区域在幼儿自发的游戏中可能不宜太多。

（3）幼儿的交往情况

图中的双箭头是表示幼儿之间的双向交流，单箭头则表示单向地发出交流的语言或作出想与对方交流的行为，而对方却没有回应；图中没有箭头的曲线则表示大部分幼儿主要的活动路线。由此看出，幼儿主要是在活动室的中央，围绕着"娃娃家""表演区""医院""恐龙馆"等区域进行。中班幼儿游戏的特点就是不再满足于停留在某个区域玩耍，而是喜欢和更多的伙伴一起交往，但由于交往技能和经验的缺乏，在游戏中表现出较多的矛盾和纠纷。因此，还可以根据幼儿的经验和游戏特点，考虑为他们创设更丰富的游戏环境，促进他们顺利度过这个时期。

2. 轶事记录法案例及分析

轶事记录法,即观察者对幼儿在游戏中所表现出的有趣、典型或有价值的事件进行收集或表述。

案例

齐齐想加入"娃娃家"游戏

第一天,齐齐哭着对我说:"他们不让我玩,我好好对他们说,他们还是不让我玩。"齐齐无奈,只好选择别的游戏。

第二天,齐齐进入"娃娃家"玩,他对我说:"真好玩,明天我还要玩。"

第三天,齐齐对我说:"他们不让我到'娃娃家'。"我问:"你能不能想想办法。"过了一会儿,我看到齐齐在高兴地玩"娃娃家"。他一看到我就得意地对我说:"我送他们家一个水池(纸盒做的),他们就让我玩了。"

第四天,齐齐和娃娃家的同伴吵起来了,问起原因,齐齐说:"他们说我送的水池太破,不让我来做客。"我说:"那我们再想想办法好不好?"他说:"不好。"生气地走开了,这天,他一直生气。

第五天,游戏刚开始,齐齐对我说:"我有办法了。"我问:"什么办法?""我送他们一部电话机。"过了一会儿,我看见齐齐在"娃娃家"高兴地玩着。

分析:

(1)幼儿在游戏中经常遇到想加入某个游戏而被拒绝的问题,齐齐采用的办法是给"娃娃家"送礼物,这不仅满足了齐齐参与游戏的需要,还积累了解决问题的经验。

(2)齐齐虽然有主见,但遇到问题时仍然会有生气等消极表现。可贵的是,齐齐并没有逃避,而是想出办法来达到目的,这反映了齐齐良好的个性品格。

(3)一个星期的观察中,我没有给予齐齐太多的帮助,只是在等、看、问、提建议的同时,不断鼓励齐齐自己想出办法解决问题,以培养他独立解决问题的能力。这主要因为齐齐平时爱动脑筋,比较独立,如果换成一个内向、胆小的孩子,则适合采取积极的干预方法。

3. 表格记录法案例及分析

表格记录法,即观察者运用编制的观察记录表对幼儿游戏场景中的相关内容进行反映、判断的一种方法。这种记录方法需要观察者在观察前确定观察内容和要点,绘制表格,然后在观察时运用简单的符号(见表6-1)。主要包括行为核对表和等级评定表。

案例

表6-1 幼儿游戏行为核对表

编号		9月1日(星期一)						9月2日(星期二)					9月3日(星期三)						9月4日(星期四)				
		1娃娃家	2医院	3商店	4汽车	5戏院	6其他	1娃娃家	2医院	3水果店	4汽车	5戏院	1娃娃家	2医院	3水果店	4汽车	5戏院	6其他	1娃娃家	2医院	3商店	4汽车	5其他
1	李晓明	√爸	√					√打针		√					√							√司机	
2	王英	√妈						√妈					√妈						√妈				

编号		9月1日(星期一)						9月2日(星期二)					9月3日(星期三)						9月4日(星期四)				
		1娃娃家	2医院	3商店	4汽车	5戏院	6其他	1娃娃家	2医院	3水果店	4汽车	5戏院	1娃娃家	2医院	3水果店	4汽车	5戏院	6其他	1娃娃家	2医院	3商店	4汽车	5其他
3	丁冬冬		✓医生					✓叔								✓司机							✓
4	林磊		✓医生						✓护士					✓挂号						✓医生			
…	…																						
26	陈小海			✓营业员				✓爸							✓营业员						✓爷		
总计(人)		5	4	4	4	4	2	6	6	4	4	2	6	10	4	4	2		6	10	4	2	4
游戏主要情节		烧饭、看病	听诊、检查舌喉						打预防针、检查五官					检查身高体重、打预防针									

分析：

　　首先，记录反映了游戏主题在一周内的变化情况。"医院"主题一周参加人数增加，且内容丰富，逐渐成为重点主题。"娃娃家""汽车""水果店"游戏也因医院游戏发展而得到深入。造成上述情况的原因：一是上周医生给孩子们检查了身体，打了预防针；二是幼儿园为了孩子们的膳食平衡，从上周开始饭后增加了水果，并组织幼儿去参观过果园。游戏是这些生活经验的反映。剧院游戏主题逐渐消失，一方面是大家注意力集中到检查身体而不是娱乐，另一方面由于内容陈旧，缺乏新的东西。

　　其次，提供了个别幼儿一周中的游戏情况。从记录中可发现：(1)李晓明、丁冬冬等几个孩子在游戏中兴趣不稳定。他们不仅天天换主题，有时一天换好几个主题和角色，因此没有一个游戏玩得好。这就要求教师在下周游戏中注意培养他们对某些主题游戏的兴趣。(2)王英仍和上三周一样，这个月中都在扮演"娃娃家"妈妈的角色，重复着同样的角色内容，因而要求教师去引起她扮演新角色的兴趣，引导她参加其他主题的游戏。

第二节　幼儿游戏的指导与评价

📖 案例导入

　　大班主题建构游戏《我心中的桥》,老师将孩子们分成三组:一组搭建人行天桥,一组搭建公铁两用桥,一组搭建立交桥。孩子们分组合作,都都、豆豆等人搭建人行天桥,选的材料由奶粉罐、牛奶盒、拼接公路板等,搭建前孩子们进行了讨论,用桌子做桥面,用牛奶罐做两边护栏,很快桥面搭好了,可是两边的楼梯应该怎么搭建呢? 怎么跟桥面连接起来? 孩子不断地进行调整,尝试了好几次都没成功,部分孩子已经失去了信心,这时候邹老师手里拿着一个小人走过来,说:"小人,小人过马路,有这么多车我可怎么办啊?"这时孩子们说:"我们正在搭人行天桥,可是我们的楼梯还没搭好。""那我们一起来想想办法。"老师回应道。在老师的指导与提醒下,人行天桥搭建完整,"小人"顺利过马路。

　　点评:该案例中老师先是观察孩子活动的表现,当游戏存在困难时,教师以"小人"过马路的情境激发孩子的兴趣,学会解决问题,老师以平行指导的方式帮助幼儿解决游戏中存在的困难。

　　那么幼儿在游戏时,该如何去进行指导与评价幼儿的游戏? 这就是我们本节探讨的问题。

一、幼儿游戏的指导

　　幼儿游戏指导,是指成人为促进幼儿良好游戏行为的发展而采取科学有效的引导、培养、塑造、干预矫正等方法和策略的过程。

　　幼儿游戏指导不仅有助于幼儿在游戏中建立良好的游戏行为与习惯,也有利于养成幼儿良好情绪情感的行为,对幼儿认知、社会性发展、解决问题的能力与策略等方面都有很好的促进作用。

(一) 幼儿游戏指导的原则

1. 理解和尊重幼儿

　　幼儿游戏的指导是在观察的基础上进行的,教师必须在充分理解和尊重幼儿能力和发展差异的基础上指导幼儿。

　　首先,要理解和尊重幼儿的发展特点。幼儿的发展呈现一个由"量变"到"质变"的过程,每一个阶段都呈现阶段性的特点。因此,在指导幼儿游戏时,教师一定要对不同年龄段幼儿发展的阶段特点有清晰的把握,尊重幼儿发展的特点,才能进行科学性的指导,在游戏中幼儿按照自己的速度和节奏获得实实在在的发展。

　　其次,理解和尊重幼儿的个别差异。幼儿的个体差异主要体现在:发展水平的差异、能力倾向的差异、学习方法的差异和原有经验的差异。在充分理解和尊重幼儿差异的基础上,善于发现每位幼儿的"最近发展区",因材施教,努力使每一个幼儿都能在游戏中获得满足和成功。

2. 立足于幼儿长远发展

　　《纲要》明确指出:幼儿园教育是基础教育的重要组成部分,是我国学校教育和终身教育的奠基阶段,为幼儿一生的发展打好基础。因此,教师对幼儿游戏行为的指导不仅满足幼儿当前的需要,更要着眼于幼儿长远的发展,注重幼儿良好品质的培养,促进幼儿积极情感和态度、社会性交往能力、学习能力的发展、思维能力、问题解决能力等方面的全面发展。

3. 把握游戏指导的时机

把握幼儿游戏指导的恰当时机,关系到教师对游戏指导的实际效果。指导的时机恰当,可以促进游戏的良性发展,培养幼儿良好的游戏行为及品质。反之,将会抑制幼儿的发展,失去玩游戏的兴趣。指导的时机取决于两个因素:一是教师的期待,主要是指教师所期望的游戏水平、游戏态度和游戏体验等;二是幼儿的需求,主要是指幼儿的游戏行为是否自然顺畅,是否需要帮助。

4. 公平地对待每个幼儿

教师在进行游戏指导时,应力求公平、公正,一视同仁。幼儿的心灵是敏感而脆弱的,教师应该在关注个体的同时,也要关注幼儿集体。将关注每名幼儿的理念在指导中得以落实。

(二)幼儿游戏干预的时机与指导的方法

1. 幼儿游戏干预的时机

(1)当幼儿在游戏中因遇到困难、挫折,难以实现自己的游戏愿望时。幼儿在游戏中经常会遇到困难,不知所措,如新材料的使用,某方面技能的缺乏,社会性交往技能不够等。如大班表演游戏"小兔乖乖",几位小朋友来到小舞台,开始分配角色,你一言我一语地分完角色,兔子的角色很快就确定好了。最后只剩浩浩一个人没有角色,大家都要他扮演大灰狼,可是他就不愿意,原因是大灰狼是坏蛋。少一个角色游戏肯定无法进行下去,这时,教师应给予幼儿及时的引导,讨论如何分配角色,问题解决后继续投入游戏中。

(2)当幼儿在游戏中有不安全的行为倾向时。幼儿在游戏过程中,有时候假想与现实分不清楚,在"娃娃家"游戏时,幼儿可能会把假水果当真的来吃,这时教师应立刻制止。在体育游戏中,当某些动作行为危及幼儿的安全时,也应立刻停止游戏。

(3)当幼儿在游戏中主动寻求帮助时。游戏中幼儿主动寻求帮助时,教师应以游戏参与者的身份加入到幼儿的游戏。如建构游戏中公铁两用桥的搭建,尝试很多次都没成功的围合技能,珂珂去寻求教师的帮助,教师用设计图引导幼儿去进行搭建,幼儿获得了成功。

(4)当幼儿在游戏中出现过激行为时。游戏中如果幼儿争抢玩具材料,个别幼儿不能遵守游戏规则,导致他人不能正常进行游戏时,教师可立即介入游戏,解决游戏中的冲突。

(5)当幼儿在游戏中出现不符合社会规范的消极内容时。游戏是幼儿对现实生活的反映。现实生活中有积极的,也有消极的,有时还会出现一些不健康或不适合幼儿的内容,如打麻将、脱裤子打针等。要是教师发现了这些情况应干预并适当进行引导。

2. 幼儿游戏指导的方法

(1)语言指导。

① 发问。教师通过语言指导介入幼儿的游戏,主要用于了解幼儿游戏的现状及幼儿的具体想法或进行启发引导等。亲切平和询问游戏中存在的问题,如"你们会煮火锅吗? 煮火锅需要哪些材料?"引导幼儿先想再做,有目的地进行游戏。

② 提示。当幼儿遇到困难或不知所措,缺乏目的时,教师用一两句简单的建议性提示,帮助幼儿明确想法,促进游戏顺利开展。如"娃娃家"的爸爸无所事事时,可以通过语言提示引导:"宝宝好像肚子饿了,我们给他做点吃的。"教师语言提示,游戏得以继续下去。

(2)行为指导。

① 身体语言。教师在指导游戏时,利用动作、表情、眼神等对幼儿游戏行为作出反馈。当幼儿在游戏行为中做得好的时候,教师的一个眼神、一个动作都是对幼儿游戏的莫大鼓励与支持,如建构游戏中

幼儿用到不一样的建构技能进行搭建时,应给予肯定与赞扬。

② 提供材料。幼儿在游戏中可否有丰富的游戏材料可选及自选程度的高低,直接影响游戏活动的针对性与积极性。因此,一方面教师提供丰富的材料,另一方面教师还要根据实际情况适时添置新的材料。

③ 场地布置。提前为幼儿布置好游戏的场地,有助于幼儿行为的推进。场地要适合不同游戏的特点而设,要求做到有幼儿充分的游戏活动空间,有利于游戏的顺利开展。

④ 动作示范。游戏中,幼儿出现某种技能的缺少时,教师可以以游戏者的身份参与幼儿的游戏,进行隐性示范。教师尽量接近幼儿,与幼儿玩同一玩具,两者之间并不互动,教师也不干预幼儿的游戏。其目的只是为幼儿提供行为的范型。

二、幼儿游戏的评价

幼儿游戏活动的评价是师生双向互动、为幼儿建构经验的过程。幼儿游戏评价是以幼儿教育活动中的游戏为对象,按照一定的教育目标和游戏观,对游戏活动的教育作用及对幼儿游戏发展水平进行的价值判断。

在幼儿园中,一般由教师和幼儿共同进行游戏活动评价,主要出现的名称有"游戏讲评""游戏分享""游戏讨论"等。

（一）幼儿游戏评价的要求

1. 游戏活动的评价需要师生共同参与

幼儿园游戏活动评价,在于了解幼儿的现实发展水平和表现,包括幼儿认知、情感、社会性等方面的问题;同时,有利于培养幼儿以自己的方式去发现问题、分析问题并尝试自己解决问题的能力。每次游戏评价中,教师起到"抛砖引玉"的作用,把自主权交给孩子。

（1）发现问题的能力。在每次游戏结束之后,教师就游戏中出现的新的创意及幼儿成功的体验与幼儿讨论,在讨论的基础上注重培养幼儿发现问题的能力,鼓励幼儿的创造性思维。

（2）解决问题的能力。教师以总结性的方式,将游戏过程中存在的问题与幼儿思考、讨论,让他们找到自己的方式解决问题。教师的引导、支持,幼儿在与师生互动的过程中主动建构自身的经验,从而形成解决问题的意识和能力。

2. 游戏活动的评价要有利于丰富幼儿的经验

幼儿游戏活动为幼儿提供情境性的学习,在这种学习情境下更有利于幼儿直接经验的获得,符合幼儿认知发展的特点。幼儿游戏活动的评价并不是为了判断游戏质量的好与坏、游戏能力的高与低、游戏扮演的像与不像、幼儿游戏的是与非等,在游戏中每个幼儿的表现各不相同,教师把在游戏中幼儿出现的个别经验进行评价讨论,帮助幼儿发现别人与自己的不同,学习游戏中不同的解决问题的方法和态度,将游戏中的个别经验扩展为共同经验,达到共同学习的目的。

3. 游戏活动的评价要关注幼儿的真实体验

幼儿游戏活动的评价是在观察的基础上获得真实有效的资料的基础上进行的,通过真实情境中的观察,能够了解幼儿外显的行为表现,如在游戏中的行为表现、游戏中的想法与创意。在评价过程中,教师要鼓励幼儿讲述在游戏中的感受和体验,达到教师与幼儿之间的互动,让幼儿把自己的内心体验、感受和碰到的问题表达出来。在幼儿讲述过程中,教师能更深层次了解游戏过程中存在的问题,以及幼儿在游戏中的真实想法,从而为游戏的客观评价提供真实的资料。

（二）幼儿游戏评价的方法

1. 情境再现法

教师将在游戏中观察到的典型事例，或迫切需要解决的问题，以情境描述的方式或以视频再现的方式，供幼儿讨论分析，帮助幼儿将游戏存在的错误经验及行为纠正过来，共同总结经验，能有效解决游戏中存在的问题，有利于丰富幼儿游戏经验。在"超市"游戏中，针对超市中"工作人员"各顾各地独自游戏，材料一片混乱的状况，老师以超市总经理的身份参与游戏，召开"超市工作人员紧急会议"：要求幼儿描述超市中的情景，并说说什么样的超市环境顾客才喜欢来购物，从而让幼儿清楚超市应该整洁有序，知道超市人员的工作职责。

2. 作品展示法

幼儿在游戏中会借助各种方式表现经验的学习过程，如构建模型、自制玩具材料、图画、文字等来反映幼儿在游戏中的经验水平和学习能力，从而呈现幼儿游戏中的学习过程。教师可以通过对这些作品的分析评价，引发幼儿的成就感和进一步探索学习的兴趣。例如，大班幼儿游戏时用积木搭建好的立交桥，可以以参观展示的方式进行游戏评价。

3. 情感宣泄法

游戏是幼儿的体验活动，在评价时教师应该鼓励幼儿表达自己在游戏中的感受，并引发经验交流。教师可以通过这样的评价发现孩子言行中有价值的东西，以获得共同经验的学习。在游戏结束时，教师可以进行这样的提问："今天你有什么事情告诉大家？"或"你有什么需要跟大家分享的？"

4. 经验回放法

幼儿游戏中蕴含着社会生活的方方面面，《纲要》明确提出要寓教育于生活和游戏之中。在组织幼儿评价游戏时，既要关注幼儿游戏中的行为经验，又要关注幼儿对日常生活经验的理解。

（三）幼儿游戏评价的标准

幼儿游戏的评价是为了更好地促进幼儿的发展。幼儿游戏评价要做到公正、客观，必须要有能反映评价的标准。客观积极的评价能充分发挥幼儿在游戏中的主动性、积极性、创造性，以更好地促进幼儿的全面发展。

1. 游戏内容选择的合理性

游戏内容要适合幼儿的年龄特点，选择适合对象的游戏是达成幼儿教学目标的第一步。游戏内容的选择要根据幼儿"最近发展区"，在分析幼儿已有知识经验水平上选择游戏内容。在幼儿园游戏内容的选择上要遵循以下要求。

（1）把握游戏对促进幼儿发展的本质。幼儿的语言表达能力、想象力、创造力、思维能力、合作能力等在游戏中得到发展，要使游戏能深入、高质量地开展起来，在选择游戏内容时必须遵循幼儿的身心特点和年龄特征，在幼儿"需要"的问题上多作思考。例如，"娃娃家"游戏适合于三个年龄班，但每个年龄班的幼儿在游戏中开展的内容深入程度是不一样的，小班的幼儿着重于生活技能的发展，中班的幼儿着重于生活情景的再现，大班的幼儿着重于生活材料的创造性运用。

（2）关注幼儿的兴趣点。游戏内容的选择应以符合幼儿的兴趣为前提，在选择游戏内容时要分析幼儿的兴趣所在，尽量选择贴近幼儿生活或幼儿熟悉的内容，如"超市""餐厅"等在幼儿园中是经久不衰的游戏。

（3）面向全体，兼顾个体。在幼儿园中幼儿的发展存在共同特征，但也存在个别特征。在游戏内容选择时既要面向全体,也要考虑能力发展强的幼儿及能力发展弱的幼儿。

2. 游戏目标定位的科学性

游戏目标体现了游戏中幼儿要达到的能力与水平要求,游戏目标是游戏过程的导向。游戏目标是否合理、科学,关系着游戏开展的成功与否。游戏目标的制定要体现以下要求。

(1)"以幼儿为本"的游戏目标。幼儿教育是以幼儿发展为中心,游戏目标的制定要遵循幼儿发展的阶段特点与需要,要以促进幼儿综合发展为主要宗旨。

(2)体现综合性的游戏目标。在幼儿园中,游戏是幼儿学习的最主要的手段,游戏对幼儿的发展也具有综合性的作用。所以,在制定游戏目标时,一定要以幼儿园教育的总目标为导向,注重幼儿多方面能力的培养。游戏目标制定时尽量考虑"三维"(认知、情感、行为技能)目标,体现目标的综合性,向多元化的方向发展。

(3)注重过程性的游戏目标。幼儿的游戏是无外在目的的,是愉悦的,是没有强制性义务的,这决定了幼儿更注重游戏过程的体验,在体验中获得自然而然的发展。游戏目标很多时候能反映游戏过程,制定的游戏目标要体现对幼儿游戏过程的重视。

3. 游戏准备的双重性

幼儿游戏的开展离不开游戏的精心准备。教师要准备相应的玩具材料,还要考虑幼儿知识技能的准备和良好的情感准备,即物质与心理的双重准备。玩具材料的准备既要根据年龄特点来预设,也要考虑个别差异特点,体现玩具材料的层次性,也要考虑玩具材料的创造性。情感准备指游戏的准备需要情感的支持,需为幼儿营造良好的游戏氛围,宽松、开放的游戏环境准备更能激发幼儿在游戏中的潜能发展。

4. 教师教育行为及指导策略的有效性

把握指导游戏的正确时机,关系到游戏指导的实际效果。指导时机正确,能扩展和提高幼儿游戏内容和层次;反之,会抑制他们的游戏。游戏活动过程特别是教师的工作状况,直接影响幼儿的游戏行为,影响活动的质量。教师对游戏的指导必须通过直接参与幼儿的游戏过程,具体指导幼儿的游戏,引导其深入,不断提高游戏水平。幼儿游戏指导的策略主要有参与式介入指导、材料指引和言语引导等方法,以介入指导幼儿游戏过程。教师的直接指导作用表现在三个方面:一是引导幼儿的行为方向;二是促进幼儿与物质环境的相互作用;三是教师自身行为的示范、强化和情绪感染作用。

真题再现

答案及解析

材料分析题

下周一要开展手工活动,张老师要求家长给幼儿园准备废旧材料。周一那天,只有苗苗没带材料来,张老师就不让她参加活动。苗苗站在一旁,看同伴活动,情绪很低落,一天都很少说话。回家后,苗苗冲爸爸大发脾气……

问题:

(1)你认为张老师的做法适宜吗? 为什么?

(2)你觉得张老师应该怎样做?

思考与练习

一、完成表格

观察方法	特点	适用情况	记录方法
扫描观察法			
定点观察法			
个案追踪观察法			

二、简答题

1. 什么是幼儿游戏的观察？

2. 幼儿游戏观察的意义是什么？

3. 幼儿游戏评价的方法有哪些？

4. 幼儿游戏指导的原则是什么？

5. 幼儿游戏指导的方法有哪些？

三、材料分析题

1. 观察记录：中班"娃娃家"游戏区，设有小床，两个幼儿用了六张椅子拼成一张床，三个小孩躺在上面：一个孩子搬来一个圆鼓形的、画有动物的凳子说："这是我们的电视。"把电视放在小床上，凳子上动物的眼睛是电视的开关按钮，并用彩纸来装饰电视。有一个孩子将烧饭用的炉子也放在电视上。刚开始，他们穿着鞋子上床，后来有个幼儿提出要脱鞋，于是大家都愿意遵守。一个女孩用两个"梅花插塑"对插，把同伴的头发夹在里面，变成装饰用的"夹子"。

请从游戏主题、游戏材料、幼儿游戏发展水平来分析该观察记录。

2. 娃娃家游戏时，亮亮想出要做火锅，可是没有做火锅的材料，没有锅，也没有做火锅的菜与调料。亮亮说："那该怎么办？"于是向老师求助，带着他到废旧材料箱里去寻找，找到一只铁罐子做锅。有了锅，佳佳提出没有蔬菜，教师提议："可以去美工区寻找想要的材料。"于是，孩子们开动脑筋，讨论可以在美工区找什么东西来代替，可可说用绿色的纸来做蔬菜……由于游戏材料是自己想办法解决的，孩子们在这次游戏中，玩得特别起劲。

请分析该游戏活动中教师的指导策略与方法。

四、实操题

实操一 制订一份幼儿园游戏观察计划

【目标】

1. 掌握幼儿游戏观察计划的基本要素。

2. 依据幼儿发展的实际需要制订游戏观察计划。

【内容与要求】

制订的游戏计划基本要素要完整，根据游戏特点制定观察记录。

实操二 深入幼儿园进行一次游戏活动观察，做好观察记录。

【目标】

1. 能运用恰当的方法进行游戏的观察。

2. 学会选取游戏记录的方式，并能进行记录。

【内容与要求】

1. 确定观察方法与记录方法。
2. 根据观察方法要求,整理好观察记录材料。

主要参考文献

［1］梁周全,尚玉芳.幼儿游戏与指导［M］北京:北京师范大学出版社,2011.

［2］程玉蓉,甘露.幼儿游戏活动组织与指导［M］.重庆:重庆大学出版社,2015.

［3］周艳霞,刘畅.幼儿游戏与指导［M］.北京:高等教育出版社,2014.

［4］张娜.幼儿游戏与指导［M］.武汉:武汉大学出版社,2015.

［5］丁海东.幼儿园游戏组织与指导［M］.长沙:湖南大学出版社,2015.

［6］王琦,翟理红.幼儿游戏指导［M］.北京:北京师范大学出版社,2013.

［7］彭俊英,魏婷等.幼儿园游戏活动的组织与指导［M］.北京:教育科学出版社,2014.

［8］刘焱.幼儿园游戏与指导［M］.北京:高等教育出版社,2012.

［9］翟理红.学前儿童游戏教程(第二版)［M］.上海:复旦大学出版社,2013.

［10］沈雪梅.关爱与方法:幼儿行为观察案例分析［M］.上海:复旦大学出版社,2014.

［11］蔡春美,洪福财.幼儿行为观察与记录［M］.上海:华东师范大学出版社,2013.

［12］盖伊·格朗兰德.发展适宜性游戏:引导幼儿向更高水平发展［M］.严冷译.北京:北京师范大学出版社,2014.

［13］尼尔·本内特,利兹·伍德,休·罗格斯.通过游戏来教——教师观念与课堂实践［M］.刘焱,刘峰峰译.北京:北京师范大学出版社,2010.

［14］罗伯特·杰·欧.我的游戏权利——有多种需要的儿童［M］.侯怡,刘焱译.北京:北京师范大学出版社,2010.

［15］叶小红.幼儿园游戏与指导［M］.南京:江苏凤凰教育出版社,2014.

图书在版编目(CIP)数据

幼儿园游戏设计与指导/杨白,邓艳华,陈金平主编.—2 版.—上海:复旦大学出版社,2022.7
(2025.1 重印)
ISBN 978-7-309-15891-5

Ⅰ.①幼… Ⅱ.①杨…②邓…③陈… Ⅲ.①学前教育—游戏课—幼儿师范学校—教材
Ⅳ.①G613.7

中国版本图书馆 CIP 数据核字(2021)第 171874 号

幼儿园游戏设计与指导
杨 白 邓艳华 陈金平 主编
责任编辑/查 莉

复旦大学出版社有限公司出版发行
上海市国权路 579 号 邮编:200433
网址:fupnet@ fudanpress.com http://www.fudanpress.com
门市零售:86-21-65102580   团体订购:86-21-65104505
出版部电话:86-21-65642845
上海光扬印务有限公司

开本 890 毫米×1240 毫米 1/16 印张 14.25 字数 395 千字
2025 年 1 月第 2 版第 4 次印刷
印数 13 301—17 400

ISBN 978-7-309-15891-5/G·2294
定价:49.00 元

如有印装质量问题,请向复旦大学出版社有限公司出版部调换。
版权所有   侵权必究